古漢字字形表系列

黄德寬 主編

徐在國 副主編

戰國文字字形表

中

徐在國 程燕 張振謙 編著

2325

木

燕	齊	晉	楚	秦
 陶録 4・197・3	 璽彙 0299	 貨系 297	 鄂君啓舟節 集成 12113	 雲夢 日乙 83
	 陶録 2・35・3		 上博一 孔 11	 關沮 302
	 齊陶 1391		 清華一 金縢 9	 里耶 8-455
			 上博八 李 1 背	
			 清華四 筮法 60	

2326 橘	2327 梬	2328 梅		2329 杏		2330 柰
秦	秦	秦	齊	秦	楚	楚
			楳			
 秦集一五・29・1	 里耶 8-569	 里耶 8-1664	 璽彙 3625 《說文》或體。	 秦陶 473  嶽麓一質三 7	 左塚漆梮 或釋「本」。  包山 95	 包山 239 「祟」、「柰」古本一字，見卷一。

2332 桃 | 2331 李

晉	楚	秦			楚	秦
			⿰木李		⿱來子	
 二十七年頓丘戟珍吳 110	 包山 10	 秦集一五 11·1	 曾乙 77	 璽彙 3503	 燕客銅量集成 10373	 璽彙 2475
 璽彙 2405	 上博七吳 4	 闗沮 313		 新蔡零 230	 璽彙 3611	 珍秦 54
 璽彙 2404				 上博八李 1 背	 璽考 172	 秦風 57
 珍戰 109				 清華一尹誥 3	 包山 40	 珍秦 33
				 新蔡甲三 304	 包山 96	 雲夢日乙 67

2336 杜		2335 棠	2334 桂		2333 桊	
楚	秦	楚	楚	秦	齊	晉
 上博一孔 18	 西安圖 124	 上博一孔 10	 包山 259	 里耶 8-1221	 羊角戈集成 11210	 璽彙 4690
 上博一孔 20	 陶録 6・321・4	 上博一孔 24				 陶彙 6・52
	 秦集二三 7・6	 上博九陳 4				 貨系 3994
		 上博七鄭乙 7				 貨系 1079
						 貨系 1082

				2338	2337	
				楢	棹	
	晉		楚	秦	楚	齊
梄			酋			
 珍戰 52	 璽彙 2889	 望山 1・2	 包山 167	 龍崗 208	 上博二容 1	 璽彙 2415
 璽彙 2974		 包山 218	 包山 174			 陶録 2・34・3
		 包山 51	 包山 7			
		 清華一楚居 14	 包山 221			
		 清華四筮法 55				

2342				2341	2340	2339
椅				椆	楑	棆
燕	楚	燕	晉	秦	楚	晉
		栂	栂		⿱癸木	
 璽彙 4127	 清華三芮良夫 10	 璽彙 2407	 璽彙 2410	 關沮 377	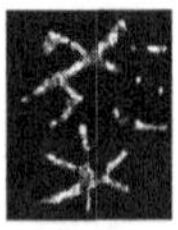 左塚漆梮  上博三周 32  清華三芮良夫 22  清華五三壽 28	 璽考 112

2347 栩	2346 樻		2345 椷	2344 柀		2343 梓
秦	楚	楚	秦	秦	楚	秦
					杍	
 徵秋 35	 包山 259	 清華一 程寤 6  清華一 程寤 1	 龍崗 38	 雲夢 效律 19  雲夢 日乙 58  雲夢 秦律 138  里耶 8-197 正  里耶 8-2399	 上博四 逸・多 2  清華一 程寤 1  清華一 程寤 7	 里耶 8-71 正  里耶 8-1445 正

2348 杙	2349 桔	2350 柞		2351 櫅	2352 樸	2353 柅
楚	秦	秦	楚	齊	楚	楚
		柞			樸	
 郭店 窮達 6  曾乙 164  曾乙 169	 雲夢 日乙 104	 龍崗 38	 清華一 程寤 1  清華一 程寤 6	 陶彙 3・27  陶彙 3・29	 郭店 老甲 32  郭店 老甲 9  天策	 上博三 周 40  信陽 2・18

2356 櫑 ｜ 2355 枋 ｜ 2354 栒

秦	齊	晉	楚	秦	楚	秦
 里耶 8-1221	 璽彙 0325	 好蚉壺 集成 9734	 上博三 亙 9	 雲夢 日甲 66 反	 包山 97  上博五 三 21	 雲夢 秦律 134  里耶 8-455

2359 㮨	2358 栁			2357 楊		
秦	晉	秦	齊	晉	楚	秦
 㮨矛 集成 11430	 貨系 491	 陶録 6・6・1	 陶録 2・260・1	 璽彙 2392	 包山 192	 珍展 60
 秦陶 1241	 貨系 493	 珍秦 93	 陶録 2・259・1		 新蔡零 72	 珍展 322
	 貨系 490	 關沮 160				 陶録 6・293・2

		2363 權		2362 枳	2361 棣	2360 移
	楚	秦	楚	秦	晉	楚
桯						
 左塚漆桐	 上博六 用 13  清華四 筮法 53	 雲夢 爲吏 27  嶽麓一 爲吏 84  北大・祓除	 信陽 2・23  郭店 語四 17  上博五 鬼 4  上博六 用 15  包山 265  清華三 芮良夫 19	 雲夢 日甲 153 反  里耶 8-855	 港續 92	 包山牘 1

2366	2365			2364		
榖	槐			柜		
秦	晉	秦	燕	楚	秦	燕
 里耶 8-1246 背	 鑒印 23	 萯陽鼎 文物 1995.11  里耶 8-1514 背	 璽彙 0051	 信陽 2・3  仰天湖 18	 雲夢 爲吏 19	 燕王喜矛 集成 11523

2370	2369	2368	2367			
檀	梂	櫟	楮			
秦	楚	秦	晉	楚	秦	楚
						穀
 里耶 8-581	 郭店 五行 41  上博一 孔 10  上博一 孔 11	 四年相邦 樛斿戈 集成 11361  陶録 6・384・1  雲夢 效律 38	 璽彙 2408	 璽彙 0181  包山 149  上博八 有 1  上博八 有 3	 雲夢 日甲 130	 包山 274

2371		2372	2373		2374	
柘		梧	榮		桐	
秦	楚	秦	秦	晉	秦	楚
 里耶 8-143 正	 曾乙 39	 里耶 8-376	 集證 182・717  雲夢 日甲 81 反	 七年侖氏戈 集成 11322	 雲夢 日甲 52 反	 新蔡甲三 317  新蔡甲三 409  上博八 李 1

2376 榆　　2375 播

	晋	楚	秦	楚	秦	晋
 貨系 961	 璽彙 0116	 璽彙 2067	 珍秦 29	 新蔡甲三 318	 龍崗 208	 璽彙 5335
 先秦編 355	 璽彙 2406		 雲夢日乙 67			 璽考 331
 三晋 66	 貨系 949					 五年桐丘令戈
 趙國貨幣 82	 貨系 963					 璽考 211
	 錢典 248					

			2380 松	2379 樵	2378 梗	2377 枌
	晉	楚	秦	晉	秦	楚
松						
 貨系 311	 貨系 313	 鄂君啓舟節 集成 12113	 里耶 8-1574	 程訓義 1-132	 雲夢 日甲 71 反	 上博二 容 24
	 貨系 314	 清華一 程寤 1				
	 貨系 312	 上博四 逸・多 2				

2382 柏					2381 樅	
晉	楚	秦		晉	秦	燕
			樅	樅		
 柏門室鐙 集成 10456	 清華一 程寤 1	 珍展 134	 璽彙 2608	 璽彙 2393	 北大・道里	 璽彙 2402
 璽考 324		 珍秦 305		 珍戰 108		
 鑒印 26		 里耶 8-659 正				

		2385		2384		2383
		樹		某		机
	楚	秦	楚	秦		楚
壴	尌				梠	
 上博一 孔 15  上博八 李 1 背  清華四 筮法 57	 郭店 語三 46  上博六 用 8 《説文》籀文。	 關沮 195  里耶 8-1527 正  北大・白囊	 曾乙 146  包山 169  新蔡甲三 224  包山 12  清華三 祝辭 1	 陶録 6・25・2  雲夢 封診 39  關沮 376  北大・醫方  北大・白囊	 信陽 2・8	 望山 2・45  望山 2・47

2386

本

	楚	秦	齊		晉	
⿱木臼			⿰木豊	⿱木豆	⿰木豊	⿰木豊
 郭店 成之 10  上博一 孔 5  上博三 中 23  清華五 三壽 27	 上博一 孔 16	 雲夢 秦律 38  關沮 315  里耶 8-355	 陶録 3・282・1  陶録 3・280・1	 陶録 5・33・3	 陶 考古學集 刊 5	 九 A39

2388 朱　　2387 柢

楚	秦	秦	齊		晉	
				沓		梟
 曾媎孂朱姬簠 新收 530	 秦風 218	 雲夢 語書 11	 錢典 963	 行氣玉銘	 先秦編 65	 上博四 曹 20
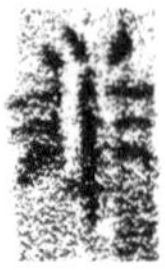 信陽 2·16	 雲夢 爲吏 36		 齊幣 212			 上博七 凡乙 1
 曾乙 115	 里耶 8-34					 清華五 厚父 11
 清華五 厚父 12	 里耶 8-254					
 清華五 封許 06						

2391 末		2390 株	2389 根			
秦	晋	楚	秦	燕	齊	晋
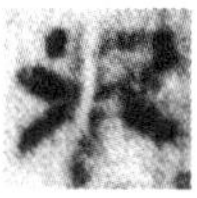 雲夢 封診 65	 璽彙 2397	 包山 108	 珍秦 29	 璽彙 3313	 四十一年 工右耳杯 新收 1077	 五年鄭令矛 集成 11553
 關沮 201	 鑒印 15	 包山 117	 雲夢 爲吏 6	 璽彙 0367		 集粹 57
 里耶 8-1620		 上博五 三 21	 里耶 8-645 正	 璽彙 1576		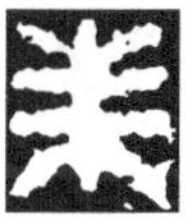 陶録 5·56·6
		 清華二 繫年 113		 璽彙 3910		

2393 枝				2392 果		
齊	秦	晉	楚	秦	晉	楚
 璽彙 0177	 陝西 776	 璽彙 0936	 曾乙 91	 陝西 634	 貨系 305	 清華一 程寤 3
 璽考 59	 里耶 8-455		 清華二 繫年 129	 陶録 6·169·3	 貨系 306	 上博四 采 1
 陶録 3·602·1			 新蔡甲三 348	 雲夢 日甲 3 反	 貨系 303	 上博四 曹 20
 陶録 2·17·1			 上博四 曹 33	 里耶 8-2520		 清華五 啻門 06
			 清華四 筮法 40			 上博九 卜 8

2399	2398	2397		2396	2395	2394
朵	標	梃		櫜	枚	條
秦	楚	秦	楚	秦	秦	楚
	[罙木]		[耳木]			
 秦風 139	 清華四 筮法 21	 雲夢 答問 90	 信陽 2・15	 秦風 233	 秦風 106	 郭店 性自 31
 珍展 137	讀「少」。	 雲夢 答問 91	 信陽 2・15		 秦風 202	 信陽 2・18
 嶽麓一 爲吏 79			 上博六 孔 13		 里耶 8-548	
 嶽麓叁 63						
 嶽麓叁 77						

2403 杊	2402 樛				2401 榣	2400 柖
楚	秦	齊	晉	楚	秦	秦
		条	条	条		
 上博三 周 45	 璽彙 2559	 陶録 3・41・4	 璽彙 1053	 上博二 容 38	 雲夢 爲吏 14	 雲夢 封診 81
 上博三 周 45	 珍秦 330		 陶録 5・104・5	讀「瑶」。	 雲夢 日甲 56	 雲夢 日甲 56
	 秦風 197					
	 里耶 8-1943					

2404 枉	2405 橈		2406 枎			2407 格
楚	楚		秦	晉	燕	秦
[木㞷]					枤	
 包山 266	 璽彙 5362	 先秦編 274	 雲夢 秦律 134	 公朱左自鼎 集成 2701	 枤里瘟戈 集成 11402	 里耶 8-455
 郭店 成之 21	 貨系 4176	 貨系 4184 省形。	 雲夢 秦律 135	 枎氏壺 集成 9715		
 上博八 志 3			 里耶 8-2247			
 上博七 武 15						
 清華五 三壽 20						

2410		2409			2408	
桴		槀			桔	
楚	晋	楚	晋	楚	秦	晋
 璽彙 2403	 合陽鼎 集成 2693	 郭店 成之 30	 璽彙 4050  璽考 324	 新蔡甲三 263	 秦風 71  珍秦 182  里耶 8-1221	 六年格氏 令戈 集成 11327  格氏矛 集成 11499  陶録 5・41・1  陶録 5・41・6

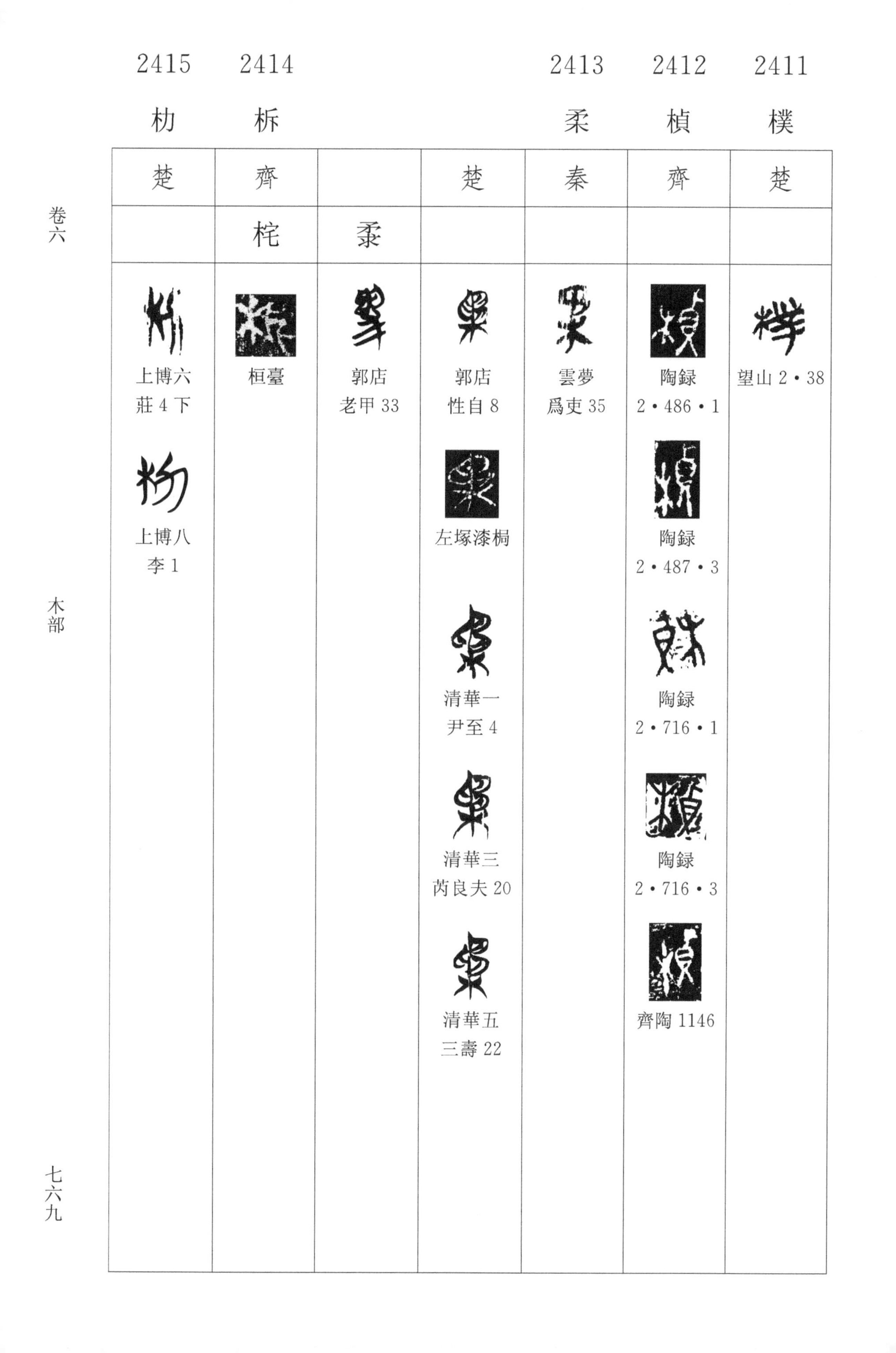

2411 樸	2412 楨	2413 柔			2414 柝	2415 朸
楚	齊	秦	楚		齊	楚
				柔	⿰木宅	
望山 2・38	陶録 2・486・1	雲夢 爲吏 35	郭店 性自 8	郭店 老甲 33	桓臺	上博六 莊 4 下
	陶録 2・487・3		左塚漆梮			上博八 李 1
	陶録 2・716・1		清華一 尹至 4			
	陶録 2・716・3		清華三 芮良夫 20			
	齊陶 1146		清華五 三壽 22			

2419		2418		2417	2416	
杲		榑		柴	材	
楚	秦	齊	秦	齊	楚	秦
 包山 87	 陶録 6·13·1  陶録 6·13·2	 陶録 2·17·2  齊陶 0211	 秦風 183	 柴内右戈 新收 1113	 郭店 六德 13  郭店 語四 24  上博一 孔 3  上博八 志 4  清華五 命訓 14	 雲夢 爲吏 33  里耶 8-2435  嶽麓叁 67  北大·從政

2421 築　　2420 栽

		楚		秦	楚	秦
⿱竹敦	⿱竹𩫏	⿱竹壬	⿱竹⿰冂气			
 帛書丙  上博五 鮑 4	 上博二 容 38	 清華三 說命上 2  清華一 金縢 13  清華三 琴舞 13 讀「篤」。	 關沮 299	 雲夢 封診 97	 上博四 曹 32  上博九 陳 6	 雲夢 秦律 125

2424 棟　2423 桴　2422 榦

楚	晉	燕	晉	楚	秦	齊
 清華三 赤鴼 8	 中山王鼎 集成 2840	 貨系 2340	 好蚉壺 集成 9734	 上博三 周 18	 傳 932	 子禾子釜 集成 10374
 清華三 赤鴼 12	 守相杢波鈹 集成 11670	 貨系 2341		 上博五 季 5	 里耶 8-529 背	
	 十五年守相杢波鈹 集成 11701			 上博八 李 2	 里耶 8-1831	

2427 檐		2426 梠		2425 柱		
	楚	齊	楚		楚	秦
				⿰木宔		
 上博九 陳 17	 鄂君啓車節 集成 12112  王命龍節 集成 12097  九 A1  九 A1  九 A7	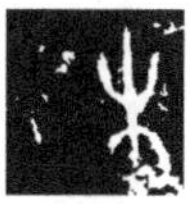 子禾子釜 集成 10374 讀「莒」。	 新蔡乙四 88	 上博一 性 28	 望山 2・15  望山 2・16	 里耶 8-780

2430 檽	2429 樓					2428 植
楚	秦					楚
		槵			⿱直木	
 望山 2・2	 雲夢爲吏 22  風過 70	 上博五姑 7	 郭店尊德 28	 上博一緇 2	 郭店五行 34  左塚漆梮  郭店老乙 14  上博五弟 20	 鳥虫書箴言帶鈎

2431	2432	2433	2434	2435	2436	2437
宗	杇	楣	柤	槍	杠	桯
楚	晋	楚	楚	秦	楚	秦
 郭店六德 26	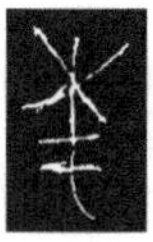 杇氏鼎集成 1509	 上博二容 2	 曾乙 214	 雲夢爲吏 23	 望山 2・11	 珍秦 190

2440 枕　　2439 牀　　2438 桱

楚	晋	楚	秦		楚	楚
栺						
 信陽 2・23  信陽 2・23	 十四茉銅犀 集成 10442  十四茉銅虎 集成 10443  璽彙 3277	 包山 260  上博五 季 9  清華三 赤鵠 8  清華三 赤鵠 12	 雲夢 日甲 125  關沮 119	 信陽 2・20	 望山 2・45  包山 266  上博六 莊 2	 包山 124  上博七 武 8

2443 梳			2442 櫛		2441 櫝	
晉	楚	齊	楚	楚	秦	
⿰木疋	⿷匚齒	⿱即木	楖	椲		榙
 十二年邦司寇鈹 集成 11676  璽彙 2400  璽彙 3272  步黟堂 325	 仰天湖 34	 節可忌豆 新收 1074	 包山 259	 曾乙 153	 詛楚文 湫淵  雲夢 秦律 135	 上博一 孔 29

2444 㭘	2445 槈	2446 枀	2447 梠			2448 櫌
楚	楚	楚	秦	晉	齊	秦
檜			枱		梩	
 仰天湖 27	 上博二容 14  上博五弟 20	 包山 120  包山 190  上博三周 23 讀「衢」。	 雲夢日甲 24 反	 璽彙 0079  貨系 2474	 璽彙 2414  璽彙 3701 《説文》或體。	 關沮 316

	2453 栖	2452 楗	2451 ⿱臤木	2450 杵		2449 柫
	秦	秦	楚	秦	晉	楚
杯						
 闗沮 338	 里耶 8-623  北大・醫方	 里耶 8-406	 上博六用 10  清華一祭公 6	 雲夢日甲 8 反	 陶録 5・46・6	 曾乙 133  曾乙 167

2454

槃

齊				楚	齊	楚
盤	鎜	槃		盤	鈈	杯
 璽彙 0640	 上博七 武 8	 信陽 2・8  信陽 2・8	 清華五 厚父 04  清華一 楚居 1  清華二 繫年 005  清華一 楚居 2 《說文》古文。	 楚王酓前盤 集成 10100  盤埜爲匕 集成 975  包山 97  上博四 曹 50  包山 265	 少司馬耳杯 新收 1080  少司馬耳杯 新收 1080	 五里牌 406・10  望山 2・47  信陽 2・20

	2459	2458	2457	2456		2455
	㬥	椑	杓	料		案
齊	秦	秦	秦	楚	齊	秦
椇						
 陶録 2・410・1	 十鐘 3.39 下	 雲夢 爲吏 22	 雲夢 日甲 138 反	 信陽 2・11	 璽彙 3587	 里耶 8-155
 陶録 2・415・1	 雲夢 日乙 111			 左塚漆梮	 陶録 2・337・4	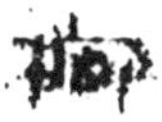 里耶 8-1564
 齊陶 0990					 陶録 2・337・3	 嶽麓一 爲吏 71

2464		2463	2462	2461		2460
梪		椱	杼	滕		機
楚	楚	秦	秦	秦	楚	秦
 包山 270	 包山牘 1	 里耶 8-1680	 里耶 6-25	 里耶 6-25	 上博七武 7	 龍崗 103  里耶 6-25

2469 椎			2468 椯	2467 桊	2466 棧	2465 楥
楚	秦	楚	秦	楚	秦	楚
				栚		
 曾乙 123	 秦風 206	 曾乙 74	 雲夢日甲 40 反	 信陽 2・3	 詛楚文亞駝	 郭店語二 15
 上博三彭 4	 雲夢日甲 36 反	 包山 274		 包山 260	 詛楚文巫咸	 郭店語二 15
		 上博五三 11				

2470	2471	2472	2473			2474
梯	柭	柯	柄			杘
秦	楚	秦	晋	秦	楚	秦
					⿰木啚	
 里耶 8-478	 清華三芮良夫 20  清華三芮良夫 22	 里耶 8-478	 春成侯盉新收 1484	 雲夢爲吏 5	 上博五三 1	 雲夢日甲 64

				2477 樂	2476 桶	2475 棱
			楚	秦	楚	秦
 上博二子1	 曾乙176	 上博七君乙4	 郭店語三54	 珍展86	 望山2·38	 雲夢爲吏33
 上博七武6	 上博五三11	 上博一性12	 上博五三16	 西安圖197		 里耶8-412
 新蔡甲二38	 郭店六德25		 清華五命訓14	 秦集二一9·1		
	 上博六競11		 郭店語一112	 里耶8-1286		
	 上博八顏13		 郭店語三54			

燕	齊		晉			
				⿱樂音		
 纕窓君扁壺 集成 9606.3  璽彙 5314	 樂館石磬  陶彙 3・804  陶彙 3・823	 類編 478  璽彙 1383	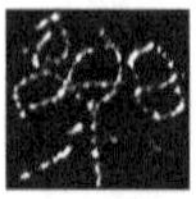 十八年冢 子韓矰戈 商周 17320  三年□令戈  王立事鈹 集成 11669 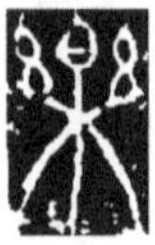 令狐君壺 集成 9720  珍戰 131	 郭店 五行 29  郭店 五行 50	 上博四 内 6	 上博二 民 7  上博二 民 11

2484	2483	2482	2481	2480	2479	2478
梁	榩	檇	櫐	棨	檢	札
秦	秦	秦	秦	秦	秦	秦
 金薤 書 20 下	 里耶 8-1510 正  嶽麓一 爲吏 23	 珍秦 60  珍秦 146  雲夢 爲吏 14  嶽麓一 爲吏 74	 雲夢 秦律 135  雲夢 秦律 134	 雲夢 秦律 131	 雲夢 答問 202	 雲夢 效律 41  里耶 8-999

						楚
⿰刅阝	⿰木⿰刅阝	⿱刅木	⿰禾刅	⿰木刅	⿰氵刅	
 包山 179	 包山 163	 上博六 競 1	 上博八 志 1	 上博二 魯 6	 者梁鐘 集成 122	 清華二 繫年 034
	 包山 165		 包山 157	 上博五 三 18	 曾乙 214	 清華二 繫年 032
	 包山 169				 曾乙 177	
					 郭店 成之 35	
					 上博四 逸・交 1	

2486 2485

校 楫

晉	秦	秦				晉
敂			桒		郲	
 滎陽上官皿 文物 2003.10  安邑下官鍾 集成 9707  卓資趙國 陶文  三年垣上 官鼎 文物 2005.8	 陶録 6·75·5  雲夢 效律 56  里 J1⑨7 正  里耶 8-64 正  里耶 8-1565 正	 嶽麓一 爲吏 60	 梁十九年 亡智鼎 集成 2746  八年亖令戈 集成 11344  二年梁令 戟束 古研 27  貨系 1340  璽彙 3229	 三晉 114  集粹 115  璽彙 1707	 二十七年大 梁司寇鼎 集成 2609  二十七年大 梁司寇鼎 集成 2610  郲鐓 集成 11905  璽彙 1701	 十一年方 子令戈 新收 1299  璽彙 2779  集粹 172  璽彙 5656

2492 槎	2491 梜	2490 橫	2489 柿		2488 采	2487 棍
秦	秦	秦	楚	楚	秦	楚
 里耶 8-355	 里耶 8-145 正	 秦風 109  里耶 8-1226	 信陽 2·23 讀「桃」。	 郭店 性自 45  上博三 亙 8	 在京圖四 12  雲夢 雜抄 23  里 J1⑨11 正  里耶 8-454  嶽麓一 爲吏 20	 曾乙 207

	2497	2496	2495	2494		2493
	析	檮	枰	棱		楓
楚	秦	楚	晉	齊	晉	楚
斨		櫁				
 析君戟 集成 11214	 里耶 8-1221	 包山 258	 璽彙 3419	 璽彙 3813	 璽彙 2605	 上博八 有 1
 上博三 中 20	 嶽麓一 質三 32	 包山 2：54-2 號 簽牌		 陶録 2・8・2		
 清華二 繫年 084	 嶽麓一 質三 33			 陶録 2・9・1		
	 北大・醫方					

2499 枼　　2498 椒

楚	秦	齊	燕	齊	晉	
 清華五 厚父 11  清華五 封許 09	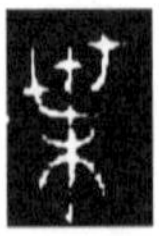 詛楚文 亞駝  雲夢 日乙 170  里耶 8-145 正  北大・算甲	 陳逆簠 新收 1781 讀「祖」。	 璽彙 3632	 陶録 2・292・1  陶録 2・292・2	 十八年相 邦劍 集成 11710  璽彙 2399  璽彙 2398	 清華三 赤鵠 9  清華三 赤鵠 13

				2501 休	2500 槱	
燕	齊	晉	楚	秦	晉	晉
		㑹	㑹	㑹	𥙊	
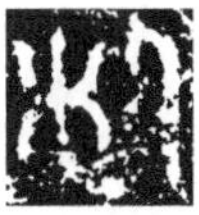 燕侯載簋 集成 10583	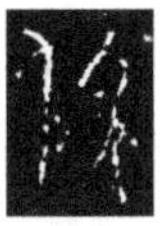 司馬楙編鎛 山東 104	 中山王鼎 集成 2840	 新蔡甲三 65	 秦駰玉版	 濟源玉簡 文物 1959.8	 厵羌鐘 集成 159
		 中山王方壺 集成 9735	 上博三 彭 1	 里耶 8-2030 正	《說文》或體。	 璽彙 1986
		 璽彙 0833	 清華一 皇門 5			 珍戰 70
		 璽彙 4089	 清華一 祭公 11			
		 陶録 5・61・2	 清華五 三壽 28			

2505 檻			2504 梏		2503 桎	2502 栭
楚			楚		楚	秦
	翱	臯	槔	桎	𦤶	
 上博七 武 7	 清華一 皇門 10	 上博二 容 44  上博五 鬼 7  清華一 祭公 10  郭店 成之 36  清華五 三壽 22	 上博三 周 22  上博五 姑 9	 包山 144	 上博二 容 44  上博二 容 45	 關沮 316

2507 棺						2506 柙
晉	秦				楚	秦
梠		⿸虍幷	⿸虍幸	⿰車虎	⿰木⿸虍幸	⿱龷幷
璽彙 3312	詛楚文 湫淵	清華五 三壽 20	包山 81	包山 42	郭店 窮達 6	陶録 6・105・3
	龍崗 197		郭店 語三 50	清華二 繫年 89		
	嶽麓叁 65		上博四 曹 39	清華二 繫年 97		
			清華一 耆夜 2	清華二 繫年 102		
			包山牘 1	天卜		

2511 梟		2510 楬	2509 椁	2508 槥		
楚	晉	秦	晉	秦	齊	晉
			𣗥		栢	桓
 帛書丙	 三年閔令戈 雪二 87	 十鐘 3·11 下	 三十三年 鄭令鈹 集成 11693	 里耶 8-1394	 陶録 3·603·6	 兆域圖版 集成 10478
	 璽彙 1046	 關沮 211	 璽彙 0044	 里耶 8-648 正		
		 里耶 8-92	 幣研 76 頁			
			 璽彙 2443			
			 璽彙 3543			

2512 杍*	2513 柁*		2514 林*	2515 杋*		2516 栖*
秦	秦	晉	秦	秦	楚	秦
 赫連 15	 雲夢日甲 119	 璽彙 3334  璽彙 5616	 里耶 8-1243 讀「術」。	 嶽麓一爲吏 65	 包山 183  新蔡甲三 409	 珍展 191

2517 梀*	2518 梋*	2519 梌*	2520 樺*	2521 檮*	2522 欜*	2523 杭*
秦	秦	秦	秦	秦	秦	楚
 雲夢 封診 66	 里耶 8-1562 正	 雲夢 日甲 2 反	 里耶 8-1043	 雲夢 秦律 132	 十鐘 3・34 上	 望山 2・2
讀「椒」。						或釋「杄」、「枊」。

2524	2525	2526	2527	2528	2529	2530
板*	梍*	杭*	柆*	枀*	桎*	柟*
楚	楚	楚	楚	楚	楚	楚
 包山 43  郭店窮達 4  上博二容 7  上博一緇 4	 包山 277 讀「旄」，或讀「鑣」。	 望山 2・15  上博五三 14	 清華四筮法 50 或讀「位」。	 信陽 2・14 讀「承」。	 郭店窮達 7  包山牘 1  包山 269	 上博七武 3 讀「曲」。

2532 梘*　　　　2531 ⿰木甫*

楚	燕	齊	晉			楚
			⿰木父	⿱父糸	⿰木父	
 新蔡甲三 380	 集拓 2・1	 璽彙 2194  陶録 3・108・1  陶録 3・107・4	 璽彙 2411 讀「輔」。	 上博六孔 3 讀「薄」。	 郭店性自 48 讀「輔」。	 信陽 1・4  包山 175  郭店太一 1  上博八命 4 讀「輔」。

2533	2534	2535	2536			2537
精*	⿰木屈*	⿰金木*	椃*			⿰自木*
楚	楚	楚	楚	晉	齊	楚
				⿸虍木		
 帛書甲 讀「青」。	 信陽 2・25  包山 266  包山 266 讀「⿰木厭」。	 包山 266 讀「禁」。	 清華一皇門 1 讀「慮」。  上博六用 14	 璽彙 3159	 璽彙 0208	 郭店語一 93 讀「臬」。

2544	2543	2542	2541	2540	2539	2538
⿰木⿺辶彐*	⿱⿰糸夂木*	⿰木⿱覀㔾*	⿰木⿱网月*	⿰木系*	榠*	楒*
楚	楚	楚	楚	楚	楚	楚
			楈			
 曾侯乙鐘掛件  曾侯乙鐘掛件	 包山 129  包山 130	 望山 2・45  包山 87	 包山 263	 鄂君啓車節 集成 12110  鄂君啓舟節 集成 12113	 上博五 三 19  上博三 周 15  清華三 祝辭 2 讀「冥」。	 清華四 筮法 45

2545	2546	2547	2548	2549	2550	2551
樝*	槿*	⿱⿰丬兔木*	棪*	⿰木巽*	⿱兓木*	楝*
楚	楚	楚	楚	楚	楚	楚
				榗		
 上博六 慎 5 讀「鋤」。	 上博二 容 45  上博七 凡甲 1  上博七 凡乙 1 讀「根」。	 信陽 2・18 讀「肆」。	 仰天湖 18 讀「菜」。	 上博六 慎 5 讀「撰」。	 璽彙 0264  新蔡零 11  新蔡零 529  上博九 舉 2 讀「榗」。	 包山 2：46-2 號 簽牌  包山 2：47-2 號 簽牌 讀「柬」。

2552 擉*	2553 櫰*	2554 桁*	2555 梋*			
楚	楚	晉	晉	齊		燕
			梋	⿱行木	柦	柦
 信陽 2・3 讀「牘」。  清華五 命訓 13 讀「屬」。	 包山 23	 璽彙 1398	 璽彙 2910	 璽彙 0300  山璽 014	 垣上官鼎 集成 2242  璽彙 0122	 王后鼎 集成 2097  璽彙 0189

2562	2561	2560	2559	2558	2557	2556
桿*	桍*	橯*	檄*	榑*	樣*	椻*
齊	齊	晋	晋	晋	晋	晋
		榜				
 子禾子釜 集成 10374	 陶録 2・523・1	 港續 62	 珍戰 106	 璽彙 0254	 璽彙 3214  璽考 341	 兆域圖版 集成 10478  兆域圖版 集成 10478

		2566		2565	2564	2563
		東		杶*	⿰木乏*	櫑*
	楚	秦		燕	燕	齊
 上博三周 57  上博六競 10  上博四采 1  清華四筮法 60  上博七武 3	 璽彙 0310  璽考 179  清華一金縢 8  包山 154  新蔡甲二 14	 秦駰玉版  陶録 6・112・1  里耶 8-161	 陶録 4・190・2	 璽彙 0054  璽彙 0287 讀「笵」。	 大司馬鐓 集成 11910	 璽彙 3755

2567

林

楚	秦	燕		齊	晉	
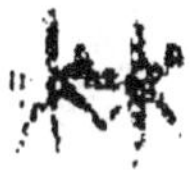 新蔡甲三 402	 珍秦 70	 東口睘小器 集成 10435	 齊陶 0954	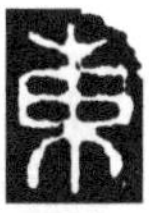 璽彙 0150	 鄭東倉鼎 古研 14	 包山 12
 上博四 柬 22	 塔圖 141	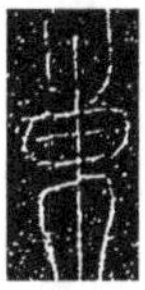 燕侯職壺 新收 1483		 璽彙 0314	 璽彙 0169	 包山 125
 清華二 繫年 63	 里耶 8-145 正	 璽彙 3957		 陶録 2・156・1	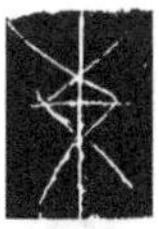 陶録 5・69・1	
				 陶録 2・160・4	 貨系 2281	
				 陶録 2・181・1		

2568

無

燕	晉		楚		秦	晉
				无		
 燕王喜劍 集成 11614	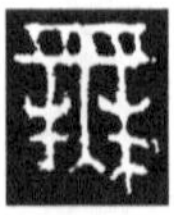 長子口臣簠 集成 4625	 郳陵君豆 集成 4695	 曾侯乙鐘 集成 287	 嶽麓一 爲吏 66	 秦駰玉版	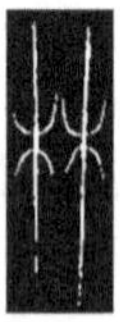 妤蚉壺 集成 9734
 陶録 4・21・1	 令狐君壺 集成 9720	 上博八 志 7	 曾姬無卹壺 集成 9710	 北大・從政	 秦風 206	
	 魚顛匕 集成 980	 清華三 琴舞 1	 包山 227		 里耶 8-143 正	
		 上博三 亙 12	 郭店 語四 22			
			 上博三 亙 6			

				2570 楚		2569 鬱
			楚	秦		秦
𨒎	𧺆				[illegible]	
 敓作楚王戈 集成 11092	 酓前鼎 集成 2623	 曾侯乙鐘	 珍秦 101	 詛楚文 亞駝	 放馬灘地圖	 雲夢 封診 71
		 曾乙 136	 包山 236	 秦風 46		
		 清華三 良臣 11	 上博一 孔 26	 雲夢 日乙 243		
			 清華二 繫年 083			
			 上博八 命 6			

2571 𣡕		2572 麓			2573 ⿱林米*	2574 ⿱林帝*
齊	楚	齊	楚	晉	秦	楚
			⿱林彔	⿱林彔		⿱林壴
 國楚戈新收 1086  璽彙 0642  陶録 2·321·1  陶録 3·25·1  陶録 2·362·4	 清華一皇門 2	 司馬楙編鎛山東 104	 新蔡甲三 150	 璽考 140	 關沮 339 或讀「楣」。	 包山 173

2577 才　　2576 埜*　　2575 葦*

		楚	秦	燕	晉	晉
 璽彙 3199	 清華一 保訓 11	 曾姬無卹壺 集成 9711	 新郪虎符 集成 12108	 廿四年錐 形器 集成 10453	 璽彙 4097	 璽彙 3114
 清華一 金縢 7	 清華五 封許 02	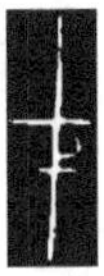 曾侯乙鐘	 陶録 6・56	 廿四年銅梃 集成 11902		 璽彙 3116
 上博五 季 2	 清華五 封許 07	 信陽 1・14	 雲夢 封診 25	 璽彙 5689		 璽彙 3118
 上博五 季 1	 上博九 成乙 3	 郭店 唐虞 28		 璽彙 2838		
 璽彙 2179	 上博九 史 10	 郭店 語三 15				

2580 叒　　2579 櫹*　　2578 乢*

秦	楚		楚	齊	晉	
若		比				
 秦駰玉版 參卷一「若」字。	 郭店 成之 35 讀「津」。	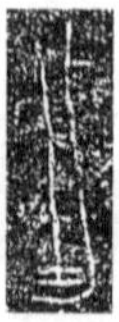 曾侯鵬鐘 江漢考古 2014.4	 郭店 唐虞 28  上博一 緇 20  清華一 楚居 5  郭店 語二 47 讀「必」。	 璽彙 3222  陶録 3・611・2  磚文 文物報 1996.1：28	 温縣 WT1K1：3105  中山王方壺 集成 9735  玉存 67	 九 A66  上博七 武 1  清華一 祭公 3  上博八 成 2  清華四 筮法 53

				2582 之		2581 桑
晉		楚		秦	楚	秦
 智君子鑑 集成 10289	 上博二 民 6	 曾姬無卹壺 集成 9710	 里耶 8-2475	 秦駰玉版	 璽考 167	 陶録 6・56・1
 長子口臣簠 集成 4625	 璽考 197	 璽彙 0102	 北大・泰原	 陶録 6・415・4		 傅 1046
 璽彙 4819	 清華一 楚居 1	 郭店 成之 3	 北大・泰原	 里 J1⑨7 正		 雲夢 日乙 67
 璽考 148	 上博八 顔 7	 上博四 内 7	 北大・從政	 里耶 8-62 正		 里耶 8-140 正
	 上博二 民 5	 鑄客爐 集成 2480	 北大・算甲			 關沮 316

2584 巿		2583 㞷				
秦	燕	齊	晋	楚	燕	齊
 三十二年 相邦冉戈 商周 17247  珍秦 113  雲夢 日甲 149 反	 璽考 76	 陳逆簋 集成 4096  陶録 3・459・4	 妤蚉壺 集成 9734  鄭㞷庫戈 集成 10992  幣研 76	 郭店 老乙 11  包山 87  上博一 孔 10  上博二 容 5  金版 中國錢幣 2005.2	 璽彙 0095  璽考 91  陶録 4・202・3	 陳子皮戈 集成 11126 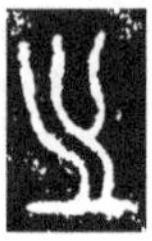 陳胎戈 集成 11127  左關之卮 集成 10368  陳純釜 集成 10371  璽彙 1185

2585

師

秦	燕	齊	晉			楚
 □年上郡守戈 集成 11363	 璽彙 0158	 陳純釜 集成 10371	 璽彙 3206	 清華二 繫年 088	 上博七 吴 8	 鄂君啓舟節 集成 12113
 璽彙 5487	 璽彙 0159	 滕攻帀戈 新收 1550	 程訓義 1-72	 包山 115	 包山 146	 燕客銅量 集成 10373
 雲夢 雜抄 17	 璽彙 3410	 璽彙 0157		 包山 247	 上博二 容 41	 曾乙 177
	 陶録 4・184・3	 璽考 57		 清華三 琴舞 2	 上博七 武 1	 包山 5
				 清華四 筮法 49	 上博六 天甲 13	 郭店 緇衣 16

2587 敖　　2586 出

2587 敖				2586 出		
秦	齊	晉	楚	秦	晉	楚
 陶彙 5・384	 拍敦 集成 4644  陶録 3・21・4	 温縣 WT4K5：13  魚顛匕 集成 980  温縣 WT4K5：11  璽彙 5595	 璽彙 0168  郭店 唐虞 27  上博一 性 8  上博五 姑 9  清華四 筮法 42	 陶録 6・56・1  雲夢 日乙 117 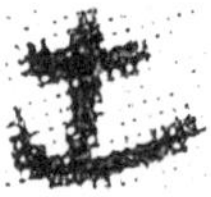 關沮 350  北大・醫方	 好蚉壺 集成 9734	 新蔡甲三 37

2588 賣

秦

里耶 8-1579

齊

璽彙 5657

2589 索

秦

故宮 417

嶽麓一 爲吏 49

雲夢 秦律 22

楚

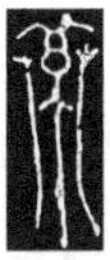

曾侯乙鐘

郭店 緇衣 29

信陽 2・7

包山 254

上博八 李 1 背

上博二 容 47

清華五 封許 06

上博一 緇 15

燕

璽彙 3898

2590 孛

楚

郭店 老乙 10

讀「昧」。

			2592			2591
			南			𣎵
晉		楚	秦	燕	晉	楚
 貨系 149	 包山 231	 曾侯臘鐘 江漢考古 2014.4	 官印 0021	 璽彙 1230	 先秦編 128	 九 A3
 貨系 43	 上博七 武 13	 曾侯臘鐘 江漢考古 2014.4	 陶録 6·315·1		 鐵雲 180	 清華三 説命中 2
 幣編 141	 上博七 武 2	 璽彙 0168	 雲夢 日乙 163		 先秦編 308	 清華三 芮良夫 23
 璽彙 2563	 清華三 良臣 3	 郭店 太一 13	 里耶 8-1886			 清華四 筮法 33
 璽考 123	 清華四 筮法 49	 上博二 容 14	 北大·道里			 清華四 筮法 35

2593

生

晉		楚	秦		齊	
 中山王方壺 集成 9735	 上博三 中 23	 上博八 李 1	 集粹 422	 齊陶 0798	 陶録 2・6・2	 貨系 36
 璽彙 2311	 清華二 繫年 003	 新蔡乙三 32	 雲夢 日乙 120	 齊陶 0799	 陶録 2・62・1	 璽彙 0093
 璽彙 4925	 清華三 良臣 3	 郭店 語一 1		 陶録 2・65・4	 陶録 2・68・1	 璽考 96
 行氣玉銘	 清華五 命訓 04	 上博七 吳 6		 陶録 2・70・4	 齊陶 0778	 貨系 2462
	 上博九 舉 34	 郭店 老乙 3			 齊陶 0796	

	2595 產		2594 丰			
	秦	晉	秦		燕	齊
 北大・泰原	 秦風 195	 璽彙 5209	 陶録 6・454・6	 璽彙 4691	 燕王職作戎戈 集成 11383	 璽彙 0657
 北大・泰原	 關沮 145	 程訓義 2-5		 璽彙 4755	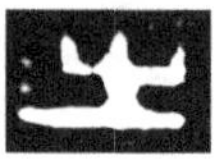 璽彙 0645	 璽彙 3692
 北大・泰原	 里耶 8-534	 貨系 135			 璽彙 1340	 陶録 3・294・5
	 里耶 8-894				 璽彙 3947	 陶録 3・312・4
	 嶽麓叁 132					

	2597 華		2596 毛			
	秦	燕	晉	晉		楚
 里耶 8-2014 正  嶽麓一 占夢 6  北大・從政	 秦風 174  陶録 6・324・1  秦集一 四・6・1  里耶 8-433	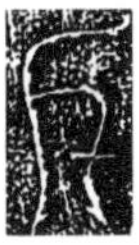 燕王職壺 新收 1483	 中山侯鉞 集成 11758  貨系 2061  璽彙 3278  兆域圖版 集成 10478	 哀成叔鼎 集成 2782	 清華三 良臣 9  清華三 良臣 10	 蔡侯産劍 集成 11602  璽彙 3661  包山 106  上博五 君 11  包山 116

2599 巢				2598 稽		
	楚	秦		楚	秦	齊
樔			秇	稜		
 上博一 孔 10  上博一 孔 11	 望山 1・89	 嶽麓一 爲吏 84  嶽麓一 爲吏 76	 璽考 208	 郭店 五行 33	 雲夢 爲吏 5	 即墨華戈 集成 11160  璽考 42  陶録 2・10・4  陶録 2・10・1

2602 朿	2601 髤					2600 桼
秦	秦	齊	晉	楚	秦	齊
						⿱巛⿱夫曰
 雲夢 秦律 8	 雲夢 效律 46	 璽彙 0157	 貨系 4055	 曾乙 67	 四十八年上郡假守鼂戈 商周 17299	 陶録 3・462・6
 里耶 8-282	 雲夢 日乙 67	 陶録 2・395・3	 貨系 4058		 里耶 8-454	 陶録 3・465・4
 里耶 8-1842	 里耶 8-383	 齊陶 0572	 錢典 832 頁		 里耶 8-1900	 陶録 3・637・4
 北大・泰原	 里耶 8-1548					
 嶽麓叁 243						

2604 刺　　2603 朿

楚	晉	楚	齊			楚
刺			棘	棘	⿱罒棘	
 曾侯乙鐘  曾侯乙鐘  曾侯乙鐘  清華一 祭公 8  清華三 良臣 10	 令狐君壺 集成 9720	 郭店 五行 22  郭店 六德 32  上博二 容 19  清華一 楚居 15  郭店 五行 37	 陶録 3・563・1	 清華五 三壽 28  上博四 曹 48  上博八 李 1  上博八 李 3	 上博四 曹 54	 信陽 1・27  新蔡甲三 137  郭店 窮達 6

2606 囊		2605 橐				
秦	楚	秦	晋			
	囩		剌	敕	朿	
 雲夢 日甲 159 反	 郭店 老甲 23	 雲夢 雜抄 16	 厵羌鐘 集成 159	 上博五 姑 1	 上博一 性 19	 上博一 孔 6
 里耶 8-145 正		 關沮 313	 聳肩空首布 中國錢幣 1993.2	 上博五 姑 10	 清華二 繫年 003	 清華五 封許 02
 里耶 8-2260		 雲夢 日甲 4 反	 中山王鼎 集成 2840	讀「厲」。	 清華二 繫年 087	 清華一 祭公 8
 北大・白囊					省形。	
 北大・白囊						

2607

櫜

楚				
	紿	⿰韋⿱九口	⿰⿱口女⿱九口	⿰韋欠
 天策	 包山 270	 包山 273	 包山 268	 曾乙 126
 天策	 包山牘 1	 包山牘 1		 曾乙 124
				 曾乙 19
				 曾乙 6

2608

橐

楚	
 信陽 2·03	 上博三 周 41
 上博二 容 9	 清華一 程寤 4

2613	2612			2611	2610	2609
回	圓			囩	圜	㯻*
秦	楚			楚	秦	楚
		云	⿷匚云			
 詛楚文 湫淵  雲夢 秦律 148  北大・從軍	 曾乙 203  清華四 筮法 58	 信陽 2・4	 曾乙 45	 五里牌 406・17  信陽 2・1  上博二 容 7  上博三 亙 9	 里耶 8-1866 正  北大・算丙	 清華五 封許 02 讀「右」。

2615 國					2614 圖	
秦	晋			楚	秦	楚
	圀		煮	圕		
 陶録 6・328・2	 兆域圖版 集成 10478	 上博五 姑 7	 上博一 緇 12	 上博二 魯 1	 五年吕不 韋戈 集成 11396	 上博六 莊 5
		 上博六 用 14	 上博七 凡乙 16		 珍秦 141	 上博七 君乙 1
		 上博七 凡甲 17	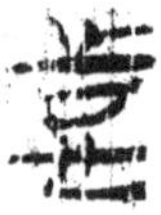 上博九 史 1		 珍秦 131	 清華二 繫年 092
		 清華一 祭公 3	 郭店 緇衣 23		 雲夢 日甲 73 反	
		 清華五 湯丘 13	 郭店 成之 2			

燕		齊	晉			楚
				⿰或阝	⿱宀或	
 燕王職壺 新收 1483	 陶録 2・26・1	 國子鼎 集成 1348.2	 十八年平 國君鈹 考古 1991.1	 清華一 祭公 4	 包山 151	 曾大司馬 白國⿷匚古
 陶録 4・4・1		 國楚戈 新收 1086	 璽彙 3078	 清華三 芮良夫 14	 郭店 緇衣 9	 曾乙 174
 陶録 4・18・1		 陶録 2・25・2	 璽彙 0733	 清華五 三壽 02	 上博四 曹 16	 包山 45
		 齊陶 1268	 二十一年 □國戟 珍吴 104		 上博九 邦 10	 上博一 緇 1
			 安國君 文物 1974.12		 包山 10	 上博二 民 13

2616		2617		2618		
困		圈		囿		
秦	晉	秦	楚	秦	楚	
				囿	囿	図
 雲夢 爲吏 15  雲夢 日乙 84  關沮 371	 集粹 165	 雲夢 日甲 22 反  北大・泰原  北大・泰原  傅 1021	 包山 254	 雲夢 爲吏 34	 郭店 老甲 22	 上博七 凡甲 4 讀「域」。

			2621		2620	2619
			因		圃	園
晉		楚	秦	齊	楚	秦
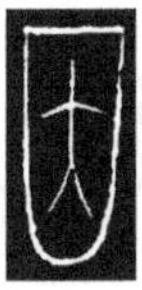 中山王方壺 集成 9735	 上博三 中 26  清華二 繫年 111  清華三 芮良夫 10	 郭店 語一 31  上博二 容 18  清華一 程寤 5  包山 222  郭店 六德 14	 雲夢 爲吏 20 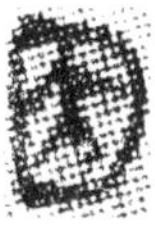 關沮 316  里耶 8-1876  里耶 8-1878	 鵙公劍 集成 11651A	 包山 172  包山 186	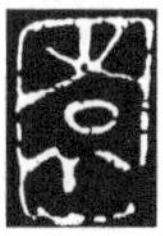 上博 6  陶録 6・112・1  秦集一 四 23・2  里耶 8-454  雲夢 爲吏 34

2624 固				2623 囚	2622 図	
晉	楚	秦	楚	秦	楚	齊
			囡			
 十三苿壺 集成 9686	 包山 191	 成固戈 集成 10938	 清華三 良臣 2	 雲夢 秦律 60	 上博一 緇 23	 陳侯因資戈 集成 11260
 璽彙 1604	 郭店 老甲 34	 雲夢 爲吏 1		 關沮 299	 上博四 曹 37	 陶録 2・4・2
 行氣玉銘	 清華二 繫年 069	 里耶 8-209 正		 里耶 8-141 正	讀「攝」。	
 璽考 142	 上博六 莊 2			 里耶 8-1783		
 璽彙 0713	 上博九 邦 8					

2627 圂		2626 困			2625 圍	
秦	楚	秦	齊	楚	秦	齊
						鈷
 元年上郡假守暨戈商周 17291	 上博一孔 9	 雲夢爲吏 2	 璽彙 5557	 包山 2	 雲夢雜抄 36	 璽彙 3685
 珍展 152	 左塚漆梮			 包山 5		 陶録 2·7·1
 雲夢日乙 188	 上博三周 1					 陶録 2·509·1
 里耶 8-154	 清華四別卦 6					 璽考 42
 里耶 8-880						 齊陶 1069

	2628	2629	2630	2631	2632	2633
	⿴囗九*	⿴囗米*	⿴囗而*	⿴囗君*	⿴囗孚*	⿴囗豹*
晉	秦	秦	楚	楚	楚	楚

璽彙 3985	雲夢 爲吏 13	里耶 8-658 背	清華五 封許 08	天卜	曾乙 77	曾侯膷鐘 江漢考古 2014.4
	讀「究」。		或讀「稚」。	讀「君」。		讀「固」。

2634 团*	2635 囡*	2636 圖*				2637 員
晋	晋	齊				秦
 璽彙 0714	 璽彙 4036	 璽彙 3751	 後李 圖一 7	 陶録 2・293・1	 齊陶 0556	 雲夢 爲吏 26
		 陶録 2・587・1	 陶録 2・604・2	 陶録 2・291・3	 齊陶 0873	 里耶 8-1615
		 陶録 2・68・1	 齊陶 0466	 陶録 2・73・4	讀「陽」。	 里耶 8-2027 背
		 陶録 2・65・4	 齊陶 0798	 陶録 2・75・3		
		 陶録 2・55・3	 陶録 2・194・3	 陶録 2・211・1		

2638

貝

晋	楚	秦	齊			楚
 貨系 463	 包山 274	 陶録 6・17・2	 陶録 3・489・3	 郭店語三 11	 上博一緇 4	 信陽 1・11
 貨系 464	 上博四逸・交 4	 陶録 6・73・3		 上博一緇 13	 上博四曹 5	 郭店緇衣 3
 錢典 662		 雲夢爲吏 18		 清華五湯丘 06	 郭店老乙 3	 清華三説命下 2
		 里耶 8-767 背		 清華五湯丘 10	 上博六用 14	 清華二繫年 083
					 上博八王 4	 上博一緇 2

2641 資			2640 貨	2639 財		
秦		楚	秦	秦	燕	齊
	賜					
 雲夢 日乙 18	 郭店 語三 60	 郭店 老甲 35	 雲夢 日乙 18	 關沮 219	 貨系 2934	 陳貝散戈 集成 11033
 里耶 8-429	 上博九 史 6	 上博四 曹 17	 雲夢 爲吏 18	 里耶 8-1721		
		 上博六 用 8	 嶽麓一 爲吏 46	 嶽麓一 爲吏 59		
		 清華三 説命下 7	 嶽麓叁 30			
		 九 A29				

2644　　2643　　2642

賢　　賑　　購

晉	楚	秦	晉	楚		楚
	堅		賑		⿰貝次	
 守丘刻石	 郭店成之 16	 珍展 82	 璽彙 0764	 郭店緇衣 13	 上博四曹 17	 新蔡零 192
 璽彙 1609	 郭店五行 48	 珍秦 327		 九 B8		
	 上博八命 4	 里耶 8-133 背				
	 上博二從甲 4	 北大・從政				
	 包山 193					

			2646 賀	2645 賁		
齊	晉	楚	秦	秦		
戴		言加				掔
 陶録 2・203・1  陶録 2・205・3  陶録 3・172・1  齊陶 0148  齊陶 0157	 中山王方壺 集成 9735	 包山 7	 秦風 82  雲夢 日乙 95  里耶 8-1259 正  嶽麓叁 68	 十鐘 3.37 上  善齋 15・47 上  關沮 320	 好盗壺 集成 9734	 中山王方壺 集成 9735

字頭	國別	字形
2647 贊	燕	 不降矛集成11541B  璽彙2724  璽彙2792  璽彙3816  陶録4·6·3
	秦	 珍秦69  珍展106
2648 齎	秦	 雲夢秦律177  里耶8-1517正
	楚	 包山129
	齊	 陶録2·485·3  陶録3·573·1  齊陶1148
2649 貸	秦	 里耶8-481
2650 貣	秦	 集粹590  雲夢答問32  里耶8-1505  里耶8-2037正

	2654 贛	2653 贈		2652 賸	2651 賂	
	秦	楚	楚	秦	楚	楚
饡						
 雲夢 日甲 81 反	 集粹 481  陶録 6・292・1  里耶 8-2088	 上博一 孔 27  清華五 封許 06	 曾乙 123	 雲夢 答問 170  雲夢 答問 171	 清華二 繫年 033	 包山 103  包山 115  包山 117  清華五 湯丘 12  清華五 三壽 11

2655

賞

	楚	秦	晉			楚
				⿱⿰章丮貝	⿱⿰章欠貝	⿱⿰章欠貝
 郭店 尊德 2	 郭店 性自 52	 秦風 237	 十五年鄭令戈 集成 11388	 曾乙 67	 新蔡甲三 242	 璽彙 5697
 清華五 命訓 14	 上博四 曹 35	 雲夢 效律 34	 二十年鄭令戈 集成 11372		 上博五 弟 1	 上博二 魯 3
	 清華五 命訓 09	 里耶 8-1883			 清華二 繫年 030	 新蔡甲一 10
	 上博五 鬼 2					 上博六 用 7
						 包山 244

2656

賜

	楚	秦	齊			晉
賜				賞		
 清華一 楚居 5	 燕客銅量 集成 10373	 陶録 6・145・4	 陶録 2・368・1	 璽彙 3494	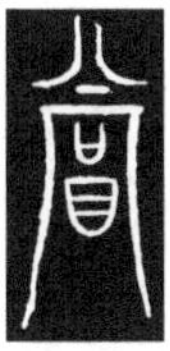 中山王方壺 集成 9735	 屭羌鐘 集成 158
	 包山 141	 雲夢 日乙 195	 陶録 2・521・4			
	 包山 65	 關沮 195	 陶録 2・548・3			
	 上博三 周 7	 里耶 8-2203	 陶録 2・367・1			
	 清華三 說命下 9					

	2658		2657			
	贏		貤			
楚	秦	齊	楚	燕	齊	晉
		貤	貤			
 曾乙 157	 秦風 164  秦風 81  雲夢 效律 34  里耶 8-533  雲夢 日乙 15	 陶録 3・162・1  陶録 3・162・3  陶録 3・162・4	 上博二 容 6  上博六 慎 4  清華二 繫年 059	 璽考 326	 璽彙 2187  璽彙 2201	 中山王鼎 集成 2840  公賜鼎 文物 2001.12  璽彙 0944

2662	2661				2660	2659
賓	貳				負	賴
秦	秦	晉	楚		秦	秦
			⿰亻⿱不貝	⿰負夋		
 里耶 8-461 正	 雲夢 爲吏 14	 先秦編 308	 上博四 曹 21	 雲夢 效律 24	 雲夢 效律 34	 雲夢 爲吏 15
	 里 J1⑯6 背		 上博三 周 37		 雲夢 答問 202	 里耶 8-2495
	 里耶 8-92				 里耶 8-63 正	
	 里耶 8-1147				 里耶 8-1532	
					 嶽麓叁 51	

2664 2663

贅 貴

秦	秦	燕	晉			楚
 雲夢 爲吏 19	 雲夢 爲吏 13	 燕侯載簋 集成 10583	 璽彙 3324	 曾乙 178	 郭店 性自 66	 曾侯乙鐘
 雲夢 爲吏 23	 嶽麓一 爲吏 18			 曾乙 183	 清華一 楚居 3	 上博一 孔 27
 里耶 8-1743 背					 上博九 舉 26	 新蔡零 224
					 上博九 舉 26	 上博二 容 13
						 上博五 季 16

2667 贖		2666 貿				2665 質
齊	秦	晋	秦		晋	秦
				⿰目斤	⿰貝斤	
 子禾子釜 集成 10374  子禾子釜 集成 10374	 雲夢 雜抄 32  里 J1⑯6  里耶 8-884  里耶 8-1734	 貨系 476  貨系 477	 雲夢 答問 202  嶽麓叁 69	 三十四年 頓丘令戈 集成 11321  璽彙 1610	 六年安平 守鈹 集成 11671  璽彙 3211	 詛楚文 亞駝  雲夢 答問 148  里耶 8-522 正  嶽麓一 質一 1

2670 賈			2669 責			2668 費
秦	晋	楚	秦	晋	楚	秦
	睿	賿			賫	
 珍秦 239	 十苿右使壺 集成 9674	 包山 98	 雲夢 爲吏 13	 八年新城 大令戈 集成 11345	 郭店 老甲 36	 秦風 177
 珍秦 23		 上博一 孔 9	 里 J1⑨1 正			 雲夢 雜抄 22
 雲夢 答問 153		 清華一 金縢 3	 里耶 8-454			 里耶 8-657 正
 嶽麓叁 75		 郭店 太一 9	 里耶 8-787			 嶽麓叁 85
 嶽麓一 爲吏 61			 嶽麓叁 77			

		晋				楚
賈				[貝叚]		
 好蚉壺 集成 9734	 璽彙 2986	 十一年庫 嗇夫鼎 集成 2608	 包山 161	 包山 161	 清華五 命訓 09	 包山 122
 兆域圖版 集成 10478	 陶録 5・23・3	 好蚉壺 集成 9734		 上博二 容 3	 上博九 成甲 3	 包山 190
 璽彙 3025		 六年冢子 戟刺		 包山 158		 清華二 繫年 046
 璽彙 3022		 璽彙 2987		 郭店 語四 26		 上博六 用 13
		 四年咎奴 令戈 集成 11341		 上博九 邦 12		 清華三 説命下 7

2673 買　　2672 販　　2671 資

晉	秦	楚	秦	齊	齊	
						賈又
 右買戈 集成 11075  璽彙 2405  璽考 221	 珍展 94  里耶 8-664 正  里耶 8-1604  嶽麓叁 75  北大・從軍	 新蔡封泥 文物 2005.1  新蔡封泥 文物 2005.1	 龍崗 26  里耶 8-393  嶽麓叁 74	 璽彙 3590  璽彙 1943  珍展 19  璽彙 3690  陶録 2・5・2	 璽彙 3225  齊陶 0977	 守丘刻石

2675 賦　　2674 賤

2675 賦			2674 賤			
楚	秦		楚	秦	齊	
		賤	賛			
 上博二 容 18	 詛楚文 湫淵	 清華三 良臣 7	 郭店 成之 17	 王四年相邦張義戈 新收 1412	 陶録 3・446・3	 璽彙 1608
	 雲夢 爲吏 7		 上博一 緇 10	 雲夢 答問 153	 陶録 3・449・6	 璽彙 1864
	 里耶 8-104			 里耶 8-100・1		
	 里耶 8-1735			 北大・從政		
	 嶽麓一 爲吏 59					

2677 貧				2676 貪		
楚	秦				楚	晉
		⿱貪心	唸	貪		戢
 郭店 成之 17	 雲夢 日乙 101	 清華三 芮良夫 4	 上博二 從甲 15	 上博二 從甲 5	 郭店 語三 19	 六年安平守鈹 集成 11671
 郭店 性自 53	 里 J1⑨1 正			 上博六 競 6		 璽彙 3038
 清華一 皇門 3	 里耶 8-665 正					 程訓義 1-106
 上博八 顏 12	 北大・從政					 陶録 5・19・4
 清華四 筮法 31						

2679 賕　　　　　　　　　　　　　　　　2678 賃

	楚		晉		楚	秦
贅				貢		
 上博五三13	 上博五季15	 好蚉壺集成9734	 中山王鼎集成2840	 郭店六德13  上博六慎3  上博八成1	 王命龍節集成12100	 雲夢爲吏9

		2682		2681	2680	
		貴		貲	購	
	楚	秦	齊	秦	秦	齊
						贅

上博一 緇 11	包山 25	璽彙 4424	陶録 3・159・3	陶録 6・293・2	雲夢 答問 139	陶録 2・696・4

郭店 緇衣 22	郭店 語一 18	陶録 6・281・6	陶録 2・251・4	雲夢 效律 40	里耶 8-992	陶録 2・712・5

郭店 緇衣 44	上博一 緇 22	雲夢 答問 153	齊陶 0830	里 J1⑨7 正	里耶 8-1572	齊陶 1326

清華四 筮法 54	郭店 成之 18	關沮 146		里耶 8-1600	嶽麓叁 10	齊陶 1335

清華五 命訓 14	郭店 老甲 29	北大・泰原		嶽麓叁 30		齊陶 1347

	2685 賽		2684 貽	2683 賏		
	楚	齊	楚	楚	齊	晋
			⿰貝司			
 郭店語四 17	 包山 104	 陶録 2·50·1	 清華一保訓 9	 子賏之用戈集成 11100	 貴將軍虎節	 璽彙 4079
 上博九靈 1	 包山 150					 璽彙 1751
 天卜	 望山 1·116					 璽彙 4676
 郭店老乙 13	 郭店老甲 27					 璽彙 1523
 上博二容 6	 清華二繫年 023					

		2689 ⿱止貝*	2688 ⿱亡貝*	2687 ⿰貝干*	2686 ⿱賈貝*	
齊		楚	楚	楚	秦	
	時					⿱宀⿱申心
 陶録 2・264・3  陶録 2・264・4	 包山 180	 郭店 老甲 36 讀「得」。  新蔡乙四 106 讀「惻」。	 九 A96  郭店 老甲 36 讀「亡」。	 左塚漆梮	 雲夢 答問 203	 新蔡甲三 4  新蔡乙三 61

2693	2693 贅*	2692 賅*	2691	2691 貽*	2690	2690 肪*
齊	楚	楚	齊	楚	齊	楚
 陶録 3・161・4	 璽彙 5701  望山 2・7  包山 94  包山 278 反 或讀「啜」，或讀「綴」。	 天策  天策  清華一楚居 3 讀「該」。	 陶録 3・452・1  陶録 3・453・5  陶録 3・453・1  陶録 3・453・6	 上博六用 13 或讀「搖」。	 陳肪簋蓋 集成 4190	 常 2

2694 ⿰貝臾*	2695 ⿱令貝*	2696 賡			2697 ⿱亘貝*	2698 ⿰忄⿱亘貝*
楚	楚	楚	齊	燕	楚	楚
 包山 149	 璽彙 0351  包山 92 讀「令」。  上博六莊 2	 上博二從甲 16  新蔡甲三 69  上博三亙 7 《説文》「續」字古文。	 璽彙 0262  陶録 3・160・3  陶録 3・161・2	 骨距末考古 1965.11	 天策  天策	 郭店緇衣 45 讀「恒」。

2704	2703	2702	2701		2700	2699
[illegible]*	[illegible]*	[illegible]*	[illegible]*		賹*	[illegible]*
楚	楚	楚	楚	齊	楚	楚
						貨
 郭店 老甲 27 讀「鋭」。  清華三 琴舞 1  清華三 琴舞 16 讀「墜」。	 曾乙 158  包山 28  包山 157  上博四 柬 5  上博四 柬 21 或讀「藍」、「陵」。	 曾乙 198 讀「魯」。	 曾乙 137  曾乙 138	 齊幣 320  陶録 2・447・2  陶録 2・683・2  貨系 4095  貨系 4097	 燕客铜量 集成 10373  包山 110  郭店 老甲 35  上博一 孔 21 讀「益」。	 璽彙 0127

2705	2706	2707	2708	2709	2710	
贕*	贚*	賶*	賯*	賹*		贔*
楚	楚	楚	楚	楚	齊	楚
		賶				
 曾乙 214 讀「發」。	 包山 180 或讀「鐘」。  新蔡甲三 123  上博七 吳 9 或讀「賨」。 賟  清華二 繫年 129	 上博五 季 20 讀「辟」。	 上博二 從乙 2	 郭店 語四 1  上博六 用 13 讀「酬」。	 陶録 3・125・1  陶録 3・127・2  陶録 3・124・5	 包山 150 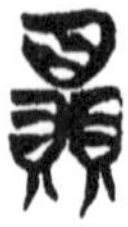 清華一 耆夜 6

	2711 ⿱歸貝*	2712 ⿰貝就*	2713 貼*		2714 ⿱癶貝*	2715 ⿰貝句*
晋	楚	楚	晋	齊	晋	晋
 璽彙 3796	 包山 145 反 讀「歸」。	 鄂君啓車節 集成 12112  鄂君啓舟節 集成 12113 讀「就」。	 集粹 59	 璽彙 3677  璽彙 3107	 璽彙 2310	 右冢子鼎 文物 2004.9
	歸					
	 包山 145					

2720 ⿱凶貝*	2719 ⿰貝气*	2718 ⿰貝夫*	2717 ⿰貝曷*	2716 ⿰貝豕*		
齊	齊	齊	晉	晉	齊	
						則
 陳逆簋 集成 4096	 陶彙 3・952	 陶録 2・234・4	 九年閔令戈 雪二 87	 四年昌國鼎 集成 2482  銀節約 集成 12037	 陶録 3・636・4 則  陶彙 3・825	 璽彙 2665  璽考 290  陶録 7・9・1

2727	2726	2725	2724	2723	2722	2721
員*	⿱攻貝*	⿰貝帝*	⿱夗貝*	䩻*	⿱亯貝*	⿱吉貝*
燕	燕	齊	齊	齊	齊	齊
				貼		
 璽彙 3959	 擵古齋二之二 12	 陶録 2・178・3  陶彙 3・299	 齊陶	 陶録 3・549・5  陶録 3・549・6	 璽彙 2611	 陶録 3・450・2  陶録 3・450・3

2730					2729	2728
邦					邑	賬*
秦	燕	齊	晉	楚	秦	燕
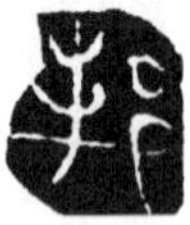 四年相邦樛斿戈 集成 11361	 聚珍 173.6	 璽彙 0198	 安邑下官鍾 集成 9707	 包山 54	 陶録 6・52・1	 陶録 4・11・2
 雲夢 日乙 19	 聚珍 171.6	 璽彙 0289	 口戈 集成 11165	 清華一 尹誥 1	 雲夢 日乙 93	
 陶録 6・463・2		 陶録 3・600・5	 璽考 108	 上博三 周 10	 里耶 8-753 正	
 西安圖 16・24			 貨系 1685	 清華一 皇門 1	 里耶 8-753 正	
 里耶 8-461			 貨系 1687	 清華五 封許 03		

	齊		晋			楚
				⿱邦土		
 十年陳侯 午敦 集成 4646  璽彙 1590  齊幣 280  貨系 2586	 十年陳侯 午敦 集成 4648  璽考 67	 㚸蚉壺 集成 9734  二十九年 相邦戟 集成 11391  十二年邦 司寇矛 集成 11549  中山侯鉞 集成 11758  相邦陽安 君鈹 集成 11712	 哀成叔鼎 集成 2782  璽考 288  璽彙 3458 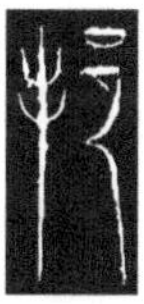 中山王鼎 集成 2840 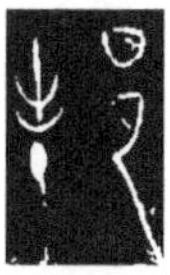 㚸蚉壺 集成 9734  三十二年 坪安君鼎 集成 2764	 清華四 筮法 30	 清華一 祭公 7  上博八 成 1  上博二 民 14  上博九 邦 8	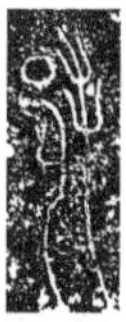 曾侯⿰月與鐘 江漢考古 2014.4  璽彙 2554  璽考 184  上博一 孔 4  上博四 柬 5

2732 都　　2731 郡

晉	楚	秦	齊	秦		燕
 貨系 1909	 璽彙 0281	 珍秦 285	 陶録 2・50・1	 上郡守壽戈 近出 1201	 燕侯職壺 新收 1483	 璽彙 3936
 璽彙 3419	 包山 113	 陶録 6・433・3		 傅 317	 璽彙 0329	
 珍戰 17	 上博四 曹 37	 里 J1⑯9 正		 里 J1⑨5 正		
 二十九年 高都令戈 集成 11302	 上博五 三 12	 北大・道里		 北大・道里		
	 上博六 平 2	 里耶 8-60 正				

2733

鄰

晉	楚	秦	燕	齊		
⿱吅文	⿱吅文					
 中山王鼎 集成 2840	 郭店 窮達 12	 雲夢 日乙 21	 庚都司馬鐓 集成 11909	 中都戈 集成 10906	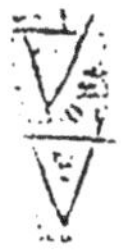 貨系 1580 省形。	 聚珍 223 • 3
	 郭店 老甲 9	 雲夢 答問 98	 璽彙 0010	 璽彙 0272	 貨系 1581 省形。	 璽彙 2487
	 上博四 曹 6	 嶽麓一 爲吏 62	 璽彙 0121	 璽彙 0198		 璽考 133
	 上博三 周 57		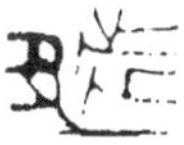 璽彙 0293	 陶彙 3 • 703		
	 上博三 周 13		 璽彙 0011			

	2737		2736	2735	2734	
	邸		郊	鄗	酇	
楚	秦	晉	楚	秦	秦	齊
						厸
 包山 167	 傳 329	 璽彙 3997	 包山 182	 珍秦 331	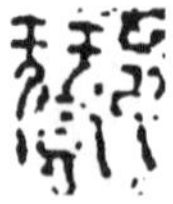 地理 21	 陶録 2・286・2
 包山 186	 傳 318			 雲夢 爲吏 9	 傳 1334	
	 里耶 8-904			 雲夢 爲吏 5		

2744	2743	2742	2741	2740	2739	2738
郾	郁	郊	郃	鄁	郵	郛
楚	秦	秦	齊	晉	秦	楚
		岐	郘			
 清華二繫年 62	 里耶 8-1277 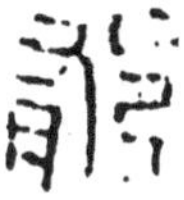 秦集二四・43・1	 傅 1598 《説文》或體。	 陶録 2・55・3  璽彙 2202	 陶彙 6・156	 官印 0090  里耶 6-2 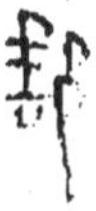 里耶 8-1147  嶽麓一質三 12	 璽彙 2154  包山 167  新蔡零 102

2746 郝				2745 耶		
晋		秦	晋	楚	晋	
	郝		鄺	鄺		庀
 璽彙 1436	 珍秦 226  珍秦 47	 秦風 156  珍秦 303	 璽彙 2106  璽彙 2107	 包山 106  包山 28  清華一 楚居 15	 璽彙 2867  璽彙 2868	 清華三 良臣 2

			2748 鄭			2747 鄷
		晉	楚	秦	楚	秦
鄿	鄐					
 哀成叔鼎 集成 2782	 璽彙 1622	 鄭左庫戈 集成 10994	 新蔡甲三 223	 十九年殳 新收 737	 清華四 別卦 4	 陶録 6・56・1
	 璽彙 1624	 璽考 251	 新蔡乙一 32	 珍秦 292 新收 737		 陝西 25
	 珍戰 116	 璽彙 1621	 清華二 繫年 085	 塔 160 秦印		
		 璽彙 1620		 雲夢 日甲 81 反		
				 嶽麓一 質三 25		

2754 郖	2753 部	2752 邽	2751 邮	2750 叩	2749 郤	2749 郤
晉	秦	秦	楚	齊	晉	秦
 璽彙 2146  璽彙 2148  璽彙 2149	 故宮 431  里 J1⑯6  里耶 8-573  里耶 8-1600	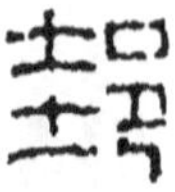 秦集二三・4・1  陶録 6・310・1  陶録 6・310・2	 包山 67  包山 181	 陶録 3・17・1	 貨系 2277  貨系 2278	 十七年丞相啓狀戈 集成 11379

2757 鄆			2756 鄩			2755 邛
齊			楚		晉	楚
	⿰⿱彐夾阝	⿰⿱彐戈阝		⿰亩阝		
 鄆戈 集成 10828	 新蔡甲二 14	 包山 12	 包山 157	 璽彙 2117	 邛皮戟 文物季刊 1992.3	 楊家灣 6・13
 鄆左戈 集成 10932		 新蔡甲二 6	 包山 157 反	 璽彙 2116	 十年邛令戈 集成 11291	
		 清華一 楚居 16	 包山 169		 璽彙 2114	
			 新蔡乙四 16		 程訓義 1-38	

2759 邵					2758 邗	
晋	楚	秦	齊		晋	楚
郘				⿰口邗		
 中山王方壺 集成 9735	 清華三 良臣 4	 詛楚文 巫咸	 璽彙 5555	 璽考 344	 四年邗令戈 集成 11335  非口戈 集成 11270  璽彙 2050  璽彙 3103	 包山 115

2763 邢　2762 䢵　2761 鄱　2760 鄍

晋	秦	燕		晋	楚	齊
			鄱			
 璽彙 1901	 湖南 95	 先秦編 463  尖首刀 中國錢幣 1998.2	 璽彙 2132	 集粹 132	 包山 143  曾乙 201	 銀盤 發現 75

2767 郤　2766 鄴　2765 祁　2764 鄔

2767 郤	2766 鄴	2765 祁		2764 鄔		
秦	晋	晋	秦	晋	秦	
						郌
 雲夢 日乙 199	 十四年鄴 下庫戈 江漢考古 1989.3	 貨系 1841	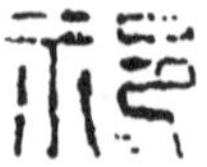 秦集二 四・21・2	 貨系 1935	 詛楚文 巫咸	 二年邢令戈 文物 1988.3
		 三晋 73		 貨系 1937		 廿二年屯 留令戟 珍吴 244
		 三晋 73		 三晋 77		 東亞錢志 4・43
		 先秦編 254		 三晋 77		 璽彙 1892
						 陶録 5・53・4

2770 郇				2769 鄲		2768 邯
晉			晉	秦	晉	秦
邹	鄲	邢				
 璽彙 2238 或釋作合文「勻邑」。	 璽彙 2137	 二年邦司寇鈹 珍吴 211	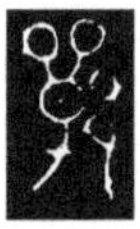 鄲孝子鼎 集成 2574  鄲郕戈 雪二 97	 秦集二二 12·7  傅 1196  文物春秋 2006.6 陶  里耶 8-894	 璽彙 2145  陶彙 4·159	 陶録 6·401·1  秦集二二 13·3  傅 1204  里耶 8-894

2774 郾	2773 鄦	2772 郅				2771 鄗
楚	楚	秦	齊	晉	楚	秦
郻						
 包山 145	 包山 87	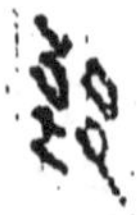 里耶 8-1277	 陶録 2·7·2	 方足小布 錢典 210	 包山 103	 于京 44
 包山 181	 新蔡零 187				 包山 115	
					 清華一 金縢 13	

2777 鄧	2776 郋	2775 鄴				
秦	楚	秦	燕			晉
				郾	郊	
 集粹 658	 曾侯乙鐘	 新郪虎符 集成 12108	 燕王職戈 集成 11226	 璽彙 1976	 璽彙 2224	 妤盗壺 集成 9734
 陶録 6・444・2		 于京 42	 燕王右庫戈 集成 11109			 中山王鼎 集成 2840
 陶録 6・444・3		 里耶 8-1023	 燕侯脮戈 集成 11272			 郾戈 珍吴 175
 里耶 8-136 正			 燕王職壺 新收 1483			 璽彙 1959
 嶽麓一 質三 5			 璽彙 3857			 璽彙 2652

2779 ⿰婁阝				2778 ⿰襄阝		
燕	齊	晉	楚	楚	晉	楚
 璽彙 3247	 璽彙 0237	 程訓義 1-135	 虎婁公戈 通考 328	 包山 189	 璽彙 1934	 鄧冢墣戟 通考 325

2782 鄢					2781 郢	2780 ⿰里阝
楚	秦	齊	晉	楚	秦	楚
⿰安阝						
 包山 49  包山 157  清華一楚居 14  清華一楚居 15	 雲夢編年 14  里耶 8-807  嶽麓一質一 49	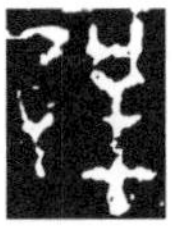 璽彙 0588	 璽彙 2051  璽彙 2052  璽彙 2053	 璽彙 5549  璽考 178  清華一楚居 11  上博四柬 13  貨系 4206	 秦風 134  雲夢日甲 69 反	 璽彙 0183  上博六競 10

2787 郙	2786 鄓			2785 郲	2784 鄂	2783 鄳
秦	秦	齊	晉	楚	楚	楚
 里耶 8-1025  里耶 8-1309	 北大・道里	 璽彙 1590  璽彙 1585  陶録 2・405・1  陶録 3・287・5	 璽彙 1578  璽彙 1579  鑒印 31	 包山 94  包山 149  清華二 繫年 015  清華二 繫年 098	 鄂君啓舟節 集成 12113  鄂君啓車節 集成 12112  包山 164  清華二 繫年 009	 新蔡甲三 193

2789 鄱			2788 邡			
齊	晉	楚	齊	晉	楚	楚
 璽彙 1661	 疋鄱戈 集成 10899  温縣 T1K1・2182  璽彙 1660	 新蔡零 145  包山 153	 陶録 3・394・3  陶録 3・394・6	 璽彙 2073  璽彙 3341	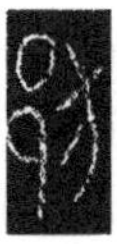 鄂君啓車節 集成 12112  曾乙 173  曾乙 176  新蔡甲三 8  清華二 繫年 098	 包山 121  新蔡乙四 27

2795	2794	2793	2792		2791	2790
郜	鄑	邺	鄘		邴	鄴
楚	齊	楚	齊	齊	晋	齊
					郚	
 𨛜之新造戈 集成 11042	 陶彙 3・1325	 清華二 繫年 097	 陶彙 3・777	 璽彙 2209	 璽彙 2098	 璽彙 0355
 析君戟 集成 11214			 靈壽圖 76・1		 璽彙 2100	
 包山 12						
 新蔡甲三 337						

		2796	2797	2798	2799	2800
		邛	鄶	祁	鄒	𨛜
	齊	晉	晉	晉	秦	楚
𨞾	郶					
 包山 164	 □□部戟 集成 11183	 合陽鼎 集成 2693	 陶録 5・62・4	 璽彙 2135	 秦風 215	 璽彙 5638
 清華二 繫年 134	 齊城造戈 集成 10989	 里耶 8-645 背		 新見 20	 秦集二 三・78・2	 包山 172
 部戈 集成 10829	 □公之部戈	 里耶 8-1515 背				 清華二 繫年 098
		 里耶 8-1628 背				 清華二 繫年 098

2801 郜

晉	齊		燕	楚
 璽彙 1941	 璽彙 1942	 璽彙 1957	 不降戈 集成 11286A	 璽彙 2097
 鑒印 16	 璽彙 1943	 齊魯 2	 陶録 4・187・2	
 十四苿帳橛 集成 10473	 璽彙 1946	 陶録 2・56・2		
 陶録 4・187・2	 璽彙 1952	 陶録 3・26・4		
	 璽彙 1954			

2802 郰

齊	楚
 璽彙 2096	 璽彙 0263
 珍展 19	

		2805 郎		2804 酄		2803 郕
晋	楚	秦		楚	晋	楚
			郒			
 璽考 96	 清華二繫年 130	 秦集一二・10・6	 包山 41	 新蔡甲三 32	 錢典 193	 曾乙 153
 璽彙 0049		 傅 905				
 珍展 3						

2806		2807	2808		2809	2810
邳		鄣	邗		𨞛	郯
秦	晉	秦	楚	晉	楚	秦
⿰不阝	⿰不阝					
 于京 39	 壐彙 2153  集粹 112	 官印 0041  嶽麓一爲吏 21	 邗王是野戈集成 11263  包山 121  包山 183	 趙孟庎壺集成 9679	 包山 40	 傅 1412

2813 邪	2812 鄘	2811 郚				
秦	楚	晉		楚	燕	楚
			⿰⿱五五阝			
 集證 196・41  秦集二 二 24・1  里耶 8-2129  北大・算丙  北大・算丙	 包山 171	 二十三年 郚令戈 集成 11299	 包山 206	 包山 200  包山 203	 璽彙 0190	 包山 179  包山 81

2816	2815	2814				
郭	郄	邾				
秦	齊	齊	楚	秦		晉
					郚	
 秦風 105  秦風 168  雲夢 爲吏 8	 陶録 3・533・5	 陶録 2・237・2	 璽彙 2064  璽彙 3528  璽考 173  包山 120  包山 123	 傅 1410	 璽彙 2142  貨系 882  貨系 879 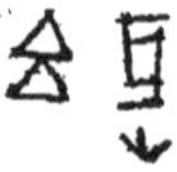 貨系 888  聚珍 196	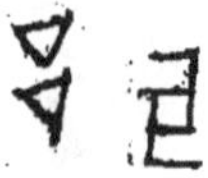 貨系 887

	2819	2818			2817	
	郇	郭			郳	
晉	楚	秦	齊	晉	楚	齊
				郳		
 璽彙 2058  璽彙 2063  陶録 5・4・3	 包山 28  包山 56  清華二 繫年 068  清華二 繫年 071	 陝西 651  里耶 8-220	 郳左序戈 集成 10969  郳□槿 集成 10381  璽彙 3233	 璽彙 2127	 新蔡乙四 90	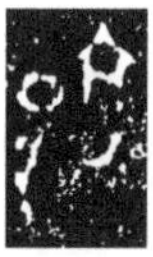 薛郭公子 商戈 新收 1129

	2823 郲	2822 邷		2821 邱	2820 䣁	
晋	楚	晋	齊	秦	齊	齊
 璽彙 2104  璽彙 2105	 包山 167  包山 175	 璽彙 2212	 璽彙 2201	 陶録 6・56・1	 陳侯因資敦 集成 4649  陶録 2・289・3  陶録 3・578・1 三體石經古文《僖公》捷作䣁。	 陶録 2・33・3

2829 郙	2828 郤	2827 邨	2826 鄝	2825 郉	2824 鄗	
楚	秦	楚	楚	晋	楚	齊
 包山 61	 十鐘 3·61 下	 包山 179	 包山 21	 璽彙 1926	 包山 50	 璽彙 2204
 包山 6	 里耶 8-665	 包山 166	 包山 143		 包山 180	
 上博九陳 3		 清華二繫年 030	 包山 105			
 包山 267						

2830

鄘

楚	秦		齊			
鄘		郙			郙	
 包山 175	 里耶 8-316	 璽彙 0152	 璽彙 0232	 包山 26	 包山 239	 上博九陳 3
 包山 190	 北大・算甲	 璽考 57		 包山 193	 包山 228	 包山 226
 新蔡甲三 364				 包山 26	讀「巴」。	 包山 236

2836	2835	2834	2833	2832	2831	
⿰皇阝*	郗*	⿰具阝*	⿰昔阝*	郣*	邻*	
秦	秦	秦	秦	秦	秦	
						鄽
 詛楚文 湫淵  在京圖四 15	 里耶 8-1811	 集粹 676	 印典 1352 頁	 里耶 8-761	 里耶 8-1025  里耶 8-1364	 包山 174

2840 ⿰勺阝*		2839 ⿰弋阝*		2838 邞*		2837 ⿰御阝*
齊	楚	晉	楚	晉	楚	秦
 璽彙 0246	 包山 190  清華二繫年 064  清華二繫年 096 讀「趙」。	 邙皮戟 文物季刊 1992.3  六年代相鈹 文博 1987.2  璽彙 0096  三晉 119 讀「代」。	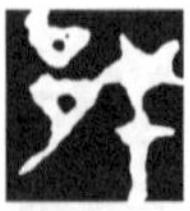 璽彙 0002 讀「弋」。	 璽考 142	 余邞君盤 考古 2014.7	 十鐘 3・44 上

2841	2842	2843			2844	2845
⿰夗阝*	⿰川阝*	⿰亓阝*			⿰云阝*	⿰巨阝*
楚	楚	楚	晉	齊	楚	楚
			郅	鄰		
 新蔡甲三 409	 新蔡甲三 11 或讀「均」。	 璽彙 2112	 璽彙 2113  集粹 119	 璽考 58  陶録 2・32・1 讀「箕」。	 鄂君啓舟節 集成 12113 讀「鄖」。  包山 22  包山 191  上博九 陳 2	 新蔡甲三 406  清華二 繫年 120

2850 ⿰六阝*	2849 ⿰勺阝*		2848 ⿰禾阝*	2847 ⿰內阝*	2846 ⿰巾阝*	
楚	楚	晉	楚	楚	晉	楚
 璽彙 0130  包山 181 讀「六」。	 包山 23  包山 23  包山 183	 璽彙 2118  璽彙 2119  三孔布 中國錢幣 1993.2	 新蔡甲三 324	 清華三 良臣 3 讀「芮」。	 程訓義 1-42	 仰天湖 27

2854 郒*			2853 ⿰疋阝*	2852 ⿰古阝*		2851 ⿰正阝*
楚	齊	晋	楚	楚	燕	楚
 包山 173	 璽彙 2206	 貨系 2468	 包山 125	 包山 153	 璽彙 2237	 包山 150
 上博四采 5	 璽彙 3234	 貨系 1957	 包山 125			 包山 191
						讀「慎」。

2858 郋*	2857 ⿰歹阝*	2856 ⿰名阝*		2855 ⿰旦阝*	
晉	楚	楚	楚	燕	楚	
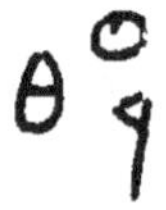 十一年郋令戈 新收 1182  璽彙 2151  璽彙 2152	 清華三良臣 11 讀「伯」。	 包山 103  包山 115 讀「閒」。	 璽彙 5584	 璽彙 0061  璽彙 0086  璽彙 0120	 包山 90  包山 102  包山 93	 包山 219  包山 220 或讀「只」。

2859	2860		2861	2862		2863
⿰仆阝*	⿰其阝*		⿰廾阝*	⿰此阝*		⿰旨阝*
楚	楚	晉	楚	楚	晉	楚
 包山 34	 包山 188	 ⿰其阝戈 集成 10902	 清華二 繫年 112	 新蔡甲三 8	 二年皇陽令戈 集成 11314	 包山 91
讀「付」。	 新蔡乙四 102	 王子口戈 集成 11162	讀「鞏」。	 新蔡乙 32		 曾乙 214
			 包山 221	讀「茲」。		 清華一 耆夜 1
			 包山 223			 清華一 耆夜 14 背
						讀「黎」或「耆」。

2869 ⿰兆阝 *		2868 ⿰舟阝 *	2867 ⿰⿱夂土阝 *	2866 ⿰豖阝 *	2865 ⿰厃阝 *	2864 ⿰缶阝 *
楚	晋	楚	楚	楚	楚	楚
 鄂君啓舟節 集成 12113  包山 166  包山 167  新蔡甲三 393  新蔡零 346	 陶録 5・54・1  陶録 5・54・2	 上博二 容 45	 包山 163	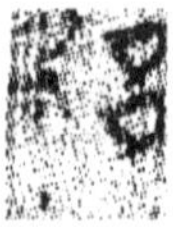 新蔡甲三 271 或釋「郘」。	 新蔡甲三 334  新蔡乙四 26 讀「危」。	 包山 177

2875	2874	2873	2872	2871		2870
⿰巠阝*	⿰畀阝*	⿺走阝*	⿰宅阝*	郑*		⿰衤阝*
楚	楚	楚	楚	楚	齊	楚
 包山 159  包山 162 讀「陘」。	 璽考 151	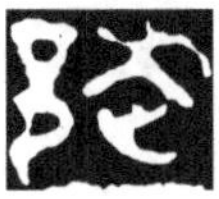 璽彙 0261  新蔡甲三 310	 望山 1・112  包山 167  包山 167	 包山 140 反  包山 182 讀「卷」。 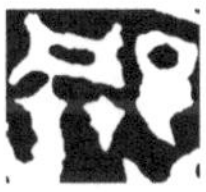 璽考 150 讀「沅」。	 璽彙 2197  璽彙 2198	 包山 186

2879 ⿰秀阝*	2878 ⿰我阝*		2877 䢵*	2876 ⿰萊阝*		
楚	楚	晉	楚	楚	齊	晉
 璽考 167  包山 62  包山 142 或讀「秀」。	 郪陵君豆 集成 4695	 四年邘令戈 集成 11335	 包山 102  包山 152 或讀「匡」。	 包山 168	 璽彙 4014  璽彙 2598	 璽彙 5645  璽彙 1979  璽彙 1983  璽彙 1982

	2880 ⿰垔阝*	2881 郱*	2882 郤*	2883 ⿰釆阝*		2884 ⿰妴阝*
晉	楚	楚	楚	楚	齊	楚
⿰采阝						
 璽彙 4073	 新蔡甲三 386	 包山 100  包山 162  清華二繫年 133 或讀「滕」。	 新蔡甲三 315	 包山 100 讀「鄱」。	 璽彙 0098	 包山 153

2888	⿰弜阝*		2887 ⿰叐阝*	2886 ⿰奉阝*		2885 郬*
齊	楚		楚	楚	齊	楚
 璽彙 2184	 清華三說命中 3	 包山 41	 清華二繫年 70	 郼之新造戈集成 11042	 璽彙 0238	 包山 50
 璽彙 2187	讀「强」。	 包山 48	 上博九卜 2	 包山 177		 包山 179
 璽彙 2186		 包山 43	讀「蔡」。	 上博八有 2		讀「青」。
		 包山 140 反				

2889	2890	2891			2892	2893
⿰弦阝*	⿰帚阝*	⿰亟阝*			⿰卓阝*	⿰朋阝*
楚	楚	楚		晋	楚	楚
			⿰亙阝	⿰亙阝		
 包山 192	 新蔡乙三 23	 新蔡甲三 353	 包山 163  郭店 窮達 8	 璽彙 2136	 包山牘 1	 包山 190
讀「弦」。		讀「期」。	讀「期」。		讀「悼」。	

字號	字頭	國別	字例	按語
	鄃		 包山 172  包山 165  清華一楚居 15	
2894	鄂*	楚	 新蔡乙一 14  新蔡乙一 32	讀「町」。
2895	⿰恝阝*	楚	 新蔡甲三 310	讀「期」。
2896	⿰彔阝*	楚	 包山 153  包山 154	或讀「六」。
2897	⿰金阝*	楚	 包山 180	或讀「陰」。
2898	⿰侖阝*	楚	 類編 212	
		晉	 錢典 252	

2903 [illegible]*		2902 [illegible]*		2901 [illegible]*	2900 [illegible]*	2899 [illegible]*
楚	晉	楚	齊	楚	楚	楚
 鄂君啓舟節 集成 12113	 璽彙 2117  璽彙 2116	 包山 129 讀「鄦」。	 璽彙 0265	 新蔡零 66、 甲三 234 讀「輿」。	 清華一 楚居 14 讀「宛」。	 包山 51  包山 135 反  包山 131  包山 132

	2907 ⿰肙阝*		2906 ⿰夷阝*	2905 ⿰官阝*	2904 ⿰宗阝*	
	楚	齊	楚	楚	楚	晉
⿰宛阝						
 曾乙 12	 璽彙 2179  包山 134  包山 164  新蔡甲三 8  玉存 67 讀「宛」。	 陶録 2・553・3  陶録 2・553・4	 包山 118 讀「夷」。	 天卜  天卜	 包山 72  包山 84 讀「宗」。	 璽考 130  璽彙 0004

2908 鄸*			2909 鄭*	2910 郰*	2911 郐*	2912 郙*
楚	齊	燕	楚	楚	楚	楚
 鄂君啟舟節 集成 12113  璽彙 1557  包山 62  包山 169  上博二 容 26 讀「陽」。	 璽彙 0325	 璽彙 1679  璽彙 1678	 包山 10  包山 164  包山 180 讀「復」。	 天卜	 曾乙 70 讀「郇」。	 包山 2:479-5 號 簽牌

2919 鄀*	2918 郯*	2917 郿*	2916 鄭*	2915 郋*	2914 鄗*	2913 郭*
楚	楚	楚	楚	楚	楚	楚
 璽考 150	 新蔡甲三 347-1	 璽考 180	 包山 153	 包山 56 讀「艾」。	 包山 68  包山 118  包山 168  包山 110  曾乙 144 讀「櫟」。	 越王者旨於賜戈 集成 11310

2924 ⿰真阝*			2923 ⿰敢阝*	2922 ⿰⿸厂沙阝*	2921 ⿰⿱亦日阝*	2920 郣*
楚	齊	晉	楚	楚	楚	楚
 包山 179 讀「慎」。	 璽彙 2191  璽彙 2192  陶録 3・624・2	 璽彙 2213	 曾乙 213  包山 124  包山 125	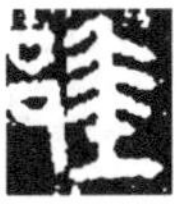 長沙戈 集成 10915  包山 78 讀「沙」。	 曾乙 164  曾乙 167	 清華五 湯丘 01  清華五 湯丘 01 讀「莘」。

2930	2929	2928	2927		2926	2925
⿱竹邑*	⿰菐阝*	⿰壴阝*	⿰羕阝*		⿰終阝*	郱*
楚	楚	楚	楚	晉	楚	楚
						鄦
 包山 88  包山 88	 珍戰 140  包山 183  上博九 陳 3 讀「濮」。	 包山 149  包山 188	 曾乙 119  包山 169  包山 177  包山 141  包山 143 讀「養」。	 璽彙 2138  貨系 2460	 包山 67  包山 186 讀「終」。	 包山 68  包山 78  包山 163  包山 174

2936 鄵*	2935 ⿱亞邑*	2934 ⿰壴阝*	2933 ⿰琴阝*	2932 鄎*		2931 ⿰集阝*
楚	楚	楚	楚	楚		楚
					⿰雧阝	
 鄂君啓車節 集成 12112  包山 63  包山 184	 上博二 容 45	 包山 20	 封泥 考古 2005.9	 新蔡零 236 讀「息」。	 曾乙 163  曾乙 173	 集□鼎 讀「集」。

邑部

2943	2942	2941	2940	2939	2938	2937
⿰廐阝*	⿰⿱罒糸阝*	⿰蕨阝*	⿰亶阝*	⿹戈⿰阝邑*	⿰角阝*	隍*
楚	楚	楚	楚	楚	楚	楚
 曾乙 130	 包山 268  新蔡甲三 402  上博五 競 3 讀「狄」。	 清華二 繫年 131	 包山 127	 包山 62  包山 169  包山 170  清華一 楚居 16	 包山 86	 曾乙 26

2944 ⿰齊阝*				2945 ⿰單阝*	2946 ⿰龍阝*	2947 ⿰藁阝*
楚	晋		燕	楚	楚	楚
 曾乙 88	 九年閔令戈 雪二 120	 王立事鈹 新收 1481	 燕王職壺 新收 1483	 包山 44	 包山 174	 新蔡乙四 76
讀「齊」。	 璽考 341	 十四茉鳳方案 集成 10477	 璽彙 5582		讀「龍」。	
		 璽彙 1602	 璽彙 3498			
		 璽彙 2248				

2948		2949	2950	2951	2952	
戠*		鄽*	𨞣*	鄱*	鐴*	
楚		楚	楚	楚	楚	晉
	⿰扌⿱林邑					鄐
 上博四 曹 42	 清華一 祭公 1	 包山 77	 清華二 繫年 93	 曾乙 71	 封泥 考古 2005.9	 貨系 2264
讀「捷」。	 清華一 祭公 2		讀「欒」。	 曾乙 73		 錢典 314
	 清華一 祭公 21			 清華二 繫年 019		 貨系 2268
	讀「祭」。			讀「翟」。		 三晉 117
						讀「注」。

2959	2958	2957	2956	2955	2954	2953
柕*	祁*	郊*	邵*	坦*	邶*	邛*
晋	晋	晋	晋	晋	晋	晋
 程訓義 1-72	 程訓義 1-127  港續 79	 璽彙 2124	 璽彙 2108  璽彙 2109	 璽彙 1667	 貨系 1210  貨系 1211	 璽彙 1691

2966	2965	2964	2963	2962	2961	2960
鄌*	砽*	郌*	郌*	卯阝*	邸*	邦*
晋	晋	晋	晋	晋	晋	晋
 璽彙 2126  貨系 562	 陶文 文物春秋 創刊號	 璽彙 1653  璽彙 1654	 步黟堂 311  二年梁令 戟束 古研 27	 蚌埠 13	 璽彙 2144  璽彙 3237  貨系 2021 讀「邸」。	 璽彙 2176

邑部

2967	2968	2969	2970	2971	2972	2973
⿰申阝*	郏*	⿰瓜阝*	⿰弁阝*	⿰区阝*	⿰曲阝*	郤*
晋	晋	晋	晋	晋	晋	晋
			郃		⿰⿺乚卜阝	
 二十四年申陰令戈 集成 11356	 璽彙 2180	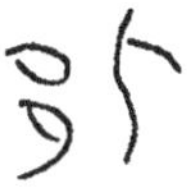 郻狐戈 雪二 97	 璽彙 2233	 集粹 118	 貨系 2466	 璽彙 2128
讀「申」。	 璽彙 2181	讀「狐」。			讀「曲」。	 珍戰 20
					 璽彙 2238	
					或釋作「曲邑」。	

邑部

2974	2975	2976	2977	2978	2979	2980
郇*	郊*	郐*	郾*	郪*	郳*	郯*
晉	晉	晉	晉	晉	晉	晉
 貨系 2280	 貨系 2089	 璽彙 2133	 璽彙 1812  璽彙 2960	 璽彙 1923  鑒印 17	 璽彙 2234	 璽彙 1424
讀「向」。				讀「廉」。		

	2986	2985	2984	2983	2982	2981
	𨛬*	𨛜*	𨛍*	郲*	䢻*	𨚲*
	晋	晋	晋	晋	晋	晋
 三晋 94	 貨系 1513	 璽彙 2102	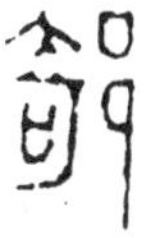 璽彙 1687	 貨系 1994	 錢典 278	 元年埒令戈 集成 11360
 貨系 1515	 三晋 95	 璽彙 2103		讀「釐」。	讀「武」。	 先秦編 336
 貨系 1518	 貨系 1497					 先秦編 335
 貨系 1519	 先秦編 259					 幣編 153
 貨系 1512	 三晋 95					
	讀「長」。					

2991 ⿰臾阝*	2990 ⿰备阝*	2989 ⿰肥阝*	2988 ⿰和阝*	2987 郘*		
晋	晋	晋	晋	晋		
 璽彙 2228	 璽彙 2139 讀「原」。	 璽彙 3273	 璽彙 1879	 璽彙 4036	 貨系 1528 變體。	 三晋 95  三晋 95

2998	2997	2996	2995	2994	2993	2992
鄆*	鄗*	鄍*	郴*	郗*	郤*	郘*
晋	晋	晋	晋	晋	晋	晋
 温縣 WT4K6：315  九年閔令戈 雪二 121  珍戰 72	 四年春平 相邦鈹 集成 11694  五年春平相 邦葛得鼎 商周 2387 讀「葛」。	 璽彙 2134  璽彙 2369	 璽彙 2214	 集粹 129	 璽彙 0301	 璽彙 3038  璽彙 5666 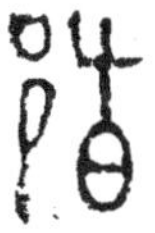 陶彙 9・52  璽彙 2161  璽彙 2165

3003	3002	3001	3000	2999		
⿰素阝*	⿰昷阝*	⿰亮阝*	⿰⿱台壬阝*	郥*		
晋	晋	晋	晋	晋	燕	齊
 璽彙 2130	 璽彙 2082  璽彙 2085  璽彙 2086 讀「温」。	 璽彙 1697  璽彙 1698	 先秦編 303  先秦編 303  三晋 120 讀「怡」，或讀「駘」。	 貨系 1884  貨系 1882  先秦編 309  錢典 179 讀「負」。	 璽彙 2042	 陶録 3・611・1

3010	3009	3008	3007	3006	3005	3004
鄥*	⿰野阝*	鄤*	鄟*	⿰杀阝*	⿰畱阝*	⿰⿱业豆阝*
晋	晋	晋	晋	晋	晋	晋
	⿰壄阝					
 璽彙 1139	 璽彙 1912  璽彙 1913  璽彙 1915	 貨系 1210  貨系 1211	 璽彙 1870  璽彙 1871	 鑒印 219	 貨系 1678 讀「留」。	 温縣 WT1K1：3105

3017	3016	3015	3014	3013	3012	3011
鄦*	⿰⿱𠂉兆阝*	⿰齒阝*	⿰⿱艹兒阝*	⿰⿱十⿱罒干阝*	⿰⿱罒弓阝*	鄃*
晋	晋	晋	晋	晋	晋	晋
鄦						
 二年邦司寇肖□鈹  璽彙 2075  集粹 122  璽彙 2074	 貨系 1830  貨系 1831 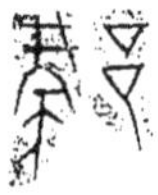 三晋 80  先秦編 269 讀「⿱𠂉兆」。	 璽彙 2241	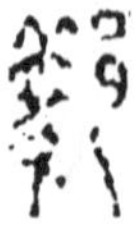 璽彙 2178	 璽彙 2070  璽彙 2072	 貨系 1990  先秦編 283  貨系 1441  三晋 100 讀「泫」。	 璽彙 3227

3024	3023	3022	3021	3020	3019	3018
⿰魯阝*	⿰駠阝*	⿰虒阝*	⿰冓阝*	⿰豊阝*	⿰帚阝*	⿰絅阝*
晋	晋	晋	晋	晋	晋	晋
	⿰馬阝					
 璽彙 1594  璽彙 1596	 璽彙 2143	 三孔布 中國錢幣 2005.2 讀「氏」。	 璽彙 2231	 璽彙 1884  璽彙 1885	 璽彙 2243	 璽彙 2122  璽彙 2123

3025	3026	3027	3028	3029	3030	3031
鄨*	鄺*	鄻*	鄽*	鄹*	邺*	郍*
晋	晋	晋	晋	晋	齊	齊
			鄐		郶	
 璽彙 2140	 貨系 2485	 璽彙 2129	 十八年雝左庫戈 集成 11264  璽彙 2183	 珍戰 94	 璽彙 0355  陶録 3・3・1  陶録 3・3・2	 右急矛 集成 11487  璽彙 2195  璽彙 2200

3036 ⿰建阝*	3035 ⿰系阝*		3034 ⿰車阝*	3033 ⿰足阝*		3032 ⿰亘阝*
齊	齊	燕	齊	齊	燕	齊
 璽彙 0652	 陶録 2・6・3	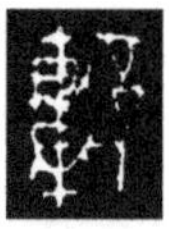 陶録 4・29・1	 璽彙 1928	 璽彙 3234	 璽考 90	 ⿰亘阝左戈 新收 1097

3043	3042	3041	3040	3039	3038	3037
旀*	郲*	鄯*	鄜*	鄧*	郜*	郇*
齊	齊	齊	齊	齊	齊	齊
 陶録 2・386・1  陶録 2・386・2	 郲右戈 集成 10997  乘右戈 山東 817	 陶録 2・390・1  陶録 2・390・2  後李 圖三 8	 璽彙 2239	 陶録 2・466・4  陶録 2・469・2  陶録 2・466・2	 郭公子戈 近出 1164	 陶録 2・54・1

3044	3045	3046	3047	3048	3049	3050
郿*	戠*	郘*	鄱*	鄘*	鼉*	郍*
齊	齊	齊	齊	齊	齊	燕
 璽彙 0577  璽考 57	 陶録 2・18・1 讀「賀」。	 璽彙 2177	 璽彙 0209	 鄘戈 集成 10897  鄘左庫戈 集成 11022 讀「虞」。	 陶録 2・54・2  陶録 2・55・1  陶録 2・56・1	 璽彙 2242

3057	3056	3055	3054	3053	3052	3051
邑邑*	鄙*	㗊*	郄*	鄸*	郢*	郙*
晋	燕	燕	燕	燕	燕	燕
 璽彙 2090  璽彙 2093  山璽 160	 璽彙 0061  璽彙 0120	 璽彙 2240  璽彙 2225	 璽彙 3425	 璽彙 0010  璽彙 0159  璽考 76 讀「易」。	 璽彙 2216	 璽考 85

3058 鄉		3059 巷				
秦	楚	秦		楚		
			衖	⿰足共	⿴行帶	⿴行亘
 官印 0081	 郭店 緇衣 23	 秦都圖 426	 雲夢 日甲 83 反	 曾乙 167	 包山 142	 上博三 周 32
 陶録 6・415・4	参卷九「卿」字。	 秦都圖 426	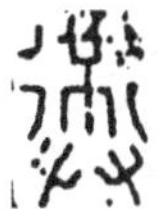 秦集一 二 53・1	 上博四 采 1	 上博一 緇 1	 上博二 魯 3
 秦集二 四 7・4			 秦集一 二 53・2	 清華二 繫年 093		
 里耶 8-1548			 傅 563			
 嶽麓一 質三 13			 傅 567			

				齊	晉	
						遊
	 齊陶 0623  齊陶 0923	 陶録 2・396・2  陶録 2・315・3  陶録 2・48・4  陶録 2・97・3  陶録 2・387・1	 陶録 2・50・2  陶録 2・395・4  陶録 2・55・1  陶録 2・128・4  陶録 2・314・3	 山東 741  璽彙 0196  璽彙 0322  陶録 2・51・1  陶録 2・52・1	 八年相邦鈹 集成 11680  八年相邦鈹 集成 11681	 郭店 緇衣 1  包山 144

3060

日

燕	齊	晉	楚	秦
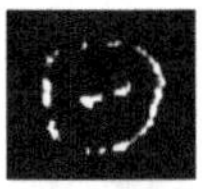 燕王職壺 新收 1483	 陳肪簋蓋 集成 4190	 令狐君壺 集成 9720	 書也缶 集成 10008	 璽彙 4885
 聚珍 075.2	 拍敦 集成 4644	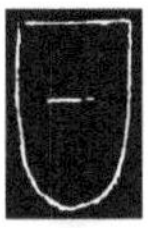 妤盗壺 集成 9734	 包山 62	 珍秦 373
	 齊幣 27	 陶録 5・69・5	 上博四 柬 20	 里 J1⑨7 背
	 陶録 3・41・2	 貨系 1209	 清華一 保訓 1	 北大・日乙
			 清華一 耆夜 7	

3062 早				3061 時		
	楚	秦	晉		楚	秦
	曐		旹			
 新蔡甲三 23	 郭店 老乙 1	 雲夢 秦律 2	 中山王方壺 集成 9735	 郭店 五行 6	 郭店 性自 15	 秦風 172
 包山 58	 上博三 中 14	 雲夢 秦律 5	 吕大叔斧 集成 11786	 郭店 窮達 14	 上博二 容 48	 雲夢 秦律 5
 包山 63	 郭店 語四 12		 璽彙 4343	 上博五 三 1	 上博六 慎 4	 北大・白囊
 郭店 語四 13	 郭店 語三 19		《說文》古文。	 清華一 程寤 8	 清華五 湯丘 15	 北大・日乙
 清華二 繫年 100	 上博四 曹 32				 上博二 容 16	
	 包山 258					

3064 睹		3063 昧				
楚	晉	楚	秦	齊		晉
				⿱日未	⿱日未	⿱日⿱一未
 包山 173  包山 184  上博六 木 1	 璽彙 3303	 蔿子受鎛 通考 289・4  蔿子受鎛 通考 295・1  上博四 內 8  清華一 保訓 1	 里耶 8-1668	 陶録 3・598・1	 温縣 WT1K14：867	 中山王鼎 集成 2840

3066 晉				3065 昭		
楚	秦	晉	齊	楚	秦	
						暑
 荊曆鐘	 陶録 6・136・1	 珍戰 16	 齊陶 0279	 郭店緇衣 11	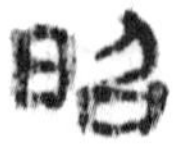 雲夢爲吏 27	 包山 185
 曾乙 110	 陶録 6・306・3	 貨系 629			 雲夢爲吏 50	 上博六木 3
 郭店緇衣 22	 秦集二三・14・2	 貨系 631				 上博七吳 9
 新蔡乙四 134	 關沮 372					
 上博六競 4	 嶽麓叁 166					

3069 妟	3068 昫	3067 暘				
秦	秦	楚	齊		晉	
 雲夢 日甲 161	 珍秦 284  秦印	 包山 187	 佲晉戈 集成 10979  陶録 3·41·3	 二十六年 晉陽令戈  二十四年 晉□戈  三晉 38  三晉 42  三晉 42  尖足小布 錢典 368 省形。	 羼羌鐘 集成 158  晉陽戈 集成 10920  陶録 5·10·3  貨系 906  貨系 905	 郭店 緇衣 10  清華二 繫年 039  上博九 陳 4

3072 昃				3071 晧	3070 景	
齊	晉		楚	楚	秦	楚
		⿸厂昃				
 陶録 3・295・1  陶録 3・654・4	 温縣 T1K1：1961  璽彙 3205  昃庫戈 集成 10919  貨系 373  陶録 5・40・6	 包山 181	 薳子昃鼎  包山 266  郭店 語四 12  新蔡甲三 159  清華四 筮法 49	 包山牘 1	 珍秦 147  秦風 219	 郭店 五行 40  上博六 競 12  港甲 7

3073 昏		3074 晦			3075 㫷	3076 旱
秦	楚	秦	楚		楚	秦
				明	翼	
 雲夢 日乙 156  關沮 170	 郭店 老乙 9  郭店 唐虞 23  上博八 命 7  清華五 三壽 26  上博六 莊 1	 傅 1458  雲夢 封診 73  嶽麓叁 178	 上博三 亙 9  上博五 鬼 8  清華三 説命上 6  清華三 赤鵠 4	 清華四 筮法 39	 新蔡甲三 22 讀「翼」。	 陶録 6・287・5  傅 1557  雲夢 秦律 13

3077

昌

齊	晉		楚	秦		楚
					覃	
 昌城右戈 集成10998	 四年昌國鼎 集成2482	 郭店 緇衣30	 璽彙0178	 璽彙4978	 清華三 説命中4	 上博二 魯1
 陶録 2·6·1	 璽彙0006	 清華三 芮良夫15	 璽彙2189	 塔圖138		 上博二 魯1
 陶録 2·52·1	 集粹289	 上博八 成15	 上博八 王1	 珍秦110		
 齊幣120	 貨系515	 清華五 湯丘06		 珍秦133		
	 璽彙4920	 清華五 啻門09		 秦2003		

3080 3079 3078

暑 昰 晧

	楚	秦	晋	楚		燕
⿱日几	⿸尸日			眭		
 上博一 緇 6	 郭店 緇衣 9  上博二 容 22  上博八 志 4	 雲夢 日甲 50 反	 集粹 130	 陳晧戟 集成 11251	 陶録 4・71・4  陶録 4・76・3  貨系 2337  貨系 3261	 廿四年 錐形器 集成 10453  璽彙 0882  璽彙 4988  璽彙 4990  璽彙 4880

卷七

日部

3083 昔			3082 暴	3081 曓		
晉	楚	秦	秦	晉	楚	秦
 中山王鼎 集成 2840  好盗壺 集成 9734  吉大 12  二年梁 令戟束 古研 27	 清華一 皇門 2  清華一 保訓 4  郭店 成之 6  上博五 競 2  清華二 繫年 001  清華五 三壽 19	 詛楚文 亞駝  雲夢 日乙 120  雲夢 日甲 113 《説文》籀文。	 嶽麓一 爲吏 50  里耶 8-1243	 廿二年 屯留令戟 珍吴 244  十左使 車山形器 集成 10451 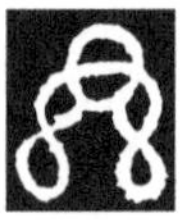 十四苿 雙翼神獸 集成 10447  温縣 T1K1：3216	 上博一 孔 6  上博二 從乙 1  清華一 耆夜 8  清華三 説命下 5  清華五 厚父 10	 平都矛 集成 11542

3086 曈		3085 晐			3084 昆	
晉	齊	晉	秦	楚	秦	齊
						腊
 璽彙 2264	 璽彙 1951  璽彙 0248  山璽 005	 璽彙 0074  璽彙 2334  璽彙 3300  象牙干支籌 文物 1990.6 讀「亥」。	 湖南 93  秦風 83  陶録 6・51・3	 郭店 六德 29  郭店 六德 28  郭店 六德 29  清華三 芮良夫 4	 璽彙 5311  關沮 193	 陶録 2・393・4  陶録 2・394・3  陶録 2・394・1 《説文》籀文。

3092 昳*	3091 旯*		3090 昊*	3089 眆*	3088 眭*	3087 曆
楚	楚	燕	楚	楚	秦	秦
 包山 173	 清華五封許 02 讀「駿」。	 璽彙 0965	 上博一孔 6  安徽錢幣 1997.4	 包山 135 反  包山 135  包山 150	 陶録 6・467・2	 里耶 8-483

3093	3094	3095	3096	3097	3098	
𣅟 *	㕈 *	㬰 *	𣈭 *	昭 *	暲 *	
楚	楚	楚	楚	楚	楚	晉
					暃	暃
 清華一 楚居 2	 望山 2・6	 上博六 用 12	 上博四 昭 9	 包山 8	 上博七 凡甲 5	 璽彙 1076
或讀「秀」，或讀「迪」。	 望山 2・23	或讀「禍」。	或讀「暴」。	 包山 189	 上博七 凡甲 11	 璽彙 1272
					或讀「障」。	 璽彙 1746

3099 暩*	3100 畿*			3101 晑*	3102 㫗*	3103 㬥*
楚	楚			晋	晋	晋
		㫖				
 蔿子受鎛 通考 295・1 讀「爽」。	 新蔡零 336 讀「幾」。	 包山 54  包山 49  包山 198  包山 215  包山 266	 包山 110  上博八 有 1  新蔡甲三 4 讀「幾」。	 璽彙 0074  璽彙 0672  璽彙 1687	 璽彙 3042	 璽彙 1453  璽彙 2280

	3109	3108	3107	3106	3105	3104
	旦	晙*	晜*	𣅀*	𣌭*	𣉻*
楚	秦	齊	齊	齊	晉	晉
 上博五 姑 1	 里 J1⑨ 981 背	 璽彙 0344	 陶録 2・624・4	 陶録 3・580・6	 璽彙 3204	 璽彙 0397
 清華一 耆夜 2	 里耶 8-805		 陶録 2・621・3	 陶録 3・385・5	 璽彙 0671	 璽彙 1682
 上博五 三 1	 嶽麓叁 94		 陶録 2・620・2		 璽考 290	 璽彙 2294
 上博八 成 3	 雲夢 日乙 233		 齊陶 0507			
 清華三 説命 4						

3111 軏　　3110 暨

	楚	秦	燕	齊	晉	
			⿱丁日		⿱日丁	
 清華五封許03	 包山75	 元年上郡假守暨戈	 璽彙5583	 陶録2・320・1	 璽彙2275	 包山135
 上博九邦7	 清華二繫年035	 珍秦157		 齊陶0674	 珍戰110	
	 上博八李1	 嶽麓叁95				
	 上博七君乙2	 嶽麓叁105				
	 清華四筮法40					

朝

		楚	秦	燕	晉	
韶	𨗇					卓
 清華三 良臣 5	 上博八 成 7	 上博二 昔 1	 秦風 57	 璽彙 2797	 厵羌鐘 集成 157	 上博七 君甲 9
		 清華一 耆夜 12	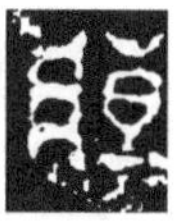 陶録 6・133・4	 璽彙 2812	 王三年 鄭令戈 集成 11357	 上博七 君乙 9
		 清華四 筮法 39	 雲夢 日乙 161	 璽彙 2815	 十六年 喜令戈 集成 11351	「早」「乃」雙聲。
		 清華五 厚父 03	 里耶 8-1583	 璽彙 2835	 璽彙 2337	
		 清華五 湯丘 05		 陶録 4・89・3		

卷七 　 𠦝部

3115	3114	3113				
旗	㫃	⿰𠦝彔*				
秦	晉	晉	燕			晉
			⿰日川	⿰𠦝召	⿰𠦝召	
 秦風 94	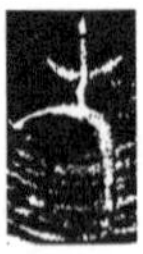 陶彙 6・222	 璽彙 4065	 璽彙 0329	 温縣 WT4K6:315	 鑒印 12	 朝歌右庫戈 集成 11182
 陶録 6・9・4			 陶録 4・186・3	 沁陽 1 古研 1	 璽彙 3310	 珍戰 78
 雲夢 日乙 93				 温縣 T4K6:128	 璽彙 0559	 璽彙 2657
					 温縣 T4K6:212	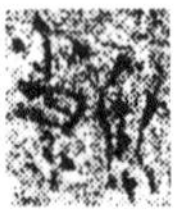 温縣 T4K6:250
					 温縣 T4K6:214	 温縣 T4K6:209

3116

旆

楚	燕	齊	晉			楚
	羿	旂	旂	旂	羿	⿸㫃羿
 曾乙 6	 璽彙 0606	 陶録 3・456・2	 璽彙 2377	 曾乙 80	 上博二容 20	 曾乙 6
 曾乙 62	 璽彙 2817		 璽彙 0953		 上博七吴 7	 曾乙 103
			 璽彙 3268		 郭店尊德 2	
			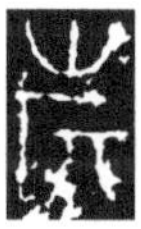 陶録 5・22・2		 上博八成 15	
					 上博九陳 3	

3118 旟		3117 旌				
晋	楚		楚	秦		
		⿱習冃	⿸㫃青		⿱習巾	⿰車旆
 璽彙 3430	 競孫旟也鬲 商周 3036	 望山 2・13	 曾乙 65	 秦印	 包山 273	 曾乙 25
 璽考 127		 包山 273		 于京 40	 包山 269	 曾乙 144
 璽考 127		 包山 38		 里耶 8-26		
 璽考 125		 包山牘 1				
讀「旅」。						

3121 旃	3120 旞					3119 旂
楚	秦	齊		晉		楚
			[illegible]		[illegible]	
 郭店語三2 讀「戰」。	 秦風182  傅1149  雲夢爲吏41  雲夢雜抄26	 司馬楙編鎛山東104  璽彙3753	 邵黛鐘集成235	 令狐君壺集成9720  璽彙2386  璽彙2390  璽彙2391	 書也缶集成10008	 信陽2·11  曾乙68  新蔡甲二10  新蔡零287  清華五封許06

3124		3123		3122		
游		旖		施		
楚		秦	秦	秦	齊	
遊			旑			旉
 包山 7	 北大・祓除	 七年丞 相奐戈 商周 17237	 珍秦 165	 集粹 503	 陶録 2・429・2	 曾乙 86
 包山 188		 陶彙 5・384	 秦風 191	 雲夢 爲吏 49		 曾乙 79
 曾乙 120		 珍秦 184				 曾乙 115
 郭店 語三 12		 珍秦 136				
 上博八 子 5		 陶録 6・295・1				

3125

旋

秦			晉			
	㳬	㫊		㫊	迀	㳬
 雲夢 封診 64 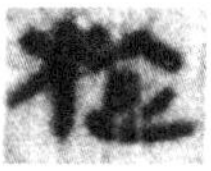 雲夢 封診 65	 璽彙 2251	 魚顛匕 集成 980	 中山王鼎 集成 2840  璽彙 1154	 上博一 性 21	 包山 277 與《説文》古文形近。	 上博五 三 21  清華一 耆夜 5

3126 旇

秦	楚	
	⿱㫃毛	⿱罒毛
 雲夢 爲吏 26	 包山 269  包山 269	 包山牘 1

3127 旅

秦	楚		晉
	遊		
 雲夢 效律 41  關沮 210	 璽考 179  璽考 179  璽考 179  曾乙 119  包山 4	 上博三 周 53  清華二 繫年 134	 璽彙 3439  璽彙 2335

3130 旆*	3129 斺*			3128 族		
楚	秦	齊	晉		楚	秦
 清華四 筮法 11  清華四 筮法 14 讀「焉」。	 里耶 8-1608	 陳喜壺 集成 9700A	 璽彙 3412  璽考 312	 包山 3  郭店 六德 28  上博八 有 5  上博九 舉 2	 曾侯乙鐘  曾侯乙鐘  曾侯乙鐘  包山 10  郭店 語三 14	 珍秦 129  里耶 8-1555 正

3135 ⿸㫃甫*	3134 ⿸㫃正*	3133 ⿸㫃黃*	3132 ⿸㫃昜*		3131 ⿸㫃言*	
晉	晉	楚	楚	齊	楚	晉
						施
 郘黛鐘 集成 226	 新見 17	 曾乙 11	 酓章鎛 集成 85  酓章鐘 集成 83  曾乙 1  清華一 保訓 6 讀「陽」。  清華二 繫年 127	 陶録 2・132・1  陶録 2・132・4	 曾乙 213	 中山王鼎 集成 2840  中山王鼎 集成 2840 讀「也」。

	3141	3140	3139	3138	3137	3136
	曐	冥	旗*	旝*	旃*	旅*
楚	秦	秦	晋	晋	晋	晋
星	星					
 上博三中 19  上博五競 1  清華三芮良夫 23  清華五三壽 11	 雲夢日乙 41  關沮 366  北大・日乙  北大・日乙	 詛楚文巫咸	 璽彙 4065	 銅柱録遺 6・132	 七年宅陽令隅登戟古研 27	 鑒印 32

3142

曑

				楚	秦	晉
晶	厽	厽	參		參	
 上博三 周 1  信陽 1・3  清華二 繫年 121	 璽考 150  包山 13  左塚漆梮  上博八 命 10  郭店 性自 15 讀「三」。	 郭店 語三 67  清華四 筮法 3 《説文》或體。	 上博五 姑 2  上博五 姑 6  上博五 姑 10	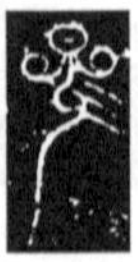 蔿子受鎛 通考 295  上博五 三 1  上博六 用 1  清華三 説命下 9	 陶録 6・278・4  雲夢 日乙 99  西安圖 209  關沮 151  北大・算丙	 王立事鈹 集成 11669  璽彙 2745  類編 175

		齊				晋
			晶	厽	參	
 齊陶 0116  齊陶 0135  齊陶 0089  齊陶 0106 讀「三」。	 璽考 41  陶録 2・10・4  齊陶 0087  齊陶 0094  齊陶 0095	 少司馬耳杯 新收 1080  陶録 3・226・2  陶録 3・224・2	 璽彙 0841	 先秦編 178  先秦編 178  先秦編 178  梁上官鼎 集成 2451	 二年邢令戈 文物 1988.3  魚顛匕 集成 980  璽彙 0681  璽彙 1520	 中山王鼎 集成 2840  璽彙 0673

3143

曟

燕	齊			楚	秦	燕
晨	晨			晨	晨	
 丙辰方壺 西清 19・3	 陶録 3・182・2	 郭店 五行 19	 包山 80	 自鐸 通考 360・1	 雲夢 日乙 105	 璽彙 2511
 璽彙 3188	 陶録 3・183・4	 郭店 五行 20	 清華三 琴舞 8	 清華三 說命下 6		 璽彙 3847 《說文》或體。
 璽彙 3170		 帛書甲	 清華五 三壽 16	 上博三 中 19		
 璽彙 3453			 清華五 三壽 23	 清華二 繫年 088		
 璽彙 4114				 包山 143		

3144

月

秦	楚	晉	齊	燕
 陶録 6・56・1	 新蔡乙一 16	 安邑下官鍾 集成 9707	 陳逆簠 集成 4096	 十三年戈 集成 11339
 秦駰玉版	 清華一 程寤 1	 鄲孝子鼎 集成 2574	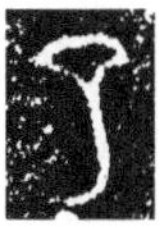 陳侯因資敦 集成 4649	 陶録 4・1・1
 雲夢 日乙 28	 清華一 耆夜 9	 璽彙 2866	 莒公孫 潮子鐘 山東 76	
 里耶 8-179 正	 清華四 筮法 26		 陶録 2・31・3	
 北大・醫方	 清華五 啻門 07			

3145

朔

秦	楚
 秦風 190	 璽彙 3558
 雲夢 日乙 61	 九店 A78
 雲夢 爲吏 22	 包山 63
 里耶 8-673 正	 包山 63
 里耶 8-2093	

3147 霸　　3146 朏

燕	楚	齊		齊	晉	
	朗					
 璽考 91	 清華一 程寤 1	 陶録 2・218・2	 陶録 3・227・6  陶録 3・292・1  陶録 3・291・5	 陶録 3・230・3  齊陶 0013  齊陶 0014  齊陶 0116  陶録 3・230・4	 公朱左自鼎 集成 2701  梁十九年 亡智鼎 集成 2746  鴨雄 046  温縣 K1：2182	 清華一 楚居 5

3149 期　　3148 朗

		晉		楚	秦	秦
𣍘	胡	𣅀	昇			朖
 三十五年鼎 集成 2611  九年承 匡令鼎 考文 1994.4  璽彙 2879	 璽彙 3788	 陶録 5·77·2 《説文》古文。	 包山 15  郭店 老甲 30  郭店 忠信 4  上博七 吴 9  清華四 筮法 31	 競孫旟也鬲 商周 3036	 集粹 682  雲夢 爲吏 10  里耶 8-138 正  北大·醫方	 陶録 6·159·6

3150 眀*				3151 ⿰月它*	3152 膸*	
齊	燕	楚	楚	齊	齊	
⿱一⿱八目	⿱一⿱八目		⿰目叉			
 璽彙 1952	 璽彙 1247	 清華一 祭公 7	 清華一 祭公 17	 齊陶 0206	 齊陶 0001	 齊陶 0005
 璽彙 3662		讀「乂」。	讀「乂」。	 齊陶 0205	 齊陶 0156	 齊陶 0082
 陶録 3・206・5				 齊陶 0207	 齊陶 0165	 齊陶 0117
 陶録 3・204・4					 齊陶 0199	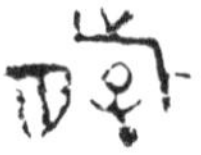 齊陶 0123
 齊陶 0676					 齊陶 0002	 齊陶 0151

3154 有　　3153 脮*

	齊	楚		秦	燕	
						脐
 鷹節 集成 12105	 十年陳 侯午敦 集成 4648	 郭店 成之 7	 北大・算甲	 珍秦 226	 燕侯脮戈 集成 11184	 齊陶 0189
	 陳侯因資敦 集成 4649	 新蔡甲三 21		 珍秦 360	 燕侯脮戈 集成 11272	
	 後李 圖七 2	 上博五 三 6		 陶録 6・20・1		
				 里耶 8-1437 背		
				 北大・泰原		

3155

朙

齊		晉		楚		秦
		明	明	明	明	
 司馬楙編鎛 山東 104  齊明刀 考古 1973.1  齊幣 419	 集粹 221  璽彙 5609  璽彙 5617	 中山王鼎 集成 2840  璽彙 4376  璽彙 4403  陶録 5・31・4	 清華一 皇門 12  上博八 顔 10  清華五 命訓 03	 上博五 三 1  上博三 亙 13	 雲夢 爲吏 44  關沮 349  里耶 8-1562 正  北大・從政	 秦駰玉版  秦駰玉版  商鞅方升 集成 10372  陶録 6・373・1

盟

			楚		秦	燕
	盟		盟	盟	盟	
 新蔡乙四 149	 上博六壽 4 讀「明」。  上博五競 7  上博五季 10 讀「猛」。	 上博二子 2  清華二繫年 072  清華二繫年 088  清華三祝辭 2	 信陽 2・3 《説文》古文。	 雲夢爲吏 48	 詛楚文湫淵	 璽彙 5082  璽彙 4399  先秦編 552  貨系 2912  貨系 2969

3157

夕

楚	秦	燕	晉			
			盟	[illegible]		[illegible]
 九 A71	 秦風 114	 陶録 4・60・2	 璽彙 0408	 曾侯臧鐘 江漢考古 2014.4	 清華一 尹至 4	 包山 139 反
 上博四 柬 9	 雲夢 日乙 20		 璽彙 0372	 新蔡甲三 227	 上博五 三 1	 上博一 孔 7
 清華一 金縢 13	 關沮 367			 新蔡零 281	 包山 23	 上博七 凡乙 4
 清華五 厚父 03	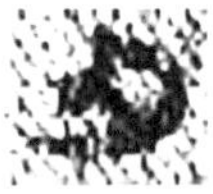 里耶 8-145 正					 上博七 凡甲 8
 清華四 筮法 26						

夜

卷七

夕部

晉			楚	秦	齊	晉
	育	𡖍				
 中山王方壺 集成 9735	 包山 194	 包山 113	 曾乙 67	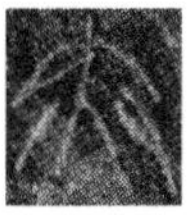 秦駰玉版	 齊明刀 考古 1973.1	 中山王方壺 集成 9735
 七年宅陽令矛 集成 11546		 郭店老甲 8	 信陽 1・6	 秦風 115	 齊明刀 考古 1973.1	 璽彙 1723
 元年埒令戈 集成 11360		 清華一 耆夜 3	 包山 168	 里耶 8-145 正		
 上皋落戈 考古 2005.6		 清華五 啻門 20	 清華一 楚居 5	 里耶 8-1523 背		
 璽彙 2946		 璽彙 0102	 璽考 175			

3160 夤　　　　　　　　3159 夢

秦	齊		楚	秦	齊	
						炙
 秦都圖 120 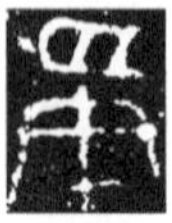 秦都圖 119	 陶録 2・12・3	 帛書甲	 上博三 亙 2  清華三 説命中 1  清華一 程寤 1  上博四 柬 9  上博四 柬 8	 日本 22  雲夢 日乙 189  雲夢 日乙 191  嶽麓一 占夢 11  嶽麓一 占夢 33	 齊陶 0958	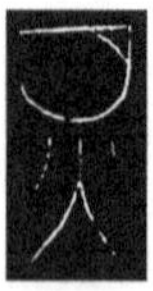 妤螸壺 集成 9734

3161

外

晉	楚	秦		齊		楚
			寍		⿰寍垔	寍
 中山王方壺 集成 9735	 璽彙 3215	 詛楚文 亞駝	 陳侯因資敦 集成 4649	 陶録 2・540・3	 清華一 祭公 15	 曾侯臘鐘 江漢考古 2014.4
	 曾乙 142	 傅 108	 陳昉簋蓋 集成 4190	 後李 圖三 3	加注「垔」聲。	 清華二 繫年 001
	 九 A31	 雲夢 日乙 176				
	 郭店 語一 20	 里耶 8-430				
	 清華四 筮法 61					

3163 夢	3162 殅					
楚	齊	晉	楚	秦	燕	齊
 包山 63  包山 58  新蔡甲三 23  清華二繫年 058  清華五三壽 28	 夙戈 集成 10822	 中山王鼎 集成 2840  中山王方壺 集成 9735	 上博五季 10	 雲夢秦律 184  雲夢日甲 78 反	 外卒鐸 集成 420  璽彙 0365  貨系 3022  聚珍 161.2	 子禾子釜 集成 10374  陶録 2·13·1

3165 多						3164 ⿱甹夕*
燕	齊	晉		楚	秦	楚
 聚珍 044.4	 璽考 295	 杕氏壺 集成 9715	 上博四 曹 62	 郭店 語一 89	 珍秦 387	 包山 139
 璽彙 3440		 梁十九年亡智鼎 集成 2746	 新蔡零 302	 包山 278 反	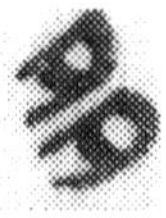 雲夢 日乙 56	
 璽考 287			 清華二 繫年 117	 清華一 保訓 1	 里耶 8-659 正	
			 清華五 啻門 05	 清華一 楚居 6	 北大・日乙	
			 上博四 曹 65	 郭店 老甲 30		

3169		3168			3167	3166
甬		函			虜	貫
秦	齊	晋		楚	秦	秦
			虏			
 雲夢 效律 3	 陶録 2・104・4	 璽彙 2271	 清華二 繫年 110	 清華一 楚居 12	 里耶 8-757	 北大・白囊
 里耶 8-982		 璽彙 5269	 清華二 繫年 84		 里耶 8-1677	
 北大・醫方						

3170

栗

秦	晉					楚
 里耶 8-454	 中山王鼎 集成 2840	 清華一 楚居 6	 清華一 祭公 5	 上博七 凡甲 15	 郭店 老丙 7	 曾侯乙簋
 北大・九策		 上博三 亘 11		 清華三 芮良夫 24	 上博七 吳 7	 九 B26
				 包山 267	 上博一 緇 14	
				 清華一 祭公 11	 上博九 舉 15	
				 上博二 容 30		

3171

粟

	楚	秦	燕	齊	晉	楚
粟						
 璽彙 0276  璽彙 0160	 璽彙 5549	 秦風 20  雲夢效律 24  里耶 8-1081  北大・泰原	 璽彙 3410  璽彙 3371	 璽彙 0233	 璽彙 3101	 新蔡甲三 15  新蔡甲三 355  包山 2：60-2 號簽牌  包山 257

3172

齊

晉		楚	秦	燕	齊	晉
						栗
 厵羌鐘 集成 157	 上博五 三 1	 太府鎬	 陶録 6・73・6	 璽彙 0287	 璽彙 5550	 璽彙 3100
 四年春 平侯鈹 集成 11707	 郭店 六德 19	 左塚漆梮	 珍秦 352			
	 上博八 成 4	 新蔡甲三 20	 里耶 8-1320			
	 郭店 緇衣 24	 包山 89	 嶽麓一 爲吏 83			
	 清華五 三壽 21	 清華三 良臣 6				

3173 朿

齊		楚	晉
 齊城造戈 集成 10989	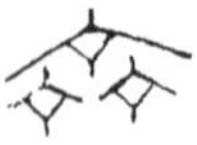 齊幣 027	 包山 167	 鄭廣庫矛 集成 11507
 十年陳 侯午敦 集成 4648	 璽考 67	 郭店 老甲 14	 六年冢 子戟刺
 十四年陳 侯午敦 集成 4647	 陶録 2・401・3	 郭店 老甲 9	 先秦編 104
 璽彙 0608	 齊陶 0363		 貨系 126
 陶録 3・253・4	 齊陶 0572		

3174 棗

齊	秦	晉
 陶録 3・139・4	 雲夢 日乙 67	 酸棗戈 集成 10922
 陶録 3・139・1	 雲夢 日甲 14	 宜乘戟 集成 11112
		 錢典 150

3179 牒	3178 牘	3177 版	3176 片			3175 棘
秦	秦	秦	晉		楚	秦
				⿰木⿱來止	棶	
 里耶 8-135 正	 里耶 8-1494 正	 雲夢 秦律 131	 貨系 226	 上博三 周 35	 清華一 程寤 1	 尤家莊秦陶
 里耶 8-1715			 貨系 227		 清華一 程寤 4	 雲夢 日甲 28 反
 嶽麓叁 169					 清華一 程寤 7	 雲夢 日甲 38 反

				3182 鼎	3181 牏	3180 牖
晉				秦	秦	秦
	⿰鼎升		⿱貞皿			
 邾孝子鼎 集成 2574  哀成叔鼎 集成 2782  璽彙 0321	 望山 2·53 「升鼎」之「鼎」的專字。	 蓬子昃鼎 新收 533	 酓前鼎 集成 2623	 中敃鼎 集成 2228  秦駰玉版  秦集一 四·25·1  里耶 8-276	 雲夢 秦律 125	 雲夢 日甲 143 反  雲夢 日甲 18 反

		3183	3184	3185	3186	3187
		⿰鼎它*	⿰鼎贊*	⿰鼎容*	⿰鼎昔*	⿱齊鼎*
		楚	楚	楚	晉	晉
塡	鎮					
 公朱右自鼎 集成 2396	 三斗鼎 集成 2101  右稟鼎 集成 2307	 望山 2・55 或讀「匜」。	 包山 265 或讀「鋻」。	 望山 2・47	 温縣 T4K11：81 正	 二十七年 大梁司寇鼎 集成 2610  半齋鼎 集成 2308  半齋鼎 集成 1507  三十二年 坪安君鼎 集成 2764  湏朕鼎器

3188
克

秦	楚		晉	齊	燕
 詛楚文 巫咸	 郭店 老乙 2	 清華五 厚父 08	 中山王鼎 集成 2840	 陳侯因資敦 集成 4649	 燕王職壺 新收 1483
 陝西 797	 上博六 用 14	 曾乙 45	 十七年 相邦鈹 珍吴 140	 司馬楙編鎛 山東 104	
 珍秦 111	 清華三 説命下 5	 郭店 緇衣 19			
 陶録 6・317・1	 清華一 祭公 19				
	 清華三 琴舞 10				

3189
录

楚
 曾乙 39
 郭店 六德 14
 上博一 孔 11
 上博五 弟 10
 上博八 顔 12

3191　　3190

禾　　彔*

晋	楚	秦	楚	燕	晋	
 璽彙 4279	 鄂君啓車節 集成 12112	 珍展 162	 郭店 魯穆 7	 陶録 4・136・4	 十一年令 少曲慎录戈 雪二 116	 清華五 命訓 02
 璽彙 4280	 上博二 民 13	 陶録 6・69・6	 上博四 曹 21			 金薤・府
 貨系 301	 清華一 金縢 13	 雲夢 效律 27	 清華一 尹至 1			
 璽彙 5118	 上博七 凡甲 20	 關沮 349	 清華三 琴舞 13			
 璽考 103	 清華四 筮法 36					

3194 穜		3193 稼	3192 秀			
楚	秦	秦	楚	秦	燕	齊
 包山 103	 雲夢 日乙 48	 雲夢 答問 158	 包山 54	 雲夢 日乙 13	 璽彙 4104	 禾簋 集成 3939
 包山 110	 關沮 354	 里耶 8-1554 背	 包山 193		 陶録 4・188・1	 子禾子左戟 集成 11130
 上博二 容 21	 嶽麓叁 222	 嶽麓一 爲吏 11	 上博八 李 2			 璽彙 5537
 上博六 木 2		 嶽麓一 爲吏 63	 清華一 耆夜 5			 齊明刀 考古 1973.1
 清華五 啻門 06			 上博二 容 34			
			 上博五 君 7			

3198	3197		3196		3195	
穖	稀		稠		稺	
楚	秦	晉	秦	楚	秦	
		秱		秬		穜
 包山 145  上博四 曹 1  上博四 曹 64  清華一 皇門 1	 雲夢 封診 78	 璽彙 3196	 雲夢 封診 78	 清華三 芮良夫 24	 陶録 6・141・3  陶録 6・141・2  里耶 8-2093  里耶 8-2210	 上博六 用 8

3200 私　　　　3199 穆

秦	晉				楚	齊
 珍秦 13  珍秦 15  珍秦 16  傅 943  里耶 8-920  嶽麓叁 55	 中山王方壺 集成 9735  璽印 文史 38  陶録 5・9・1  貨系 186	 清華二 繫年 048  清華四 筮法 9  清華五 三壽 14  清華三 良臣 7	 郭店 魯穆 1  郭店 窮達 7  上博一 緇 17  清華一 楚居 10  清華二 繫年 037	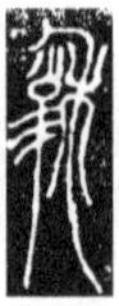 曾孟孀 朱姬簠  燕客銅量 集成 10373  曾乙石磬  璽彙 3511  包山 49	 曾侯乙鐘  曾侯乙鐘  曾侯乙鐘  曾侯乙鐘  曾侯乙鐘	 璽彙 0238

禝

齊		晉			楚	秦
禝	禝			禝		
 子禾子釜 集成 10374	 中山王鼎 集成 2840	 璽彙 4442	 清華一 祭公 13	 郭店 尊德 7	 上博一 孔 24	 北大・祓除
			 上博七 吳 5	 上博二 容 28	 上博二 子 13	 雲夢 日乙 65
			 新蔡零 338	 清華一 程寤 3	 清華二 繫年 121	
			 新蔡甲三 341	 上博七 吳 2	 上博六 用 8	
			 上博五 姑 3	 清華三 芮良夫 15		

3204 稻		3203 秫			3202 穧	
楚	秦	楚		秦	楚	秦
		朮	朮		秎	秎
 清華一耆夜7	 雲夢日乙47	 包山269	 關沮243	 雲夢日甲18	 清華三琴舞13	 里耶8-2014正
 珍戰143	 里耶8-1794	 包山牘1	 嶽麓二數182	 里耶8-200正	讀「咨」。	《説文》或體。
	 北大・醫方		《説文》古文。			

		3209	3208	3207	3206	3205
		采	穎	移	稗	秏
晉	楚	秦	秦	秦	秦	秦
 貨系 596	 上博二 子 8	 雲夢 日乙 48	 傅 1353	 雲夢 效律 34	 雲夢 秦律 83	 雲夢 效律 24
 貨系 597	 郭店 忠信 6	 雲夢 日乙 47	 里耶 8-307	 里耶 8-122		 里耶 8-183
 璽考 130	 郭店 唐虞 12			 嶽麓一 爲吏 72		 里耶 8-771 正
 璽考 209	 包山 86					

3212 秩　3211 積　3210 穫

秦	秦	燕		楚	秦	齊
			篗			
 雲夢 秦律 31  雲夢 秦律 46  里耶 8-2106	 商鞅方升 集成 10372  雲夢 效律 27  里耶 8-135 正  里耶 8-552  嶽麓一 爲吏 19	 燕王職壺 新收 1483  燕王職矛 集成 11525 《汗簡》古文。	 包山 256 讀「濩」。	 上博四 曹 20  新蔡零 415  上博三 周 20  上博五 季 12  清華五 啻門 14	 雲夢 日甲 152 反  雲夢 日乙 48  里耶 8-143 背	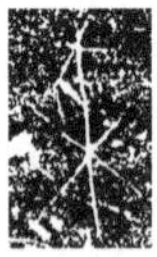 齊陶 0281

3215 稍	3214 稾					3213 穅
秦	秦	齊	晉		楚	秦
						康
 珍展 156	 雲夢 效律 25	 齊陳曼簠 集成 4596	 令狐君壺 集成 9719	 上博四 曹 65	 清華一 耆夜 12	 璽彙 2475
	 關沮 315		 哀成叔鼎 集成 2782	 清華二 繫年 054	 清華二 繫年 097	 珍秦 217
	 里耶 8-1483 正		 璽彙 0887	 上博一 緇 15	 上博二 民 8	 嶽麓一 質三 12
			 璽彙 1114	 上博六 用 4	 上博四 曹 37	
			 璽彙 2059	 清華一 保訓 9	 郭店 成之 38	

3217　　3216

年　　穰

	楚		秦	秦	燕	晉
					程	程
 包山 126	 者梁鐘 集成 7069	 里耶 8-39	 高陵君弩機 商周 18581	 珍秦 276	 璽考 344	 璽彙 1534
 上博二 容 5	 蔿子受鎛 通考 289·3	 里耶 8-39	 四十八年上郡假守鼂戈 商周 17299	 集粹 800		 璽彙 5110
 清華一 金縢 13	 蔿子受鎛 通考 295·1	 里耶 8-214	 四年相邦儀戈 新收 1412	 秦風 43		 璽彙 1898
 上博八 成 1	 曾姬無卹壺 集成 9711		 雲夢 日乙 103			
 郭店 唐虞 18	 郭店 窮達 5		 里耶 8-9			

3219 3218

租 穀

秦	秦	燕	齊		晉	
 雲夢 答問 157	 珍秦 41	 九年將軍戈 集成 11325	 陳逆簠 新收 1781	 十二年 少曲令戈 集成 11355	 梁十九年 亡智鼎 集成 2746	 清華一 保訓 1
 里耶 8-1519 背	 珍秦 142	 陶録 4·4·1	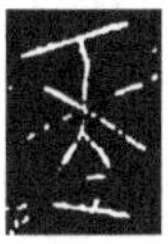 公子土斧壺 集成 9709	 七年鈹 集成 11685	 信安君鼎 集成 2773	 上博七 君乙 8
 嶽麓一 爲吏 11	 珍秦 303	 集拓 2.3	 璽考 60	 三年槩令戈 集成 11338	 安邑下官鍾 集成 9707	 上博五 競 3
 北大·田甲	 雲夢 日乙 65			 七年相邦鈹 集成 11712	 中山王方壺 集成 9735	 清華二 繫年 019
	 里 J1⑯6 正			 璽彙 3281	 二十三年□ 丘嗇夫戈 集成 11301	 上博五 弟 5

3223		3222	3221		3220	
秋		稍	穌		稅	
楚	秦	秦	晉	楚	晉	秦
			穌	穌		
 包山 214  九 A90  郭店 語三 20  郭店 語一 40  上博六 用 10	 雲夢 日甲 136 反  北大・道里	 雲夢 秦律 78  里耶 8-427  嶽麓一 爲吏 59	 十年邙令戈 集成 11291  璽彙 2487  集粹 32  璽彙 2488  璽考 209  陶彙 6・159	 璽彙 5696  新蔡甲三 33 讀「虞」。	 璽考 141	 關沮 329  嶽麓叁 130  嶽麓一 爲吏 68  北大・田甲

3224

秦

	楚	秦	燕		晋	
	秦			秝	秝	秝
 包山 167	 競平王之定鐘 集成 37	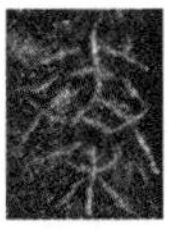 秦駰玉版	 璽彙 3466	 璽彙 4445	 璽彙 4430	 郭店 六德 25
 清華二 繫年 039	 上博一 孔 29	 珍秦 40	 璽彙 3887	 璽彙 1902	 璽彙 4448	 上博五 鮑 7
 清華二 繫年 046	 清華一 楚居 12	 陶録 6・57・2			 璽彙 4449	 清華一 程寤 6
 郭店 窮達 7	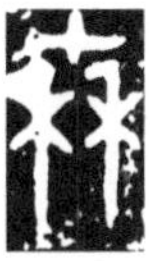 璽彙 5588	 秦風 217				 清華四 筮法 20
 清華三 良臣 7		 嶽麓叁 40				

3226　　3225

程　　稱

秦	秦	燕	齊		晉	楚
				鄀		鄀
 秦風 84	 秦風 68	 璽彙 3423	 璽彙 2206	 三年馬師鈹 集成 11675	 屭羌鐘 集成 159	 曾乙 72
 鑒印 91	 雲夢 秦律 55	 陶録 4・63・4	 璽彙 2207	 璽彙 0541	 璽彙 1630	 曾乙 33
 雲夢 效律 24		 璽彙 3853	 璽彙 3604	 璽彙 1177		
 里耶 8-1139		 璽彙 4131		 璽彙 1369		
				 陶録 5・18・2		

3231 䅚*	3230 秸*	3229 秙*	3228 秅	3227 秭		
秦	秦	秦	秦	燕	秦	楚
 集粹 657	 陶録 6・138・4  陶録 6・139・1	 嶽麓叁 240  雲夢 秦律 35 讀「黏」。	 里耶 8-1033	 璽彙 3369	 里耶 8-1516 背	 清華三 琴舞 17

3232	3233	3234	3235	3236	3237	3238
穛*	穤*	秷*	秙*	秵*	秼*	秷*
秦	秦	楚	楚	楚	楚	楚
 里耶 8-875	 雲夢秦律 35 讀「糯」。	 曾乙 174	 清華五命訓 11 讀「撫」。	 九 A3	 清華三琴舞 13 又見「齎」字。	 九 A1

3245 積*	3244 桒*	3243 秙*	3242 穂*	3241 稅*	3240 萫*	3239 稈*
晋	晋	晋	楚	楚	楚	楚
 璽彙 2478	 璽彙 4002	 璽彙 2470  璽彙 2472	 清華五 啻門 19 讀「植」。	 九 A1	 新蔡乙三 54 讀「稌」。	 璽彙 3552

3246

兼

秦	楚	
 珍秦 27	 曾乙 11	 郭店語二 4
 珍秦 376	 上博四曹 48	 郭店語三 33
 里耶 8-63 背	 上博四曹 12	 郭店語三 60
	 上博四曹 4	

3247

黍

燕	秦	楚	晉
 陶録 4・22・3	 雲夢日乙 47	 新蔡零 415	 貨系 310
	 關沮 354		 貨系 309
	 北大・泰原		

		3248	3249	3250		3251
		黎	黐*	香		米
	齊	秦	秦	楚	齊	秦
 璽彙 0324	 陶録 2・50・2  陶録 2・50・1	 澂秋 37  雲夢 效律 27  里耶 8-43	 雲夢 秦律 8 讀「穌」。	 上博一 緇衣 22	 公子土斧壺 集成 9709	 雲夢 秦律 41  關沮 343  里耶 5-33 正  北大・醫方

3255 精	3254 糲	3253 粲		3252 粱		
秦	秦	秦	晉	秦	燕	楚
 秦駰玉版  雲夢 日甲 60  嶽麓叁 148	 雲夢 秦律 180	 雲夢 秦律 35  里耶 8-805  里耶 8-1631	 璽彙 2373	 秦風 224  雲夢 日甲 157 反  陶録 6・426・2  北大・從政	 陶録 4・170・6	 包山 95 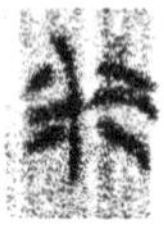 信陽 2・29

3258 糕	3257 ⿰米睪	3256 粺				
楚	晉	秦	齊	晉	楚	
窨						精
 上博一 孔 21	 璽彙 1863  璽彙 1873	 雲夢 秦律 43	 璽彙 3547	 璽彙 5374  璽彙 3337	 郭店 老甲 34  郭店 緇衣 39  上博六 慎 1  上博八 成 4	 嶽麓一 爲吏 86

3262 氣			3261 糴	3260 糧		3259 糗
秦	楚		秦	楚	楚	秦
		⿱艹糴				
 秦駰玉版	 璽彙 0618	 里耶 8-84 背	 里耶 8-980	 九 A44	 信陽 2・6	 雲夢 日甲 158 反
 雲夢 效律 29	 包山 103			 郭店 成之 13	 包山 256	 秦風 129
 里耶 8-140 正	 包山 276			 上博五 鮑 3		
 里耶 8-157 背	 包山牘 1					

3266	3265				3264	3263
糵*	粱*				竊	粉
秦	秦	齊		楚	秦	楚
 北大・祓除	 秦駰玉版	 璽彙 3682	 郭店語四 8  郭店語四 8  上博二容 30  上博二容 30	 包山 120  包山 121  清華二繫年 079  清華一楚居 4	 里耶 8-1563 正  嶽麓叁 70	 包山 259

3271 ⿰米圭*		3270 ⿰米肙*		3269 ⿰米升*	3268 ⿱宀米*	3267 ⿰米勺*
楚		楚	齊	楚	楚	楚
	⿰米昇			⿰米卉		
 望山1・145	 璽彙5671	 包山131  包山136	 銀盤發現75  子禾子釜集成10374  陶録2・47・3  齊陶0361  陶録2・46・3 讀「升」。	 九A7  九A8	 郭店性自35 讀「舞」。	 新蔡甲三203 讀「筲」。

3272	3273		3274	3275	3276	3277
糌*	糃*		穜*	粻*	糣*	粨*
楚	楚		晉	楚	楚	齊
 集糌鼎  璽彙 0252  包山 266 或讀「屠」。	 上博六 用 14	 清華一 皇門 11 讀「揚」。	 璽彙 2578  璽考 285	 上博二 容 21	 鄂君啓舟節 集成 12113  鄂君啓車節 集成 12112  包山 140	 璽考 59

	3283	3282	3281	3280	3279	3278
	臼	糣*	糤*	粡*	粡*	桬*
楚	秦	齊	齊	齊	齊	齊
 包山 276	 湖南 85	 璽考 45	 璽彙 0644	 齊陶 1241	 陶録 3・88・5	 璽彙 0306
 包山 277	 陶録 6・92・3				 陶録 3・85・5	 陶録 3・351・4
	 雲夢 日甲 45 反				 陶録 3・86・2	

3287 臽	3286 舀	3285 舌	3284 舂			
秦	楚	楚	秦	燕	齊	晉
 雲夢 日乙 97	 郭店 性自 24	 清華五 三壽 24	 雲夢 答問 132	 璽彙 3354	 陶録 3・495・1	 守丘刻石
 雲夢 日乙 101	 郭店 性自 31	讀「悍」。	 里耶 8-59		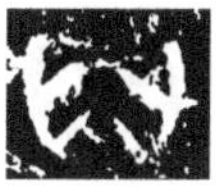 陶録 3・495・2	 璽考 323
	 郭店 性自 44		 里耶 8-1576			
			 陶録 6・246・2			

3292 兇		3291 凶	3290 䵷*	3289 䛐*	3288 𦉼*	
秦	楚	秦	楚	楚	楚	晉
 秦風 224  雲夢 日乙 89	 上博三 周 4  上博三 周 26  清華四 筮法 37	 秦風 51  雲夢 日乙 196	 清華三 良臣 3 讀「顛」。	 清華三 説命下 3 讀「詣」。	 左塚漆梮	 璽考 218

3295 𣏟　3294 ⿰朩甫*　3293 枲

楚	楚	楚	秦	晉		楚
		緑				
 郭店 緇衣 26  新蔡乙四 53  上博一 緇 14  上博九 陳 3  清華五 封許 08	 清華五 封許 03 讀「輔」。	 上博八 鶹 1	 里耶 8-1188  雲夢 秦律 91	 璽彙 0094	 清華四 筮法 7  清華五 三壽 26  上博九 卜 10  上博六 用 13  上博六 用 11	 九 A28  左塚漆梮  清華三 芮良夫 20  上博七 武 4  清華四 筮法 6

3299 耑	3298 尗		3297 麻	3296 𣏟		
楚	晋	晋	秦	楚	齊	晋
				[illegible]		
 郭店 老甲 16  郭店 語一 98  上博二 容 47  上博四 曹 30  上博三 亙 9	 守丘刻石  璽彙 0046  璽彙 4072  璽彙 0680  璽彙 2027	 璽彙 2876  温縣 T1K1：3211  温縣 T1K1：3863 [illegible]  温縣 WT4K6：250	 雲夢 日乙 65	 上博四 曹 43  包山 60	 陶彙 3・828	 璽彙 2412

3302 瓜	3301 鐵	3300 韭				
秦	秦	楚	秦	晉	齊	
 雲夢 日乙 65  里耶 8-1022	 雲夢 爲吏 5  里耶 8-1334  嶽麓叁 168	 郭店 語四 11	 雲夢 秦律 179  里耶 8-1664	 十七年 春平侯鈹 集成 11708  信平君鈹 集成 11711	 陶録 3・74・1  陶録 3・74・3	 上博七 武 6  上博七 凡甲 20  上博七 凡甲 25  清華五 命訓 13  上博九 舉 4

	楚	秦	楚	齊	晋	楚
⿱爫豕						苽
 包山 202	 郭店 唐虞 26	 傅 299	 上博八 命 9	 陶録 3·534·5	 令狐君壺 集成 9720	 上博三 周 41
 上博四 柬 12	 上博一 緇 11	 十鐘 3·57 下				 上博一 孔 18
 郭店 老乙 16		 雲夢 爲吏 23				
 郭店 語一 13		 關沮 229				
 九 A41						

齊		晉				
	豙		[illegible]			
 陳逆簠 新收 1781	 新鄭圖 403	 中山王鼎 集成 2840	 郭店 六德 20	 上博九 史 11	 清華一 皇門 7	 上博五 姑 10
 陶録 3・596・3		 璽彙 5341	 郭店 五行 29	 上博七 鄭乙 1	 上博三 周 22	 上博三 周 8
		 璽考 102		 清華五 封許 05	 清華一 金縢 12	 上博五 姑 7
		 貨系 2457		 包山 226	 清華三 琴舞 7	 上博五 姑 3
				 包山 249	 郭店 語四 26	
				 包山 236		

宅

晉				楚	秦	燕
厇	[illegible]	[illegible]		厇		[illegible]
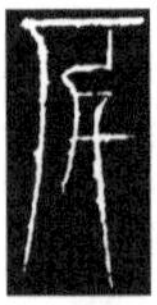 中山王鼎 集成 2840  七年宅 陽令矛 集成 11546  三晉 107  三晉 108  三晉 108	 上博六 天甲 1  上博六 天乙 1	 新蔡甲三 11  上博五 三 6  上博八 蘭 2	 上博七 凡乙 5  清華一 楚居 1  清華五 命訓 02  清華五 三壽 23 《說文》古文。	 清華一 尹至 5  包山 190  郭店 成之 33  上博二 容 2  上博六 天甲 7	 雲夢 日甲 127 反  里耶 6-37  嶽麓叁 115	 陶録 4・139・4

3306

室

晉		楚	秦	燕	齊	
					宅	
 柏門室鐙 集成 10456	 清華一 耆夜 1	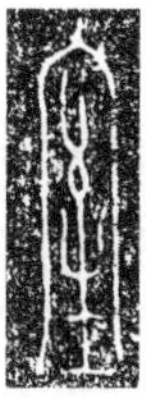 曾侯臟鐘 江漢考古 2014.4	 雲夢 爲吏 23	 陶録 4・12・3	 璽彙 0211	 貨系 2057
 璽彙 4561	 包山 257	 曾姬無卹壺 集成 9711	 里耶 8-104		 篣府宅戈	 三晉 108
 先秦編 141	 上博七 凡甲 27	 璽彙 0228	 陶録 6・468・4			 璽考 322
 先秦編 141	 清華四 筮法 32	 珍戰 5	 傅 406			
		 上博四 昭 2	 嶽麓叁 130			

3307 宣　　3308 向

齊	燕	秦	楚	秦	楚	
					㕣	谷
 銅柱 録遺 6•132	 王后左相室鼎 集成 02360.1	 詛楚文 湫淵	 曾侯乙鐘	 珍秦 366	 包山 99	 上博九 舉 9
	 王太后鼎 文物 2006.11	 珍展 37	 包山 58	 陶録 6・101・4	 郭店 尊德 28	 上博一 緇 12
	 璽彙 0003	 秦都圖 519	 包山 191		 清華一 程寤 7	 九 A44
		 秦塔圖 139	 包山 135 反		 清華四 筮法 11	 郭店 老乙 17
					 清華五 封許 02	 上博六 慎 6

3309

宛

	秦		齊		晉	
惌		㕣		㕣		
 雲夢 日乙 14  嶽麓一 爲吏 55 《說文》或體。	 璽彙 3629  珍秦 191  雲夢 日乙 194  里耶 8-261	 陶録 2・219・4	 陶録 2・1・1  陶録 2・674・3	 公朱右自鼎 新收 1873  璽彙 3293  貨系 364  貨系 366	 向游子鼎 集成 1349  二十三年 襄城令矛 集成 11565  璽彙 3059  陶録 5・98・4	 清華三 良臣 5

3311 宏　　　　3310 宇

楚	晉	楚		秦		楚
	穻					
 清華五 啻門 20	 璽彙 5673	 清華一 楚居 8	 珍秦 342  珍秦 342  秦風 157  秦風 183  嶽麓叁 178	 雲夢 日乙 251  里耶 8-307	 璽考 186	 上博一 緇 6  上博五 鮑 5  上博五 姑 1  上博一 緇 12  上博一 緇 6

3312 宦	3313 窰		3314 定			
晉	楚		晉	秦	楚	晉
	窰					
 璽彙 3063	 包山 72  左塚漆梮  郭店緇衣 20  上博一緇 11  清華三琴舞 7	 上博六用 5  上博六用 16	 好盗壺集成 9734  十二年寧右庫鈹集成 11633 盗  中山王方壺集成 9735	 西安圖 197 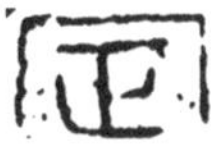 秦集二二•四•24•4  里耶 8-55  里耶 8-1769	 競平王之定鐘集成 37  璽彙 3644  曾乙 158  上博七武 14  清華二繫年 129	 中山王鼎集成 2840  八年新城大令戈集成 11345  行氣玉銘

3315

安

	楚		秦	燕	齊	
						宔
 曾乙 48	 璽彙 5603	 北大・道里	 宜安戈	 璽彙 3854	 陶録 3・477・5	 璽彙 3061
 曾乙 50	 璽彙 0178	 北大・從軍	 珍秦 23			
 新蔡甲三 132	 上 177	 嶽麓叁 152	 傅 983			
 上博二民 4	 郭店語三 56	 里耶 8-200 背	 秦 2003			
 上博八志 3	 包山 105	 雲夢答問 168				

齊			晉			
				各		夂
 陳純釜 集成 10371	 貨系 674	 璽彙 4348	 安邑下官鍾 集成 9707	 上博四 曹 60	 郭店 老甲 22	 郭店 尊德 29
 齊幣 092		 三晉 68	 六年安平守鈹 集成 11671	 郭店 老甲 10	 清華一 楚居 7	 曾乙 165
 齊幣 084		 貨系 645	 玉存 3		 清華一 金縢 2	 上博一 緇 21
 璽彙 0237		 貨系 592	 珍戰 7		 上博九 靈 4	 上博五 競 4
 璽彙 2200		 先秦編 211	 哀成叔鼎 集成 2782		 上博九 舉 8	 上博八 成 10

3317 宴　　　　3316 宓

齊	燕	齊		燕		
 齊陶 0199  齊陶 0200  齊陶 0201  齊陶 0639	 陶録 4・41・1	 璽考 51 讀「密」。	 陶録 4・21・2  貨系 2303	 貨系 2298  璽彙 0012  璽彙 1348  璽彙 3425	 齊陶 1290  齊陶 1291	 陶録 3・39・3  陶録 2・401・3  陶録 3・253・5  齊陶 1060  齊陶 1293

3322 富		3321 完	3320 寴	3319 察	3318 宋	
秦	晉	秦	晉	秦	晉	
			⿱宀新			宴
 璽彙 4424	 十一年郎令戈 新收 1182	 里耶 8-1363	 中山王鼎 集成 2840	 雲夢 雜抄 37	 集粹 34	 璽彙 0235
 珍秦 361	 陶録 5・68・1	 秦都圖 116	 中山王方壺 集成 9735			
 北郊秦印		 秦都圖 115				
 陶録 6・292・2		 雲夢 答問 81				
 雲夢 日乙 251						

晉					楚	
	⿰貝⿱亘灬		⿱宀⿱亘貝	⿱亘貝	⿱宀⿱亘示	
 中山王鼎 集成 2840  上官豆  璽彙 1438  七年邦司寇矛 集成 11545  璽彙 5100	 上博五 鬼 2	 清華三 良臣 10	 上博一 緇 22  上博一 緇 11	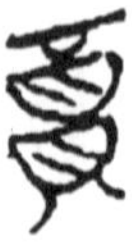 上博三 彭 8  郭店 緇衣 20  上博三 周 12	 郭店 老甲 31  清華三 芮良夫 1  上博四 曹 3  清華五 三壽 08  清華五 三壽 25	 雲夢 日乙 243

3325 容	3324 宋			3323 實		
秦	楚	秦	晉		楚	秦
	⿱宀保	宋	⿱宀⿱目貝	⿱宀貝	寘	
 地理 36	 包山 212	 雲夢 日甲 44 反	 杕氏壺 集成 9715	 郭店 老甲 19	 信陽 2・9	 雲夢 日乙 37
 雲夢 封診 20	 清華五 啻門 14			 清華二 繫年 52	 郭店 六德 27	 里耶 8-615
 里耶 8-2152				讀「置」。	 上博四 采 3	 里耶 8-837
					 清華一 皇門 6	 嶽麓叁 130
						 北大・算甲

3327 寶　　　3326 冗

楚	晋	秦	晋			楚
			宊	[illegible]	宊	
 包山 221	 程訓義 1-39	 雲夢 秦律 50	 公朱左 自鼎 集成 2701	 上博七 凡甲 29	 上博一 緇 9	 上博五 鮑 2
 清華五 三壽 11		 雲夢 效律 52	 璽彙 1069		 九 B6	 上博四 曹 24
		 里耶 8-63 正	 璽彙 3060			 清華一 程寤 7
		 里耶 8-132	 陶録 5・2・1			 港甲 1
		 嶽麓叁 55	 五年春平相 邦葛得鼎			 郭店 語一 47

晉						
𡪺	𡇿	琛	賓	寶	𡧃	𡨨
 郘黛鐘 集成 228	 新蔡甲三 216	 包山 226	 望山 1・14	 上博四 曹 56	 清華一 皇門 2	 書也缶 集成 10008
 中山木条 譽編 141 頁	 新蔡乙二 25	 包山 236	 上博五 三 9		 清華一 皇門 12	

3329 宰　　3328 宧

	楚	秦	楚	秦	齊	
䆑						寊
 包山 36  上博四柬 13  上博四柬 10  清華二繫年 083  包山 157	 包山 157 反  清華三良臣 11	 璽彙 5497  傅 54	 上博六用 15  清華三良臣 8	 秦集一四 12·6  傅 957  北大·祓除	 陳肪簋蓋集成 4190	 璽彙 2884 从「刀」聲。

3330

守

楚	秦		齊	晉		
		⿰月⿰守刂	⿰月⿱宀辛	⿸广⿰肘刂	⿱宀⿰口辛	⿱宀⿰辛刃
 上博一緇19	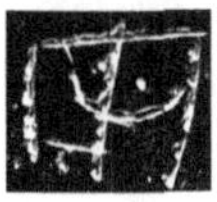 四十八年上郡假守鼂戈 商周17299	 齊陶1392	 陶録2·292·4	 程訓義1-46	 曾乙154	 璽彙0142
 上博六競8	 上郡守戈 集成11363		 璽考61		 曾乙175	 上博三中4
 郭店老甲13	 里耶8-2167正					 包山266
	 璽彙5522					
	 珍秦151					

3332 宜　　3331 寵

秦	晉	楚	秦	齊	晉	
						寵
 宜安戈 集成 11329  官印 0032  陶録 6・305・4  珍秦 77  傅 1010	 璽彙 3058	 包山 135  上博六 競 9	 雲夢 日乙 238  雲夢 日乙 244	 陶録 2・400・1	 守丘刻石  璽彙 3236  璽彙 0341  璽彙 5298	 曾乙 152  曾乙 18

			晋			楚
 中山王鼎 集成 2840	 四年令韓訷戈 集成 11316	 璽彙 3474	 梁上官鼎 集成 2451	 九 A46	 包山 103	 上博三 亙 7
 宜乘戟 集成 11112	 璽彙 4801	 陶録 5・83・6	 宜陽戈 考文 2002.2	 清華一 金縢 12	 郭店 語三 35	 清華二 繫年 116
 璽彙 4264	 錢典 164	 璽彙 4281	 璽彙 4280	 清華三 良臣 3	 郭店 性自 4	
	 璽彙 4806	 璽彙 4278	 璽彙 4539	 包山 223	 新蔡甲三 65	
	 璽彙 4807	 璽彙 4748		 新蔡甲三 315	 新蔡甲三 247	

3335 宿　　3334 宵　　3333 寫

楚	秦	楚	秦	秦	燕	
㝛						亙
 上博三 周 37	 陶録 6・448・4	 包山 15	 雲夢 封診 73	 雲夢 答問 56	 方足小布 中國錢幣 1992.4	 璽彙 4272
 上博二 容 28	 雲夢 雜抄 34	 包山 182	 里耶 8-100・1	 里耶 8-135 正		 璽彙 4275
 清華一 保訓 11	 里耶 8-1517 正	 包山 72		 里 J1⑨1 正		 璽彙 4271
 清華三 琴舞 6	 嶽麓一 質一 30	 清華一 楚居 7		 里 J1⑨5 正		
	 關沮 54					

3337 宆　　3336 寑

楚				楚		
	寂	帰	寪		寋	迺
 上博二 容 5	 上博二 容 2	 包山 146	 曾侯乙戈	 上博九 邦 1	 上博六 木 1	 上博二 民 8
 上博三 周 40		 郭店 六德 3	 包山 166		 上博六 木 3	
 上博七 吴 5		 上博六 天甲 11	 包山 165			
 清華三 良臣 6		 清華三 赤鵠 7	 清華一 皇門 10			

3340 客　　3339 寡　　3338 寬

秦	齊	晉		楚	秦	秦
 秦風 64  雲夢 答問 140 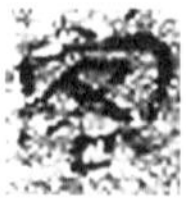 里耶 8-461 正	 司馬楙編鎛 山東 104	 中山王鼎 集成 2840  中山王鼎 集成 2840	 郭店 魯穆 4  上博一 孔 9  上博六 天乙 7  上博七 凡乙 1  上博九 舉 35	 郭店 老甲 2  郭店 老甲 24  清華一 皇門 1	 雲夢 日乙 255  雲夢 爲吏 2  里耶 8-1236	 珍秦 114  雲夢 爲吏 3  雲夢 爲吏 12  里耶 8-987

3342 寓

3341 寄

秦	晉	秦	齊	晉		楚
 故宮 472	 陶録 5・51・1	 雲夢 日乙 131	 陳喜壺 集成 9700	 三十二年 坪安君鼎 集成 2764	 上博四 柬 17	 集脰鼎 集成 2297
		 雲夢 日乙 121	 璽考 33	 坪安君鼎 集成 2793	 清華一 耆夜 1	 璽彙 5548
		 里耶 8-1293 背	 陶録 3・614・1	 四斗亼 客方壺 集成 9648		 包山 221
						 曾乙 171
						 郭店 老丙 4

3345 害		3344 寒		3343 寠		
秦		楚	秦	秦	晉	楚
 湖南 87  雲夢 日乙 137  關沮 207  里耶 8-209 正	 上博一 緇 6	 上博三 周 45  上博四 昭 8	 雲夢 爲吏 31  雲夢 日甲 117 反	 雲夢 秦律 82	 璽彙 3236	 清華三 芮良夫 28

						楚
(宀戠)	寰	寓		害		
 上博五 鮑 8  包山 95  郭店 緇衣 37	 上博五 鮑 6	 上博五 競 1	 郭店 老丙 4  郭店 語四 21  清華一 尹誥 2  清華三 琴舞 13	 上博三 中 20  上博一 孔 7  上博四 曹 10  包山 256	 郭店 成之 22  郭店 性自 61	 上博五 姑 4  上博二 從甲 8  上博八 顏 5  上博四 曹 9  上博九 史 9

3350 宋	3349 宕	3348 索		3347 𢿷*	3346 𡨦*	
秦	秦	秦		楚	楚	
						𢼸
 秦風 128  秦風 127  尤家莊秦陶	 里耶 8-429	 雲夢效律 25  里耶 8-1841  里耶 8-1931  嶽麓叁 80  嶽麓一爲吏 68	 新蔡乙四 57  新蔡零 211－2  清華二繫年 106  包山牘 1 反 雙聲符，多讀「胡」。	 包山 47  包山 176  包山 75  包山 174  包山 177	 郭店老甲 4  清華五厚父 08 讀「害」。	 包山 268  郭店老甲 28

3351

宗

晋	楚	秦	燕	齊	晋	楚
 厵羌鐘 集成 157	 曾姬無卹壺 集成 9711	 詛楚文 湫淵	 璽彙 1430	 璽彙 1433	 八年新城大令戈 集成 11345	 璽彙 1300
 璽彙 0092	 郭店 六德 28	 陶録 6・56・1		 璽考 250	 陶録 5・67・1	 曾乙 171
 陶録 5・65・2	 上博一 孔 24	 秦集一 二 24・1		 陶彙 3.803	 貨系 369	 上博一 緇 23
 貨系 216	 上博三 彭 4	 里耶 8-871		 陶録 2・717・1		 清華二 繫年 114
	 清華一 楚居 4					

3352

宔

齊	楚		晉
 陳逆簋 新收 1781	 包山 207	 上博五 姑 8	 中山王鼎 集成 2840
 陳逆簋 新收 1781	 包山 202	 上博五 三 4	 二年戟 集成 11364
 陳逆簋 集成 4630	 新蔡乙三 60	 清華一 祭公 8	 陶録 5・98・1
 陶彙 3・827	 郭店 性自 5	 上博九 陳 13	
	 上博一 性 3	 上博九 史 7	

3353

寰

齊	晉	
		寰
 陳純釜 集成 10371	 玉環 中山 135 頁	 中山王方壺 集成 9735
	 玉環 中山 137 頁	 五年陛令戈 珍吳 164
		 璽彙 4086

3354	3355	3356	3357	3358		3359
宄*	㝗*	𡨐*	𡪒*	𡫬*		𥡵*
秦	秦	秦	秦	秦	楚	秦
 里耶 8-458	 雲夢 爲吏 5 讀「戮」。	 秦印	 雲夢 日甲 99 反 讀「脯」。	 秦風 172	 上博二 子 1  上博八 子 6	 秦風 52

3360 宎*

楚	晉	齊
 上博三亙 5 讀「天」。	 璽彙 5339  陶録 5・31・4  行氣玉銘  璽彙 5342	 陶録 3・548・6

3361 ⿱宀屯*

楚
 清華一楚居 4  清華一楚居 5
⿰钅⿱宀屯
 包山 58  包山 157  包山 191 讀「陵」。

3362 ⿱宀弟*

楚
 上博三周 7  上博三周 53  上博三周 53  上博五三 4 讀「次」。

3363 ⿱宀反*

楚
 包山 96

3364 ⿱宀亏*

楚
 包山 15  清華一尹至 5 讀「䖒」。

		3367 ⿱宀句*	3366 ⿱宀古*	3365 ⿱宀开*		
		楚	楚	楚	燕	楚
⿱宀⿱目貝	⿰亻⿱宀可				⿱宀含	⿱宀含
 清華五三壽 17  清華五三壽 26 讀「句」。	 包山 137 讀「拘」。	 包山 123  郭店窮達 6 讀「拘」。	 上博二子 1 讀「瞽」。	 上博二子 1 讀「叟」。	 璽彙 5556 讀「陰」。	 包山 15 反

3368	3369	3370	3371	3372	3373	3374
宖*	㝉*	㝊*	㝋*	㝌*	㝍*	㝎*
楚	楚	楚	楚	楚	楚	楚
 郭店 唐虞 9  郭店 唐虞 24 讀「瞽」。	 璽彙 5603	 清華五 啻門 14 讀「變」。	 清華五 湯丘 02 讀「竅」。	 清華四 筮法 50 或讀「孿」。	 郭店 語一 103 讀「豐」。	 璽彙 0097  璽考 167  璽考 167  璽考 166  璽考 151

3376 寈*

3375 ⿱宀弟*

楚	楚	燕	齊	晉		
 郭店語四 1 讀「情」。  上博四相 1  上博三亙 2  上博八蘭 5	 上博五君 10 讀「弟」。	 左周宫弩牙集成 11928	 山東 741  璽彙 0255  璽考 59  璽彙 0257	 璽彙 0254  璽考 113  璽考 113  五年春平相邦葛得鼎商周 2387 讀「館」。	 上博五姑 1 均讀「館」。  包山 260 讀「韃」。	 包山 157  包山 67  包山 130  包山 130  新蔡甲三 348

3381 宧*	3380 宷*	3379 宩*		3378 㝐*	3377 宲*	
楚	楚	楚	燕	楚	楚	齊
 清華一祭公 13 讀「訦」。	 上博二容 37	 清華二繫年 15 讀「卑」。	 二年右具府戈集成 11292	 清華三芮良夫 5  清華三芮良夫 24 讀「咎」。	 璽彙 0214 讀「麓」。  璽考 170  清華二繫年 013  清華二繫年 014  包山 145	 陶彙 3・804

3388	3387	3386	3385	3384	3383	3382
⿱宀毖*	⿱宀畱*	⿱宀留*	寞*	⿱宀爰*	⿱宀貝*	⿱宀韋*
楚	楚	楚	楚	楚	楚	楚
 清華一 耆夜 7 讀「毖」。	 郭店 緇衣 41 讀「留」。	 清華五 三壽 19 讀「留」。	 郭店 唐虞 24  上博三 周 45  上博九 陳 2	 曾乙 70  郭店 尊德 34  清華一 祭公 16 讀「遠」。	 璽印 218 頁	 清華三 說命上 5 讀「圍」。  清華五 三壽 09 讀「回」。

3395	3394	3393	3392	3391	3390	3389
𡨦*	寏*	寘*	窒*	寠*	塞*	寑*
晉	晉	楚	楚	楚	楚	楚
 上博一 孔 3 讀「怨」。	 新蔡甲三 326-1 或讀「隋」。	 酓章鎛 集成 85 讀「奠」。	 酓忎鼎 集成 2794  九 B14  上博五 弟附簡 讀「令」。	 清華四 筮法 43 讀「祖」。	 上博九 陳 7 或讀「陵」。	 郭店 語四 12

3401	3400	3399		3398	3397	3396
宖*	宐*	宎*		寷*	寶*	寚*
晋	晋	晋	晋	楚	楚	楚
 璽彙 2115	 二年邦司寇肖□鈹 新收 1631	 集粹 293	 屭羌鐘 集成 158 讀「襲」。	 清華二 繫年 046  清華二 繫年 093 讀「襲」。	 □君戈 集成 11026	 上博四 昭 1  上博四 昭 2 或讀「寺」。

3402 宇*	3403 宔*	3404 宎*	3405 宯*	3406 寊*	3407 寏*	
晉	晉	晉	晉	晉	晉	燕
 港印 37  貨系 1375	 璽彙 5344	 貨系 355  貨系 356	 五年春平相邦葛得鼎 商周 2387	 璽彙 3034	 璽彙 2492  璽彙 1636	 璽彙 5613

3414	3413	3412	3411	3410	3409	3408
⿱宀稾*	⿱宀韋*	⿱宀魚*	⿱宀羔*	⿱宀負*	⿱宀鬼*	⿱宀孖*
晋	晋	晋	晋	晋	晋	晋
稾						
 集粹 75	 璽彙 3062	 璽彙 4015	 璽彙 3060	 璽彙 2504	 璽彙 1110	 璽彙 2569

3415	3416	3417	3418	3419	3420	3421
⿱宀脂*	⿱宀曹*	⿱宀典*	⿱宀算*	宄*	⿱宀引*	⿱宀交*
晋	晋	晋	晋	齊	齊	齊
⿱宀育						
 璽彙 0913  璽彙 1893	 璽彙 1548	 珍戰 85	 杕氏壺 集成 9715	 陶録 3・293・6	 陶録 3・599・1	 陶録 2・518・2

3422	3423	3424	3425	3426	3427	3428
實*	賓*	寷*	窌*	宬*	寣*	宷*
齊	齊	齊	燕	燕	燕	燕
 陶録 3・497・1  陶録 3・497・2	 陶録 3・497・4  陶録 3・497・6	 陳眆簋蓋 集成 4190	 丙辰方壺 西清 19・3	 璽彙 3422  貨系 3001  聚珍 160.2	 璽彙 4133	 燕侯載器 集成 10583

3431 宮					3430 ⿱宀絡*	3429 ⿱宀⿱各月*
燕	齊	晉	楚	秦	燕	燕
 九年將軍戈 集成 11326  九年將軍戈 集成 11325	 拍敦 集成 4644	 兆域圖版 集成 10478  璽彙 3236  貨系 224	 曾侯乙鐘  曾乙 143  上博五 三 8  包山 210  清華四 筮法 35	 珍秦 5  陶録 6・116・1  秦 2000  陶彙 5・220	 陳璋壺 集成 9975 讀「絡」。	 璽彙 2623  璽彙 3502  璽彙 3506

				3433 呂		3432 營
	晉		楚	秦	齊	秦
部		部				
 邵大叔斧 集成 11788	 七年王子戈 珍吳 237	 璽彙 1643	 曾侯乙鐘	 璽彙 1641	 璽彙 3687	 雲夢 日甲 56
 璽彙 1642	 陶録 5・7・3	 包山 184	 璽彙 1640	 陶録 6・325・1		 關沮 211
 珍戰 87	 錢典 659	 清華一 耆夜 2	 郭店 緇衣 26	 傅 1446		
		 上博八 王 1	 上博一 緇 8	 里耶 8-2349		
		 上博二 容 16	 清華五 封許 02			

3435 穴　　3434 船

晉		楚	秦	晉	楚	齊
	空					
 陶録 5・89・1	 郭店 窮達 10	 上博二 容 10	 雲夢 答問 152	 八年相邦鈹 集成 11679	 上博五 姑 1	 陳侯因資戈 新收 1780
	 新蔡乙一 22	 新蔡甲三 83	 關沮 371	 三年建信君鈹 集成 11687	 包山 226	
	 清華一 楚居 1	 清華一 楚居 2		 璽彙 2681	 上博三 周 54	
				 璽彙 2683	 上博八 蘭 3	
				 璽彙 5192	 清華四 筮法 32	

3436	3437	3438				
窨	窯	竈				
晉	秦	秦	齊	楚		
窨					[illegible]	[illegible]
 璽彙 2142  集粹 120  璽彙 2426	 秦風 55  里耶 8-2030 正	 珍秦 92  雲夢 日乙 40  里耶 8-752 正  嶽麓一 質一 31	 璽考 300	 璽彙 5496 [illegible]  上博七 吳 1	 望山 1・139 「竈神」之「竈」專字。	 包山 2：415-3 號 簽牌

3440	3439					
突	窒					
秦	秦				齊	晉
		[illegible]	[illegible]	竈	[illegible]	竈
 鑒印 151	 秦風 72	 璽彙 5479	 璽彙 0271  璽考 67	 陶彙 3.781	 陳麗子戈 集成 11082  公孫竈壺 集成 9709	 郘黛鐘 集成 225  三年笸余令戈 集成 11319

3444 窅		3443 空	3442 竇	3441 穿		
秦	晋	秦	秦	秦	晋	楚
						穼
 陝西 811	 十一年庫 畨夫鼎 集成 2608	 珍秦 5	 雲夢 答問 197	 璽彙 0381	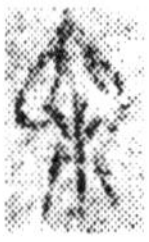 温縣 T4K6-209	 上博五 季 11
 雲夢 日乙 26	 集粹 166	 傅 1120	 集粹 821	 珍秦 201	 温縣 T4K6-315	 清華三 芮良夫 26
 雲夢 日乙 27		 里耶 8-44		 雲夢 日乙 57	 温縣 T4K6-159	 清華三 芮良夫 11
		 里耶 8-2294				 上博九 陳 19
		 北大・九策				 清華五 湯丘 18
		 北大・道里				

3449		3448	3447		3446	3445
窒		窴	窋		窺	窬
齊	晉	秦	秦	晉	楚	秦
					跬	
 璽彙 3937  璽彙 4090	 貨系 223	 放馬灘日甲 71	 雲夢日甲 25 反 讀「屈」。	 璽彙 3459	 上博二容 10  上博六孔 15	 秦風 197

3450 突	3451 竄	3452 窣	3453 究	3454 窮		
秦	秦	秦	秦	秦	楚	
				[illegible]	[illegible]	竆
 珍秦 215	 關沮 312	 嶽麓叁 47	 吉大 141	 秦駰玉版	 郭店 成之 14	 郭店 唐虞 3
 陶録 6·53·3	 里耶 8-1520 正	 嶽麓叁 48		 關沮 134	 新蔡乙四 125	 上博八 命 1
 雲夢 效律 42				 北大·祓除	 上博六 孔 24	 左塚漆梮
				 嶽麓叁 236	 郭店 成之 11	 清華一 楚居 1
				 雲夢 爲吏 2		 包山 234

3456 邃	3455 窔					
齊	楚					
窺		[illegible]	[illegible]	[illegible]	竆	
 陶録 2·98·1	 包山 245	 上博七 凡甲 20	 包山 228	 九 A49	 包山 132	 包山 227
 陶録 2·98·2	 上博六 天甲 12	 上博七 凡乙 14	 包山 230			 清華五 啻門 10
			 郭店 窮達 11			

3457		3458	3459	3460	3461	3462
⿱穴由*		⿱穴旦*	⿱穴言*	⿱穴各*	⿱穴歆*	⿱穴里*
秦	晋	秦	秦	秦	楚	晋
 上郡守戈	 貨系 0358 「岫」字籀文。又見卷九「山」部。	 集粹 534	 里耶 8-1162  里耶 8-1579	 嶽麓一爲吏 75	 清華一祭公 19 讀「陷」。	 程訓義 1-12

3467			3466	3465	3464	3463
疾			寐	窸*	窐*	賔*
楚	秦		楚	齊	齊	晉
		牀	寣		寊	
 郭店 成之 22  包山 247  包山 236  上博四 内 8  新蔡甲一 13	 珍秦 130  秦風 51  陶録 6・437・4  雲夢 日乙 161  北大・醫方	 上博五 弟 22	 上博五 季 10  上博五 季 7	 璽彙 0231  陶録 2・198・1  陶録 2・199・2  齊陶 0822	 陳窐散戈 集成 11036  陳窐車轄 集成 12023  陶録 2・646・1	 璽彙 1961  璽彙 0581

燕		齊	晋			
	瘩			㾊	瘩	
 璽彙 2812	 陶録 2・406・4	 璽彙 1433	 四年咎奴令戈 集成 11341	 清華三 赤鵠 8	 上博六 競 10	 上博六 平 4
 璽彙 4125	 璽彙 3726	 璽彙 1481	 璽彙 0856			 清華四 筮法 28
 陶録 4・167・6	 後李 圖二 2	 齊魯 2	 璽彙 2153			 清華一 保訓 2
		 陶録 2・439・1				 清華五 湯丘 14
		 陶録 2・463・4				

				3469 病		3468 痛
			楚	秦	楚	秦
癋	忘	癋	痞		痐	
 清華四 筮法 2	 上博一 孔 9	 上博五 三 13	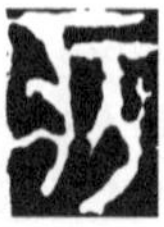 璽彙 1866	 秦駰玉版	 清華五 命訓 04	 雲夢 封診 85
	 上博八 志 4		 上博四 柬 8	 尤家莊秦陶		 里耶 8-1221
			 郭店 老甲 36	 雲夢 日乙 188		
			 包山 243	 里耶 8-1811		
			 包山 247	 嶽麓一 質二 17		

3472 瘨　3471 瘽　3470 疴

秦	楚	晉	燕		晉	
			疠	疠	痻	痻
 北大・醫方	 包山 13  包山 175	 程訓義 1-11	 璽彙 2283  璽彙 3958	 珍戰 76	 璽彙 2039  璽彙 2348	 清華一 保訓 3

3473	3474		3475	3476	3477	
疘	疵		痻	瘩	疕	
秦	秦	晉	晉	齊	秦	楚
				疜		
 秦陶 768  陶録 6・218・1	 璽彙 5654  里耶 8-1472 正	 三年馬師鈹 集成 11675  珍戰 67	 元年相邦 建信君鈹 揖芬集 305 頁  璽彙 2921  珍戰 89	 陶録 3・373・4  陶録 3・390・6	 珍秦 67  尊古 314	 包山 8

		3479 痒			3478 瘍	
	楚	秦		晉	楚	晉
 新蔡甲三 188	 新蔡甲二 7  新蔡乙一 17	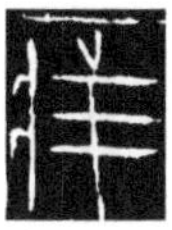 珍秦 158	 璽彙 4019	 宜陽戈 考文 2002.2  璽彙 0792	 清華五命訓 09  清華五命訓 11	 十八年平國君鈹 考古 1991.1

		3483 瘿	3482 疾	3481 㾷	3480 瘍	
	晋	楚	晋	秦	晋	晋
㿗	㿗	㿗				
 璽彙 3418  陶録 5・18・1	 璽彙 2269	 上博二容 37  上博二容 2	 璽彙 2981	 里耶 8-648 正	 鴨雄 027	 珍戰 76  陶録 5・76・1

3487 痤		3486 瘤		3485 痀	3484 瘀	
楚	秦	楚	晉	楚	晉	齊
						痷
 璽彙 1198	 秦風 189	 新蔡零 340	 程訓義 1-75	 新蔡零 204	 璽彙 2058	 璽彙 0236
 望山 1·13	 陝西 707					
	 里耶 8-1517 背					

3489 疥　　3488 癰

秦	晉	楚	秦	齊	晉	
		⿸疒雁				⿸疒廷
 秦風 58  秦都圖 353	 三十年鼎 集成 2527  璽彙 0478  璽彙 1789  布權 揖芬集 353 頁	 清華二 繫年 051  清華二 繫年 054	 秦風 79  盛世 205  里耶 8-1811	 璽彙 2654	 十二茉盉 集成 9450  璽彙 2483	 望山 1・40

3492 瘧　3491 癘　3490 痂

秦	秦	晉	晉			楚
				瘙	癠	
 關沮 376	 雲夢答問 121  里耶 8-238  嶽麓一占夢 42	 璽彙 1036	 璽彙 1028  十四苿鳳方案集成 10477  左緐箕集成 10397	 上博六競 1  上博六競 2	 新蔡甲二 28  新蔡甲三 198	 包山 114

3497 𤸱	3496 𤻮	3495 瘺		3494 痺	3493 痎	
晋	楚	秦	齊	秦	楚	楚
		𤻝				瘠
 璽彙 1694	 包山 177	 秦風 92	 陶録 3·496·1	 集粹 717	 包山 13	 郭店緇衣 27
 集粹 128	 包山 249		 陶録 3·361·5		 包山 126	 上博六競 1
			 陶録 3·360·1		 包山 127	 上博六競 2 背
			 陶録 3·359·3		 包山 12	 清華二繫年 002
						 清華五湯丘 16

		3502 疢	3501 瘢	3500 痍	3499 痏	3498 疻
	晉	秦	秦	秦	秦	秦
[疒心]						
 璽彙 1119	 十七年春平侯鈹 集成 11709	 珍秦 178  珍秦 34  珍秦 111	 雲夢 封診 60	 雲夢 答問 208	 雲夢 答問 88  雲夢 答問 89	 雲夢 答問 87  雲夢 答問 89

3508	3507	3506	3505	3504		3503
疫	癃	痠	疲	痦		㾜
秦	秦	晉	晉	秦	齊	晉
	𤸇					
 雲夢 日甲 37 反	 十鐘 3・15 下  雲夢 日乙 110  嶽麓一 爲吏 84 《說文》籀文。	 璽彙 1262  程訓義 1-86	 璽彙 3203	 集粹 623  嶽麓一 質二 63	 陶録 2・337・2  陶録 2・336・1	 璽彙 1972  璽彙 2260

			3511 ⿸疒差	3510 ⿸疒多	3509 ⿸疒恖	
晉			楚	楚	秦	楚
⿸疒左	⿸疒叜	⿸疒虘	⿸疒䖨			
 七年宅陽令矛 集成 11546  璽彙 4078  璽彙 4199	 新蔡甲三 12	 新蔡乙三 39	 新蔡甲三 22  包山 243  包山 240  包山 245  上博四柬 20	 包山 187	 風過 16	 清華二繫年 101

3516 癧*	3515 ⿸疒磨*	3514 ⿸疒桀*	3513 癡			3512 瘳
秦	秦	秦	晋	晋	楚	秦
			⿸疒矣	痙	痙	
 珍展 89	 集粹 435	 雲夢 日甲 90 反	 璽彙 2137  璽彙 2398  璽彙 1297	 三年盆 余令戈 集成 11318  三年盆 余令戈 集成 11319  璽彙 2646	 包山 10  新蔡甲一 9  清華一 祭公 10  清華三 赤鵠 13  包山 188	 秦駰玉版  珍秦 203  雲夢 日乙 108  里耶 8-1361

3523	3522	3521	3520	3519	3518	3517
痠*	痓*	痼*	痘*	痳*	疠*	癰*
楚	楚	楚	楚	楚	楚	秦
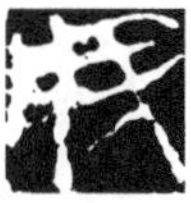 璽彙 5499  璽彙 3756  包山 225  包山 108  新蔡乙四 63	 清華三 説命下 4 讀「忘」。  清華五 三壽 09  清華四 筮法 49	 包山 83  上博四 柬 18 讀「因」。  上博七 吴 1	 痘多壺	 清華三 赤鵠 5 讀「昧」。	 上博六 競 10 讀「弱」。	 雲夢 日甲 57 反 讀「癰」。

3527 ⿸疒奉*	3526 ⿸疒㒳*	3525 痦*	3524 ⿸疒虎*			
楚	楚	楚	晉	楚	燕	齊
 新蔡乙二 5 讀「胖」。	 包山 233	 新蔡甲三 198  新蔡甲三 344-1 或讀爲「瘙」。	 璽彙 0476	 慎疣簋	 璽考 310	 陶彙 9・40

	3528	3529	3530	3531	3532	3533
	⿸疒車*	⿸疒余*	痰*	⿸疒卷*	⿸疒胃*	⿸疒旨*
	楚	楚	楚	楚	楚	楚
⿸疒丰						
 新蔡甲三 219  新蔡零 306 讀「胖」。	 包山 125	 清華一保訓 1  清華一金縢 1 讀「豫」。	 曾乙 26  曾乙 128	 包山 3  包山 194  上博六競 1  上博六競 13 讀「款」或「譴」。	 包山 171	 包山 102

3538 癟*	3537 㿖*		3536 㾪*	3535 瘖*	3534 瘠*	
楚	楚	晉	楚	楚	楚	晉
 包山 129	 新蔡甲三 283  新蔡乙一 17 讀「懌」。	 温縣 WT4K5：11  璽彙 0796	 上博四柬 5  上博四柬 8  上博四柬 20	 包山 173	 包山 141  包山 141  上博四柬 18 讀「齊」。  清華一楚居 16 讀「瘠」。	 璽彙 3807  璽彙 0551  璽彙 3190

3545	3544	3543	3542	3541	3540	3539
疔*	癀*	癀*	瘰*	瘾*	瘖*	癥*
晋	楚	楚	楚	楚	楚	楚
						瘍
 璽彙 0791  陶録 5・97・3	 望山 1・17 讀「賽」。	 包山 247  望山 1・62  新蔡甲一 22 讀「續」。  包山 240  新蔡乙三 39	 包山 102  包山 102 反  清華一 尹至 2 讀「暴」。	 清華五 三壽 09 讀「寵」。	 新蔡乙二 5  新蔡零 357 讀「膚」。	 曾乙 71  清華二 繫年 51  清華二 繫年 54 讀「蔑」。

3546 ⿸疒子*		3547 ⿸疒子*	3548 ⿸疒豕*	3549 ⿸疒干*	3550 ⿸疒白*	3551 ⿸疒夹*
晉	燕	晉	晉	晉	晉	晉
 璽彙 3805  璽彙 0790	 陶録 4・169・3	 璽彙 2999	 璽彙 2616  璽彙 3186	 璽彙 1626	 温縣 WT4K6：250  温縣 WT4K6：211	 璽彙 0794  璽彙 1026

3552 疫*	3553 ⿸疒少*	3554 ⿸疒丑*		3555 ⿸疒百*	3556 ⿸疒召*	3557 ⿸疒右*
晋	晋	晋	齊	晋	晋	晋
 聳肩空首布 中國錢幣 1997.2	 港續 72	 璽彙 1023  陶録 7・5・3	 璽彙 0599	 璽彙 1544	 璽彙 3800  陶録 5・18・3  兆域圖版 集成 10478	 程訓義 1-102

3558	3559	3560	3561	3562	3563	3564
疕*	疺*	痰*	痄*	痳*	痭*	瓬*
晉	晉	晉	晉	晉	晉	晉
 璽彙 1785  程訓義 4-17	 相邦鈹 集成 11635  元年相邦 建信君鈹  陶録 5・21・1  璽彙 3114	 七年大梁 司寇綬鈹 近出 1181	 璽彙 1161  璽彙 2948  璽彙 1660	 璽彙 0469	 璽彙 0797	 璽彙 1780  璽彙 2670  璽彙 4056

3565	3566		3567	3568	3569	3570
痓*	痂*		㾓*	痜*	痆*	痏*
晋	晋		晋	晋	晋	晋
	瘕	疢				
 陶録 5·16·1	 璽彙 1786	 程訓義 1-136	 璽彙 1035	 璽彙 1388	 十四苿雙翼神獸 集成 10445  十四苿雙翼神獸 集成 10446  十四苿鳳方案 集成 10477	 璽彙 2614

3577	3576	3575	3574	3573	3572	3571
瘨*	瘠*	瘷*	痏*	瘂*	痣*	痠*
晋	晋	晋	晋	晋	晋	晋
疔						
 璽彙 2653	 集粹 78	 璽彙 3311	 七年相邦鈹 集成 11712	 璽彙 5661	 璽彙 3209	 珍戰 64
 新鄭圖 432		 程訓義 1-124	 璽彙 2904	 程訓義 1-159		 璽彙 1996

3584	3583	3582	3581	3580	3579	3578
㾢*	𤵸*	𤷅*	瘕*	㾊*	𤶒*	瘁*
晋	晋	晋	晋	晋	晋	晋
 璽彙 1087	 冶𤵸戈 集成 10941	 程訓義 1-106	 璽彙 3245	 八年陽 城令戈 古研 26  璽彙 2645	 十八年冢 子韓矰戈 商周 17320	 璽彙 1170  集粹 94

3591	3590	3589	3588	3587	3586	3585
瘠*	⿸疒寽*	⿸疒斛*	⿸疒⿱乃月*	⿸疒⿱夭月*	⿸疒肴*	⿸疒柬*
晋	晋	晋	晋	晋	晋	晋
 璽考 339  璽彙 2966  程訓義 1-144	 璽彙 2730  璽彙 3411	 璽彙 3808	 十七年相邦鈹 珍吴 140	 二年春平侯鈹 集成 11682  相邦春平侯鈹 集成 11688  璽彙 0473	 璽彙 1791  璽彙 2770	 鴨雄 048

3592	3593	3594		3595	3596	3597
⿸疒高*	⿸疒羔*	⿸疒害*		⿸疒尃*	⿸疒幸*	⿸疒魚*
晋	晋	晋		晋	晋	晋
 璽彙 3101	 璽彙 2347	 璽彙 1032  璽彙 2150  玉存 34  璽彙 3809	 璽彙 3989  吉大 41	 璽彙 1782	 璽彙 1790	 璽彙 0598  璽彙 1413

3604	3603	3602	3601	3600	3599	3598
⿸疒焉*	⿸疒慧*	癐*	⿸疒歔*	⿸疒象*	瘣*	⿸疒睹*
晋	晋	晋	晋	晋	晋	晋
					瘻	
 十二年邦司寇矛 集成 11549  陶 考古 1990.8	 温縣 WT1K1：3105	 信安君鼎 集成 2773	 璽彙 1877	 璽彙 5612	 璽彙 3806	 璽彙 1029

3610	3609	3608		3607	3606	3605
疤*	癰*	⿸疒敫*		⿸疒雁*	⿸疒憂*	⿸疒鼻*
齊	晋	晋		晋	晋	晋
			⿸疒膺			
 陶録 3・488・1  陶録 3・488・6	 璽彙 1788	 璽彙 1031	 璽彙 2015	 璽彙 2447  集粹 136	 璽彙 1971	 璽彙 4043

3611 疷*	3612 痦*			3613 㿃*	3614 瘩*	3615 𤻝*
齊	齊			齊	齊	齊
		癌	瘥			
 陶録 3・363・4	 陶録 3・22・4	 陶録 2・615・2	 齊陶 0954	 陶録 2・15・2	 陶録 3・370・2	 璽彙 3742
 陶録 3・363・6		 陶録 2・613・4		 陶録 2・15・1	 陶録 3・371・5	

3616	3617	3618	3619	3620	3621	3622
𤺺*	𤸱*	𤻪*	𤼒*	癥*	𤸺*	𤷮*
齊	齊	齊	齊	齊	燕	燕
𤺺						
 陶録 3・368・3  陶録 3・369・1	 陶録 3・358・5  陶録 3・358・4	 陶録 3・366・2  陶録 3・10・2	 陶録 2・170・2  陶録 2・170・1	 璽彙 2056	 璽彙 0480  璽彙 1576  璽彙 2803	 璽彙 2402

3629 瘨*	3628 ⿸疒藏*	3627 癕*	3626 ⿸疒區*	3625 瘡*	3624 ⿸疒⿱吉心*	3623 ⿸疒㤅*
燕	燕	燕	燕	燕	燕	燕
 璽彙 2788	 璽彙 0798	 陶録 4・23・1  陶録 4・23・2	 杕里⿸疒區戈 集成 11402	 璽彙 3249  璽彙 1291  璽彙 3550	 璽彙 1227  璽彙 2804	 璽彙 3175

		3631 同				3630 冠
晉	楚	秦	晉		楚	秦
			完			
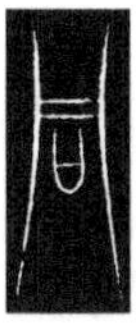 中山王方壺 集成 9735	 郭店 老甲 28	 秦風 223	 璽考 148	 上博九 邦 9	 信陽 2・15	 里耶 8-1363
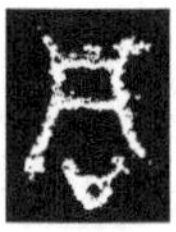 陶文 中原文物 2008.1	 上博一 緇 20	 雲夢 日乙 106	 貨系 1839	 郭店 唐虞 26	 包山 219	
 三晉 98	 上博七 凡甲 4	 里耶 8-761	 山西 34		 九 A41	
	 清華一 楚居 10		 中國錢幣 1990.3		 上博二 容 52	
	 清華四 筮法 4				 上博四 内 8	

3634 冕	3633 ⿱冃毛*	3632 冢				
楚	楚	晉	楚	秦	燕	齊
 上博二 容 52	 新蔡甲一 25 讀「龙」。	 陶録 5・28・2	 鄧冢墣戟 通考 325  包山 94  郭店 窮達 3	 珍秦 21	 璽彙 0674  聚珍 110.2	 銅柱 録遺 6・132  陶録 2・324・2  齊陶 0689

⿰韋冐	⿰糸冐	3636 冐			⿰車冑	3635 冑
		楚	秦	晋		楚
⿰韋冐	⿰糸冐				⿰車冑	冑
 包山 259	 仰天湖 8	 包山 269	 詛楚文 巫咸	 中山王方壺 集成 9735	 曾乙 1	 上博一 緇 11
		 郭店 窮達 3	 雲夢 語書 11	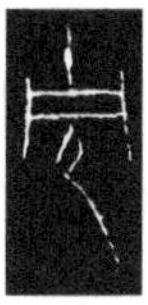 好蚉壺 集成 9734	 包山 269	
		 上博六 用 2			 包山牘 1	
		 清華一 楚居 7			 包山牘 1	
		 清華五 三壽 16			 清華一 耆夜 5	

3637 最	3638 兩					3639 ⿱艹兩
秦	秦	楚		晉	齊	齊
冣						
 珍秦 60	 詛楚文 湫淵	 郭店 語四 20	 上博九 陳 17	 郾孝子鼎 集成 2574	 四十一年 工右耳杯 新收 1077	 陶録 2・390・1
 秦風 143	 雲夢 效律 3	 包山 119	 曾乙 98	 貨系 2466		 陶録 2・391・3
 關沮 297	 秦漢編 31	 包山 237	 曾乙 206	 金頭像飾		 陶録 2・681・3
 里耶 8-1559 正	 天幣 455	 信陽 2・2		 五年春平 相邦葛得鼎 商周 2387		
 嶽麓叁 244	 里耶 8-254	 上博七 鄭乙 7				
	 里耶 8-1673					

3640 网				3641 罕	3642 罩	3643 罪
秦	楚	晋	齊	秦	晋	秦
罔	罔		罓			
 雲夢 爲吏 35  雲夢 日乙 19	 上博六 用 11  九 A31  清華三 說命下 2  清華五 三壽 22  上博八 蘭 5	 璽彙 2459	 璽彙 0336  璽彙 0265  璽彙 0334 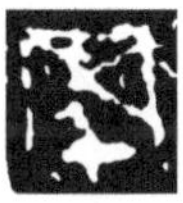 璽彙 0312 讀「望」。	 集證 138・91	 程訓義 1-116	 龍崗 42  里耶 8-884  北大・從軍

			3647 羅	3646 罜	3645 罟	3644 罽
		楚	秦	晋	晋	秦
 上博六天甲 4	 清華四筮法 48	 包山 93	 陶録 6・298・1	 三年䀇余令戈集成 11318	 守丘刻石	 珍秦 102
	 清華五封許 06	 包山 167	 任家咀圖 183	 三年䀇余令戈集成 11317	 璽彙 1729	 秦風 130
	 清華二繫年 100	 上博三周 56	 雲夢日乙 5		 珍戰 142	 新見 115
	 清華三良臣 7	 上博四柬 1	 里耶 8-569			
		 清華三説命下 4	 關沮 53			

3651 置	3650 罷	3649 署	3648 罟			
秦	秦	秦	晉	齊	晉	
			罘			𨟻
 雲夢 答問 168  關沮 372  里耶 8-1271  嶽麓叁 67  北大・泰原	 陝西 745  雲夢 答問 133  嶽麓叁 68	 珍秦 350  雲夢 爲吏 20  里耶 8-140 正	 陶録 3・385・6	 陶録 3・329・3 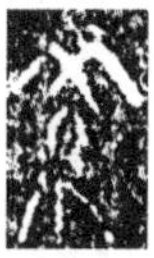 武鯀戈 新收 1087	 珍戰 105	 燕客銅量 集成 10373  包山 22  包山 83

3657 罚*	3656 罢*	3655 罹	3654 羈	3653 罵	3652 詈	3652 詈
楚	秦	齊	秦	齊	楚	秦
			羉			
 清華五命訓 09 讀「義」。	 職官 32	 陶録 3・329・1  陶録 3・328・3  陶録 3・328・1	 雲夢秦律 188	 盛世 88	 清華一楚居 2	 里耶 8-1562 正

3664 ⿱罒爾*	3663 ⿱罒無*	3662 ⿱罒彪*	3661 ⿱罒虎*	3660 ⿱罒汸*	3659 ⿱罒并*	3658 ⿱罒足*
楚	楚	楚	楚	楚	楚	楚
⿱罒尔						
 包山 100  清華三說命下 4	 曾侯𦡊鐘 江漢考古 2014.4 讀「撫」。	 包山 35 或認爲「罷」字異體。	 新蔡甲三 13	 包山 149  包山 149	 新蔡甲三 237-1 讀「緐」。	 上博五三 22  左塚漆梮  上博八李 1  上博八成 11 讀「疏」。

3665	3666	3667	3668	3669	3670	3671
⿱罒頁*	⿱罒章*	⿱罒乚*	⿱罒出*	䍦*	⿱罒畾*	⿱罒关*
楚	楚	晋	晋	晋	晋	齊
				⿱罒縭		
 上博五 三 12 讀「面」。	 清華三 說命下 4	 杕氏壺 集成 9715 讀「弋」。	 郘黛鐘 集成 226 讀「詘」。	 三年汪 匋令戈 集成 11354  璽彙 1768  璽彙 0456	 公厨右自鼎 集成 2361	 滕攻市戈 新收 1550 讀「滕」。

3678	3677	3676	3675	3674	3673	3672
巾	覆	罽*	罝*	罟*	罒*	罶*
楚	秦	燕	燕	燕	燕	齊
帍						
 信陽 2・5	 里耶 8-135 正	 璽彙 4126	 璽彙 1666	 璽彙 0562	 璽彙 3492	 陶録 2・285・2
 包山 272	 里耶 8-141 正	 璽彙 4127	 璽彙 3370	 璽彙 2826		 陶録 2・48・1
 包山 276	 嶽麓叁 140 背	 璽彙 4129	 璽彙 3882	 璽彙 5686		 陶録 2・48・4
 包山 277				 陶録 4・137・1		 齊陶 1213
「面巾」之「巾」的專字。						

3681 幅				3680 幣		3679 帥
秦	齊		楚	秦	楚	秦
		繒				
 雲夢日甲13反	 璽考37	 郭店語三55	 包山260  清華一程寤2  清華一程寤7	 嶽麓一占夢30	 清華一楚居7	 雲夢日甲7

帶

晉					楚	秦
	⿱⿰帶帶糸	⿰帶帶			⿰糹帶	
 璽彙 5574	 天策	 曾乙 138	 仰天湖 14	 信陽 2・7	 望山 2・49	 上郡守戈新收 974
			 仰天湖 23	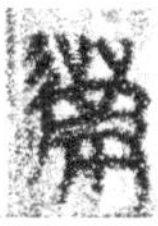 信陽 2・2	 包山 231	 珍秦 298
				 包山 270	 上博四柬 2	 陶録 6・81・6
				 上博二容 51	 上博三周 5	 雲夢日乙 15
					 清華二繫年 072	 里耶 8-1677

3683

常

楚	秦	晉	燕	齊		
		⿰帶主	⿰糹帶	⿰糹帶		⿰糹帶
 郪陵君豆 集成 4695  信陽 2・13  信陽 2・15	 雲夢 日乙 23	 璽彙 3099 或釋「主帶」。	 璽彙 3870	 璽彙 1560	 璽彙 4060  璽彙 2871	 少府盉 集成 9452  春成侯盉 新收 1484  璽彙 1834  珍戰 37  鄭州 107 圖 26 陶文

3684

帬

秦		齊	晉			
	常	𫷍	常	綿	裳	常
 雲夢 封診 68	 陶録 2・548・3	 陶録 3・298・2	 璽彙 1429	 九 A43	 包山 244	 新蔡甲三 207
 里耶 8-153	 陶録 2・550・2	 陶録 3・298・6		 九 A36	 包山 199	 包山 203
 里耶 8-158 正	 陶録 2・551・2	 陶録 3・296・4			 上博二 容 47 《説文》或體。	 包山 214
 嶽麓叁 183	 歷博・齊 37	 陶録 2・520・4				
 嶽麓叁 152						

3690	3689	3688	3687	3686	3685	
幃	飾	幏	幝	幕	帷	
楚	秦	秦	楚	楚	秦	晉
			𢅏			褱
 曾乙 122	 詛楚文湫淵	 雲夢秦律 91	 清華二繫年 136	 清華二繫年 136	 職官 29	 公子裙壺集成 9514
 曾乙 138		 里耶 8-998	 清華二繫年 117			

	3692 席			3691 帚		
	楚	秦	燕	楚	秦	
䈈	䇲			菷		帼
 曾乙 88	 郭店成之 34	 雲夢日乙 145	 鷹節集成 12106	 信陽 2・21	 里耶 8-798	 曾乙 61
 曾乙 76	 上博六天乙 8	 關沮 335				
 曾乙 54	 上博五君 4	 里耶 8-145 正				
	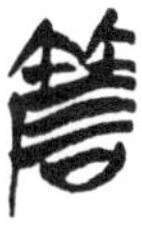 清華一耆夜 12	 里耶 8-1346				
	 上博七武 6	 北大・從政				

3694	3693
布	幐

	楚	秦	秦	晉		
⿱父巾					柘	若
 信陽 1・10  曾乙 122  郭店 六德 27	 九 A20  仰天湖 8  上博六 競 10	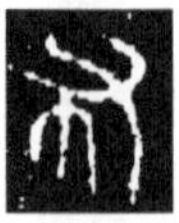 詛楚文 亞駝  里耶 5-7  里耶 8-1776  嶽麓叁 109  北大・醫方	 十鐘 3・23 上  嶽麓叁 162	 □公鏃 集成 11997	 曾乙 123	 信陽 2・19

3701	3700	3699	3698	3697	3696	3695
⿰目帚*	⿰市夭*	⿰市合	市	⿰巾亶*	⿰巾⿱夂巾*	希*
楚	楚	楚	楚	秦	秦	秦
		韐				
 曾乙 204  曾乙 190	 曾乙 170  曾乙 171 或釋「帟」。	 天策 《說文》或體。	 望山 2・13  曾乙 130  清華五 命訓 07  清華五 命訓 07	 雲夢 秦律 147 讀「氈」。	 嶽麓一 爲吏 51	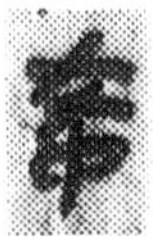 雲夢 日甲 71 反 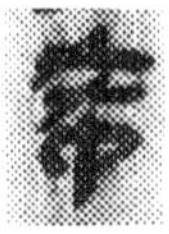 雲夢 日甲 69 反 讀「稀」。

3702	3703	3704	3705	3706	3707	
帨*	帡*	幝*	𢄼*	幣*	帛	
楚	楚	楚	楚	楚	秦	楚
 曾乙 58	 曾乙 53 或讀「轉」。	 曾乙 62  曾乙 62 讀「攝」。	 望山 2・15 讀「輯」，或讀「轎」。	 曾乙 210 或讀「驅」。	 雲夢 封診 22	 上博二 魯 2  上博二 魯 4  清華二 繫年 059  郭店 性自 22  上博一 孔 20

3709 ⿰吾帛*			3708 錦			
齊		楚		秦	燕	晉
		⿰巾金				
 陶録 2・84・4	 曾乙漆箱	 曾乙 60  曾乙 65	 里耶 8-2204	 雲夢 答問 162	 璽彙 3495  璽彙 5652	 魚顛匕 集成 980

3710 白				3711 皙	3712 皎	3713 皅
秦	楚	晉		秦	楚	楚
			⿱白一		⿱交白	
 秦風 214  傅 1028  里耶 8-529  北大・泰原  北大・白囊	 郭店緇衣 1  包山 257  曾乙 68  上博七君乙 2  清華一楚居 13	 春成侯盉新收 1484  璽彙 4814  貨系 3881	 先秦編 605  先秦編 605  北域圖版集成 10478	 里耶 8-534  里耶 8-550	 新蔡甲三 157	 望山 2・12

3717	3716				3715	3714
黹	敝				㡀	𤽄
齊	秦	晉			楚	齊
			表			
 璽彙 0083	 雲夢 日乙 129	 先秦編 217	 上博三 周 44	 郭店 老乙 14	 郭店 緇衣 33	 璽考 45
	 雲夢 秦律 105	 先秦編 216		 九 A44	 上博二 魯 2	 璽彙 0282
	 雲夢 秦律 104			 新蔡甲 三 350	 上博七 吴 9	
				 清華二 繫年 068	 上博六 競 6	

戰國文字字形表　卷八

3718

人

燕	齊	晉	楚	秦
 燕王戎人矛 集成 11498	 子禾子釜 集成 10374	 中山王鼎 集成 2840	 荊曆鐘 集成 38	 秦駰玉版
 璽彙 0192	 璽彙 0277	 璽彙 5383	 曾乙 1	 西安 圖十八 5
	 陶録 2・469・3	 先秦編 596	 上博八 命 10	 里耶 8-72 背
			 清華一 保訓 3	 北大・泰原
			 清華一 金縢 8	

3720 保　　3719 僮

			楚	秦	楚	秦
娱	孚					
 清華五 厚父 09	 望山 1・197	 清華一 保訓 1	 競孫不服壺 通考 313	 雲夢 封診 86	 曾乙 177	 傅 1426
 清華五 厚父 11	《說文》古文。	 新蔡甲 三 219	 珍戰 2	 嶽麓一 爲吏 6 正	 包山 3	 里耶 8-2102
	 郭店 老乙 15 省形。	 信陽 1・4	 包山 244	 北大・算甲	 上博三 周 1	
		 清華三 良臣 2	 郭店 老甲 2		 上博三 周 53	
		 清華五 厚父 03	 上博三 彭 2		 信陽 2・28	

3721

仁

晉		楚	秦		齊	晉
	忎	⿱身心		⿰亻⿱口缶		保
 璽彙 3344	 郭店 唐虞 2  上博一 性 33  上博八 有 1	 郭店 尊德 20  郭店 緇衣 11  上博七 武 5  上博五 鬼 1	 珍秦 371  珍秦 376  秦風 56  里 J1⑨2 正  嶽麓叁 199	 十四年陳 侯午敦 集成 4648 「保」、「缶」雙聲。	 十四年陳 侯午敦 集成 4646  陳逆簠 集成 4096  陳侯因資敦 集成 4649	 中山王鼎 集成 2840 《說文》古文。
	⿱宀⿱身心					
	 上博一 性 39					

3726	3725	3724	3723	3722		
傑	俊	佩	仕	企		
楚	秦	秦	齊	秦	齊	
					⿱身心	
 包山 132 反	 關沮 367	 傅 668	 仕斤徒戈 集成 11049	 龍崗 120	 陶録 2・107・1	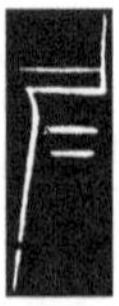 中山王鼎 集成 2840
 上博四 曹 65		 傅 669	 璽彙 1463	 嶽麓一 爲吏 43		 璽彙 3292
 上博七 君乙 8						
 清華五 湯丘 14						
 清華五 三壽 17						

		3729		3728	3727	
		伊		仲	伋	
燕	楚	秦	晋	秦	楚	楚
						[illegible]
 璽彙 0883 《説文》古文。	 上博二子 2  清華三良臣 2	 雲夢編年 14	 程訓義 2-61  璽彙 3379	 珍展 40	 上博五競 9	 包山 143  包山 167  包山 191  包山 141  上博五鮑 8

3734 儕	3733 佖	3732 倓	3731 伀		3730 倩	
齊	楚	楚	楚	秦	楚	秦
 陶録 2·42·3	 郭店 語四 10	 璽彙 3616	 郭店 五行 32	 珍展 70	 上博五 君 7	 嶽麓一 爲吏 48
 陶録 2·42·1	 上博四 曹 34		 上博六 競 11			
	 上博五 鮑 5					
	 上博八 王 6					

3735 僨

秦

秦風 126

陶録 6・5・2

陶録 6・5・1

3736 僑

楚

上博五 弟 1

燕

璽彙 0308

璽彙 2626

3737 俟

楚

清華一 皇門 11

齊

璽彙 5687

3738 侗

楚

清華三 良臣 1

晉

璽彙 1270

璽彙 2010

燕

璽彙 2806

⿰亻墨	⿰亻墨	⿱⿰亻黑土	倗	3741 佣	3740 倨	3739 仡
齊			楚	秦	秦	楚
 陶録 3·56·3  陶録 3·55·6  陶録 3·56·1	 璽彙 3720  上博五 競 10  郭店 六德 30  包山 173  上博五 鮑 9	 上博三 周 14 ⿱雨朋  郭店 語一 87	 上博五 三 17 「勹」、「朋」雙聲。  上博七 凡甲 27  郭店 六德 28	 里耶 8-980	 雲夢 爲吏 38	 清華三 琴舞 12

				3744	3743	3742
				佗	仿	僾
齊	晉		楚	秦	楚	楚
		⿰方它				⿰亻㤅
 陶録 3·260·3	 璽彙 0968	 包山 236	 包山 102	 珍秦 293	 包山 161	 包山 117
 陶録 3·260·1	 璽彙 1175	 包山 226	 新蔡甲三 293	 珍秦 26	 郭店窮達 14	
	 璽彙 1585	 包山 67	 上博八李 2	 里耶 8-1435 背		
	 陶録 5·8·3	 上博五季 6		 里耶 8-2319		
		 清華二繫年 101				

3745

何

齊	晉			楚	秦	燕
		佸	⿰力可			
 璽彙 2198	 王何戟 集成 11329	 鑄客鼎 集成 2480	 包山 15	 璽彙 2985	 珍秦 301	 陶録 4・182・4
 陶録 2・268・1	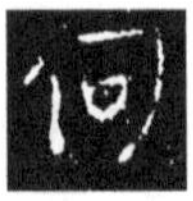 十六年喜令戈 集成 11351	 上博五 三 12	 包山 170	 上博五 鮑 7	 里 J1⑨7 正	
	 璽彙 2547		 包山 85		 里耶 8-135 正	
	 程訓義 1-30		 上博三 彭 8			

3747 備　　3746 儋

			楚	秦	楚	秦
 上博四 曹 52	 郭店 語三 54	 清華五 啻門 09	 郭店 唐虞 3	 雲夢 效律 2	 包山 147	 十三年 少府矛 集成 11550
 清華一 皇門 10	 郭店 語一 94	 上博一 緇 9	 郭店 成之 7	 雲夢 答問 132		 里 J1⑨1 正
 清華四 筮法 56	 新蔡乙四 43	 上博七 武 2	 郭店 成之 3	 里耶 8-2106		 里耶 8-145 正
	 上博五 季 3	 清華一 保訓 6	 郭店 成之 5	 嶽麓叁 77		
	 上博六 孔 7	 清華三 説命中 6	 包山 213	 嶽麓一 爲吏 2		

3749 佝　　　　3748 位

楚	晉		楚	齊	晉	
	⿰立胃	⿰礻立				備
 清華二 繫年 103	 中山王方壺 集成 9735 加注「胃」聲。	 包山 205  包山 206 「神位」之「位」專字。	 包山 224  郭店 老丙 10  郭店 緇衣 25	 子備璋戈 新收 1540	 中山王鼎 集成 2840	 郭店 老乙 1

3754 倚			3753 俌	3752 傅	3751 俱	3750 偕
齊	楚	秦	晉	秦	秦	秦
 璽彙 0651  璽彙 0641	 包山 78  包山 184  包山 135	 潄秋 35  里耶 8-1872	 中山王鼎 集成 2840	 秦風 174  雲夢 雜抄 33  里耶 8-758  北大・從軍	 秦印  里耶 8-452  里耶 8-2093	 雲夢 答問 180  里耶 8-1558 正  嶽麓一 質二 63  嶽麓叁 241

3757 侍		3756 佴		3755 依		
楚	秦	楚	燕	楚	秦	燕
佳						
 上博八子 2	 關沮 351	 清華五命訓 07	 璽彙 3500	 曾乙 146	 港續 23	 璽彙 1232
 上博五弟 19	 里耶 8-143 正	 清華五命訓 03	 璽考 345	 郭店尊德 32	 雲夢秦律 198	 璽彙 3349
		 清華五命訓 03		 上博五君 1	 雲夢日甲 75 反	 璽彙 3878
		 清華五命訓 03		 清華一皇門 9		

		3761 付	3760 侒	3759 側	3758 傾	
晉	楚	秦	楚	楚	楚	齊
仅					鮇	
 四年咎奴令戈 集成 11341	 包山 39  包山 91	 里 J1⑨7 正  里耶 8-63  里耶 8-1824	 上博七 凡甲 26  上博七 凡乙 19	 上博七 武 6 燕  燕侯載作戎戈 集成 11383	 帛書甲  帛書甲	 陶録 3・238・1  陶録 3・238・5

3766 佰	3765 什		3764 伍	3763 侳	3762 佢	
秦	秦	楚	秦	楚	楚	齊
 雲夢 爲吏 14  龍崗 154	 雲夢 雜抄 36  里耶 8-439	 璽彙 0135	 雲夢 雜抄 36  雲夢 答問 96  里耶 8-23  嶽麓叁 240	 包山 237  信陽 2・21  上博七 凡甲 14  上博七 凡甲 15	 望山 2・57  包山 42  清華一 楚居 3	 陶録 3・233・1  陶録 3・237・1  陶録 3・234・4

3769 作					3768 敚	3767 佸
楚	秦	晉			楚	燕
复				岝		
 酓前鼎 集成 2623	 里 J1⑨10 正	 六年代相鈹 文博 1987.2	 包山 140	 郭店 老乙 4	 郭店 老甲 15	 璽彙 3178
 書也缶 集成 10008	 里耶 8-1385	 三年槩令戈 集成 11338	 包山 140 反	 上博四 內 9	 上博四 曹 3	 璽彙 4137
 郭店 性自 18	 嶽麓一 爲吏 72	 璽彙 3407		 上博四 采 2	 上博七 武 1	
 郭店 老甲 13	 北大・祓除			 清華一 祭公 11	 左塚漆棝	
 郭店 成之 7	 嶽麓叁 152			 清華一 保訓 8		

3772 3771 3770

侵 借 假

秦	燕	秦	齊	晉		
			叚	叚		
 龍崗 121	 璽彙 2805	 龍崗 213	 陶録 3・581・2	 中山王方壺 集成 9735	 清華一 尹誥 2	 郭店 性自 1
		 里耶 6-4		 璽彙 3147	 清華一 保訓 4	 上博一 緇 14
		 里耶 8-1560 正		 璽彙 3148	 清華三 琴舞 2	 上博四 曹 17
					 清華五 厚父 05	 清華一 皇門 13
					 上博八 志 2	 上博七 凡甲 26

3777 代	3776 僅	3775 償	3774 偯	3773 僨		
秦	齊	秦	秦	楚	齊	楚
						戠
 陶録 6·403·2	 璽彙 3690	 龍崗 101	 秦集二三 48·2	 璽彙 3661	 銅柱録遺 6·132	 上博三周 13
 傅 1226		 里耶 8-1532	 職官 37	 上博六用 9		 包山 273
 雲夢日乙 131			 雲夢答問 203	 上博五鬼 7		 包山牘 1
 里耶 8-197 正				 包山 55		 新蔡甲一 7
				 包山 64		 清華二繫年 127

		3780 任		3779 便	3778 似	
	楚	秦	楚	秦	晉	楚
[illegible]			伎			
 郭店 性自 62	 上博四 内 6	 璽彙 2559	 上博四 曹 18	 陶録 6・293・1	 璽彙 2916	 包山 61
[illegible]	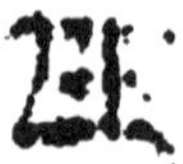 上博一 性 31	 珍秦 236	 上博四 曹 35	 陝西 736		 上博五 季 14
 清華二 繫年 119		 陶録 6・329・4		 雲夢 語書 4		
		 雲夢 語書 6		 里耶 8-141 正		
		 里耶 8-75 正				

3783 俾		3782 俗	3781 儉			
	燕	秦	秦	燕	齊	晉
					邘	邘
 秦風 146	 璽彙 5664	 陝西 863  雲夢 語書 3  里耶 8-355	 雲夢 封診 27	 燕王職壺 新收 1483  璽彙 3944  璽考 286	 璽彙 2056  璽彙 2057	 璽彙 2054  璽彙 2055

3785 使　　3784 倪

晉	楚	秦	燕	楚	晉	楚
使						
 好蚉壺圈足 集成 9734	 上博一 緇 12	 陶録 6・56・1	 陶録 4・136・1	 上博五 競 9	 陶録 5・68・3	 包山 263
 十三苿壺 集成 9686		 秦駰玉版				 上博四 曹 25
 十四苿雙翼神獸 集成 10447		 雲夢 爲吏 29				 上博二 容 3
 右使車嗇夫鼎 集成 2707		 里耶 8-197 正				 清華一 祭公 16
						 上博八 顏 10

3786

傳

齊				楚	秦	
	⿰彳叀	⿺辶叀	⿺辶剸			速
 璽彙 0583	 郭店 唐虞 1  郭店 唐虞 13  清華五 厚父 08	 王命符節 集成 12096  璽彙 0203  郭店 尊德 28  上博五 季 14  上博六 用 10  清華一 保訓 3	 郭店 語四 20	 包山 120	 雲夢 秦律 46  雲夢 語書 8  里耶 8-54  里耶 8-673 背	 中山王方壺 集成 9735  中山王鼎 集成 2840

3790 倍		3789 伹	3788 倢	3787 倌		
楚	秦	燕	楚		楚	燕
伓				佢		逋
 郭店 忠信 3  新蔡甲一 14  上博五 競 3  上博九 陳 15  左塚漆梮	 詛楚文 亞駝  關沮 264	 璽彙 0003	 上博五 君 6	 包山 136  包山 137  清華三 琴舞 9  清華一 祭公 11  清華五 三壽 22 讀「桓」。	 璽彙 3580  包山 15  包山 157	 騎傳馬節 集成 12091  雁節 集成 12103A  上距末 集成 11917

3797	3796	3795	3794	3793	3792	3791
佃	僟	俩	儔	倀	偏	傿
晋	楚	楚	楚	楚	秦	秦
 九年鄭令矛 集成 11551  璽彙 2541  璽彙 2543	 清華三 芮良夫 17  清華三 芮良夫 8	 上博九 成甲 3	 苛畜匜 新收 1322	 璽彙 2556  璽彙 3756  包山 163  郭店 五行 8  上博四 曹 35  上博八 有 3	 秦風 175  里耶 8-2169	 里耶 8-1263

3798 佻	3799 僻	3800 侈	3801 佁	3802 僞		
楚	楚	秦	秦	秦	楚	
						愳
 上博五 君 5	 包山 258	 秦風 224	 里耶 8-520	 雲夢 答問 180  雲夢 答問 180  雲夢 效律 34  里耶 8-209 正  嶽麓叁 230	 上博八 子 2	 上博二 從乙 1  郭店 老甲 1  郭店 老甲 13  上博四 曹 34  清華五 三壽 15

3807 偃	3806 僨	3805 傷	3804 侮		3803 佝	
秦	秦	秦	晉	齊	楚	晉
			㑄			[illegible]
 珍秦 275	 雲夢 封診 84	 雲夢 爲吏 29	 中山王鼎 集成 2840	 陶録 2・313・2	 上博三 周 34	 璽彙 3896
 珍秦 152		 雲夢 爲吏 30	《説文》古文。	 後李 圖三 7	 上博五 季 11	
 里耶 8-1496 正		 雲夢 日乙 230				
 嶽麓叁 99						

3809 傷　　3808 仆

		楚	秦	楚		楚
⿰昜戈	⿰昜刂					⿰亻⿱厶女
上博五 姑7	璽彙 3221	上博六 天乙 11	珍秦 59	包山 261	陶彙 9・69	望山 2・48
上博五 三5	包山 22	上博六 天甲 12	珍秦 301			
包山 144	包山 80		里耶 8-1600			
上博二 從甲 19	上博四 曹 47		嶽麓叁 33			
上博六 競8	清華三 説命中 7		雲夢 日甲 57 反			

3812 係	3811 伏		3810 俑			
秦	楚	秦		楚	燕	晉
			佣			戫
 廿二年臨汾守戈集成 11331	 上博九卜 4	 雲夢日乙 147	 曾乙 212	 上博四昭 5	 璽彙 0369	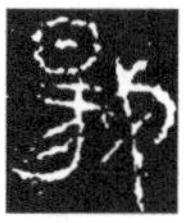 陶録 5・33・4
 秦風 68	 清華四筮法 47	 里耶 8-707 正		 上博八顔 4		
 陶録 6・118・4				 清華三芮良夫 12		
 里耶 8-1485 背				 清華五啻門 15		

3813

伐

	晉		楚	秦	燕	楚
伐		戣				
 十七年春 平侯鈹 集成 11715	 鐵雲 212	 上博五 鮑 8	 上博二 容 38	 雲夢 秦律 5	 璽彙 0758	 上博三 周 16
 三年大 將弩機 文物 2006.4	 五年春平相 邦葛得鼎 新收 2387		 清華一 耆夜 1	 雲夢 日乙 128		 上博五 三 16
			 清華二 繫年 025	 里耶 8-2146		
			 上博三 周 13	 嶽麓叁 163		

	3817 仇	3816 僂		3815 但	3814 俘	
	楚	秦	楚	秦	楚	齊
	戴		伹			
 清華三 琴舞 4	 郭店 緇衣 43	 雲夢 爲吏 22	 上博六 用 20	 上造但車害 集成 12041	 清華二 繫年 044	 陳璋方壺 集成 9703.3A
 上博九 陳 4	 上博六 天甲 6	 雲夢 日甲 70 反	 清華一 金縢 4	 集粹 719	 清華二 繫年 124	
 清華二 繫年 008	 上博六 天乙 5	 嶽麓一 爲吏 22	 包山 96			
	 清華一 耆夜 6					
	 包山 138 反					

3818

咎

	楚	秦		晉		
𧮫			戳		數	㕡
 包山 120	 包山 213	 雲夢 日乙 205	 温縣 WT4K6:211	 温縣 WT4K6:250	 上博一 緇 22	 上博一 緇 10
	 上博三 周 41	 雲夢 日甲 4 反	 温縣 WT4K6:212	 寅之戟 考古學報 1957.1 讀「造」。		
	 郭店 老甲 38	 里耶 8-918				
	 郭店 尊德 34					
	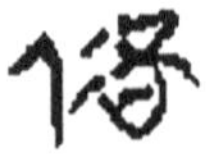 新蔡乙四 84					

3821 3820 3819

倦 像 倠

		楚	楚	燕		晉
朕	卷	倦			夂	
 郭店 唐虞 26	 上博一 孔 4  上博一 性 31  上博一 孔 29  左塚漆梮	 上博二 從甲 12  新蔡甲 三 235-1	 帛書乙	 璽彙 2807  璽彙 2510	 貨系 1719  先秦編 256	 十一年 皋落戈 考古 1991.5  四年咎 奴令戈 集成 11341  璽彙 0049  璽考 96

人部

3823 佋　　3822 弔

齊	燕	齊	晉			楚
				⿱弔土	⿱弔口	
 陶録 2・643・1	 璽彙 3370	 齊陳曼簠 集成 4596	 哀成叔豆 集成 4663	 上博六 平 7	 清華一 楚居 3	 清華一 金縢 7
 陶録 2・643・2		 司馬楙編鎛 山東 104	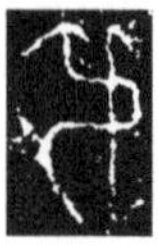 吕大叔斧 集成 11786			 清華二 繫年 018
 陶録 2・643・3		 叔孫誅戈 集成 11040	 八年亯令戈 集成 11344			 清華三 良臣 3
		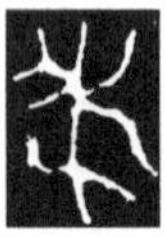 陳昉簋蓋 集成 4190	 璽考 333			 清華五 厚父 11
			 璽彙 2549			讀「叔」。

3830	3829	3828	3827	3826	3825	3824
停	俏	倜	倅	件	佡	僰
楚	楚	楚	楚	秦	楚	秦
			倸		屳	
 包山 120	 上博七 吴 5	 天策  天策	 包山 25  璽彙 0337	 里耶 8-529 背	 清華二 繫年 15 讀「扞」。	 里耶 8-665 背

	3835		3834	3833	3832	3831
	佐*		免*	伖*	仗*	伺
齊	秦	楚	秦	秦	秦	楚
 工城戈 集成 11211	 陶録 6・56  雲夢 效律 19  里 J1⑨981 正  里耶 8-152 背  里耶 8-2106	 包山 78  上博一 緇 13	 雲夢 效律 19  雲夢 答問 145	 雲夢 日乙 22	 雲夢 秦律 147  里耶 8-1757	 羕陵公戈 集成 11358

3839 佰*		3838 倍*		3837 佯*	3836 住*	
秦	楚	秦	晉	秦	秦	燕
 雲夢 日甲 34	 上博四 曹 24 讀「伍」。	 里耶 8-140 背	 璽彙 2726	 陝西 729	 里耶 8-2259 正	 右佐鋮 錐形器 集成 10452

3840		3841	3842	3843	3844	3845
僷*		傘*	傰*	僳*	㐌*	㐵*
秦	楚	秦	秦	秦	楚	楚
 里耶 8-1442 背	 上博二 容 42 讀「世」。	 雲夢 日甲 45 反	 雲夢 秦律 125 讀「棚」。  里耶 8-140	 里耶 8-839	 郭店 忠信 5 讀「範」，或讀「配」。	 包山 44  包山 191 讀「芋」。

3848 促*	3847 伽*			3846 佳*		
楚	楚	齊	晋	楚	晋	
			佳		何	俶
 仰天湖 23	 上博五 鮑 3	 陶録 2・172・2	 璽考 127	 包山 5	 温縣 T1 坎 1：2279	 □□鼎 集成 2243
讀「疏」。	讀「加」。	 陶録 2・172・3		 包山 67	 温縣 WT4K6：212	

3849	3850	3851	3852		3853	3854
㑁*	彼*	㧓*	侄*		佨*	俈*
楚	楚	楚	楚	晉	楚	楚
 郭店老乙 14 讀「屈」。	 包山 163	 上博三周 33  上博三周 33 讀「孤」。	 包山 170	 鳳羌鐘集成 159	 清華二繫年 051 讀「抱」。	 新造矛通考 332  璽彙 2550  璽考 156  包山 91  包山 175 讀「造」。

3855 傑*

楚

清華五 命訓 12

讀「訓」。

3856 佁*

楚

上博五 鮑 2

上博五 鮑 2

「㠯」「司」雙聲，讀「治」。

3857 偬*

楚

上博八 顔 7

或疑「悉」字抄訛。

3858 倞*

楚

郭店 尊德 21

讀「諒」。

3859 偖*

楚

璽彙 3552

上博五 鮑 6

或讀「煮」，或讀「徒」。

晋

陶録 5・21・3

3860 倆*

楚

上博九 陳 20

上博九 陳 20

讀「兩」。

	3866 偳*	3865 侓*	3864 伴*	3863 佳*	3862 侗*	3861 倗*
齊	楚	楚	楚	楚	楚	楚
 璽彙 1586	 包山 30	 清華一皇門 12 讀「蓋」。	 郭店語二 19 讀「察」。	 包山 35  清華三芮良夫 8 讀「兄」。	 包山 101	 上博五競 9 讀「孟」。

3872 ⿰亻晋*	3871 ⿰亻复*	3870 偏*		3869 傎*	3868 偯*	3867 倌*
楚	楚	楚		楚	楚	楚
 上博五君 6 或讀「疾」。	 信陽 1·4	 包山 166  包山 193	 先秦編 273  先秦編 274  中國錢幣 2004.2 省形。	 先秦編 286  貨系 4177  先秦編 286  先秦編 286	 上博六孔 18 或讀「哀」，或讀「依」。	 包山 184

3878 ⿰亻羕*	3877 ⿰亻魚*	3876 ⿰亻⿱彐女*	3875 ⿰亻桼*	3874 ⿰亻⿱龹丰*		3873 傒*
楚	楚	楚	楚	楚	晋	楚
 包山 188	 帛書甲	 上博六孔 7	 上博一性 37	 包山 120	 璽彙 2912	 上博五三 9
讀「養」。		 清華二繫年 034	讀「節」。	 包山 120	 程訓義 1-14	 新蔡甲三 379
		讀「背」。				

3879

傀*

楚

上博五 競 2

讀「彝」。

3880

僡*

楚

鄂君啓車節 集成 12112

讀「僡」。

上博六 孔 21

包山 84

包山 85

3881

僁*

楚

仰天湖 21

或讀「蜀」。

3882

僂*

楚

上博五 競 10

或讀「乖」。

3883

儴*

楚

上博六 天甲 9

上博六 天乙 8

讀「懷」。

3884

儰*

楚

包山 141

包山 166

包山 193

3885

儸*

楚

雋

上博五 競 9

讀「擁」。

3889 ⿰亻酉*				3888 ⿰亻叵*	3887 仛*	3886 儥*
齊	晉	燕	齊	晉	晉	楚
 陶録 2・13・1	 左内佰壺 集成 9649  金村銅鈁 商周 12316  東周左自壺 集成 9640 或讀「曹」。	 璽彙 3326	 齊陶 0282	 璽彙 3606	 璽彙 3314	 清華二 繫年 127 讀「犢」。

3890	3891	3892	3893	3894	3895	3896
僣*	傛*	僋*	偪*	傌*	傗*	傢*
晋	晋	晋	晋	晋	晋	晋
 陶録 5・70・4	 先秦編 242  錢典 83  貨系 1807 讀「原」。	 王立事鈹 新收 1481  九年鄭令矛 集成 11551  五年鄭令戈 集成 11385  吉大 8 讀「令」。	 温縣 WT1K17：129  温縣 WT1K17：131 讀「福」。	 五年春平相邦葛得鼎 商周 2387	 天印 25	 港續 78

人部

	3902	3901	3900	3899	3898	3897
	倨*	伙*	傗*	僫*	偃*	傦*
	齊	齊	晉	晉	晉	晉
 陶録 2·81·2	 陶録 2·226·1  陶録 2·226·3  陶録 2·659·3	 沂水陶文	 港續 73	 璽彙 1683	 璽彙 3016  璽彙 3017	 璽彙 0834

3909	3908	3907	3906	3905	3904	3903
儓*	儞*	倅*	倈*	佑*	俶*	俓*
燕	燕	燕	燕	燕	齊	齊
 陶録 4·59·3	 陶録 4·29·2	 陶録 4·60·4	 燕王喜戈 新出 1985  陶録 4·1·1  陶録 4·2·2  集拓 2·3 或讀「里」。	 璽彙 0053  璽彙 0361  璽彙 2748	 璽彙 0590  璽彙 3561  璽彙 3705  璽考 250	 齊陶 0106  齊陶 0107  齊陶 0200

3912 化			3911 真			3910 匕
齊	晉	楚	晉	楚	秦	齊
 陶録 2·116·1	 七年侖氏戈 集成11322	 郭店 老甲6	 四年邘令戈 集成11335	 曾乙122	 雲夢 爲吏3	 璽彙5706
 陶録 2·140·3	 貨系456		 先秦編137	 上博六 用3	 里耶 8-133正	
 齊陶0926			 先秦編137	 上博六 用5	 里耶 8-208正	
			 貨系342	 清華五 厚父06	 里耶 8-648正	
				 清華五 啻門18	 里耶 8-656正	

3913 佌*

秦

詛楚文湫淵

楚

清華五湯丘16

清華五啻門16

或釋「從」。

3914 匕

秦

關沮314

楚

望山2·47

望山2·56

杝

信陽2·27

木匕之「匕」的專字。

3915 頃

秦

陶録6·52·1

陶録6·52·3

雲夢秦律2

里耶8-1519背

里耶8-1519背

齊

鑄頃戈新收1497

陶録3·613·2

3916 匘

秦

里耶8-860

3919 艮	3918 卓				3917 印	
秦	楚	燕	晋	楚	秦	
						𡿺
 雲夢 封診 53	 天卜	 燕侯載器 集成 10583	 璽彙 2062	 上博四 柬 14	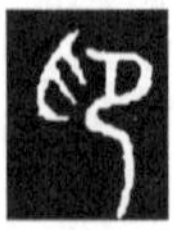 詛楚文 湫淵	 里耶 8-1027
 雲夢 日甲 47				 上博七 凡甲 23	 秦風 204	 雲夢 封診 57
					 里耶 8-735 背	
					 里耶 8-735 背	

			3921 從		3920 从	
	楚		秦	齊	楚	楚
⿱从止						
 包山 138 反  清華二 繫年 121  上博一 緇 17	 郭店 成之 11  上博四 柬 20  清華一 楚居 3  清華一 耆夜 4  清華五 命訓 14	 北大・算甲  北大・算甲  北大・白囊  雲夢 日乙 174	 璽彙 4340  秦都圖 357  里耶 8-777  嶽麓叁 52	 陶録 3・476・3	 郭店 忠信 5  上博四 曹 37  上博四 曹 29	 上博三 周 48  上博三 周 48  清華四 筮法 37  清華四 筮法 40

3922

并

	楚	秦	齊		晉	
朁				㘴		
 上博一性 8	 上博二容 26	 陶録 6·358·3	 陶録 3·476·1	 中山王鼎集成 2840	 上官豆集成 4688	 上博一緇 8
	 上博七凡乙 12	 關沮 369		 璽彙 0877	 五年龏令思戈集成 11348	 上博一緇 8
	 清華三芮良夫 23	 里耶 8-1221		 玉存 26	 璽彙 0996	
		 北大·泰原		 璽彙 0453		

3923

比

晉		楚	秦	燕	齊	晉
 比城戟 新收971	 貨系4179	 包山254	 雲夢 效律27	 璽彙1924	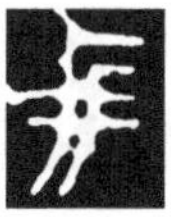 璽彙1589	 中山王鼎 集成2840
 璽彙3066	 貨系4176	 郭店 老甲33	 雲夢 答問88	 璽彙1925	 璽彙3664	 中山王鼎 集成2840
 璽彙3068		 清華一 楚居1	 里耶 8-1047			
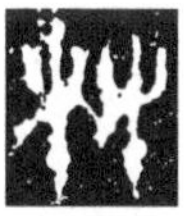 陶彙9・106			 北大・隱書			
 璽彙3057						

3925 冀　　3924 北

秦	齊	晉	楚	秦		燕
 秦風 140	 陶録 2・271・4	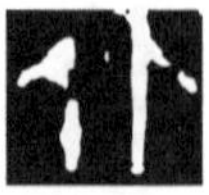 璽彙 3998	 上博二 容 14	 陶録 6・275・6	 騎傳馬節 集成 12091	 陶録 4・204・1
 陶録 6・318・2	 齊陶 0033	 貨系 1593	 清華二 繫年 029	 秦 2000		
	 齊陶 0050		 清華四 筮法 49	 秦 2003		
			 九 A93	 北大・從軍		

		晋			楚	秦
⿱丘土	兵		⿱丘土	⿱北土		
 守丘刻石	 三十四年頓丘令戈 集成 11321	 商丘鏃 集成 11942	 鄂君啓節 集成 12112	 璽彙 1476	 包山 90	 官印 0036
 璽彙 0324	 璽彙 3229		 清華三 良臣 8	 上博五 季 9	 上博二 容 13	 三年大將弩機 商周 18585
 璽彙 3307			《說文》古文，加「丌」聲。	 包山 237	 上博六 競 1	 秦集二 四・45・2
 璽彙 5365				 清華五 湯丘 01	 清華一 楚居 9	 傅 1293
 璽彙 5369						 北大・祓除

虛

秦	燕					齊
		坒	坵	兵		
 雲夢 日乙 36  雲夢 日乙 35	 聚珍 044.5	 陶録 3・247・1  陶録 3・649・6	 辟大夫虎符 集成 12107  陶録 3・37・1	 陶録 3・113・1  陶録 3・112・6	 陶録 2・51・1  陶録 2・52・1	 子禾子釜 集成 10374  璽彙 0277  璽考 314  陶録 2・398・3  齊陶 0575

3928

眾

齊	晉	楚	秦			楚
				⿸鹿土	⿸虍土	
 山璽 170	 中山王鼎 集成 2840	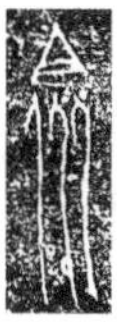 曾侯𦝪鐘 江漢考古 2014.4	 商鞅方升 集成 10372	 清華四 筮法 1	 璽考 173	 郭店 老甲 24
 陶録 2・49・3	 中山侯鉞 集成 11758	 郭店 老丙 13	 珍秦 365	 清華四 筮法 3	 璽彙 5559	 新蔡甲 三 250
 後李 圖三 2	 璽彙 4341	 清華一 尹誥 3	 珍秦 377	 清華四 筮法 4		 上博三 亙 1
 陶録 2・593・3		 清華一 楚居 8	 陶録 6・447・1			 上博五 三 8
 陶録 2・720・1		 上博六 競 8	 里耶 8-1555 正			
		 清華四 筮法 51				

3930 王　　　　3929 聚

楚	晉		楚	秦	燕	
		聚				
 璽彙 4524	 璽考 286  璽彙 2844	 郭店 性自 53  上博六 孔 26  清華五 三壽 26	 曾乙 58  郭店 六德 4  清華二 繫年 050	 集粹 664  秦風 160  雲夢 日乙 132  雲夢 爲吏 2  里耶 8-1434 正	 燕王詈戈 集成 11243  璽彙 4115  歷博 燕 89	 齊陶 1358  齊陶 1425

徵

		楚	秦	燕	齊	晉
⿱山⿱壬口	⿱山壬	⿰⿱山壬攴				
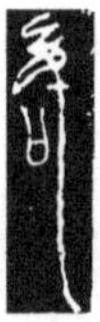 曾侯乙鐘	 曾侯乙鐘	 上博三 周 54	 陝西 618	 璽彙 5692	 陳逆簋 集成 4096	 貨系 270
 曾侯乙鐘	 清華二 繫年 076		 里耶 8-1441 背			
 曾侯乙鐘	 曾乙石磬		 嶽麓叁 148			
 曾侯乙鐘架	 曾侯乙鐘		 嶽麓一 爲吏 22			
 曾侯乙鐘架			 雲夢 秦律 115			

3932

朢

		楚		秦		
睈	[illegible]	望			[illegible]	
 郭店 緇衣 3	 上博五 季 4	 上博七 吴 2	 嶽麓一 質三 35	 秦風 168	 清華二 繫年 074	 曾侯乙鐘
 上博七 武 11		 上博一 孔 22	 雲夢 日甲 68 反	 秦集二 四 36・4	 清華二 繫年 075	 曾乙石磬
 清華一 程寤 3		 上博六 用 20		 里耶 8-2153		 上博四 采 3
 上博七 武 13		 上博五 三 1		 雲夢 日乙 52		 商父之 徵石磬
				 嶽麓一 質三 11		

3934 重			3933 𡈼			
楚	秦		楚	齊		
					頁	室
 郭店 成之 10  郭店 唐虞 19	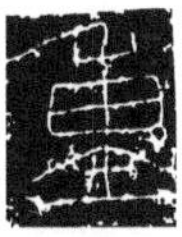 商鞅方升 集成 10372  秦陶 368  塔圖 141 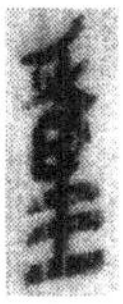 嶽麓一 爲吏 56  北大・道里	 上博五 鬼 7  上博八 成 13	 璽彙 0252  上博六 孔 17	 司馬望戈 集成 11131	 上博六 競 2	 包山 145  上博一 緇 2  郭店 窮達 4  郭店 語一 1

3935

量

楚	秦	燕	晉			
				⿰貝主		⿱𠫔王
 包山 53	 陶録 6・471・2	 重金扁壺 集成 9617	 安邑下官鍾 集成 9707	 信陽 2・16	 郭店 老甲 5	 上博五 季 18
 上博六 天甲 7	 雲夢 爲吏 5		 七茉扁壺 集成 9683	 上博四 曹 54	 郭店 尊德 2	 上博四 曹 30
 清華一 程寤 7	 雲夢 答問 195		 十年洱 陽令戈 文物 1990.7	 上博八 蘭 5	 上博一 緇 22	 上博四 曹 45
 上博五 競 4	 嶽麓 爲吏 65		 春成侯鍾 集成 9616		 郭店 成之 39	 上博八 成 1
 上博六 競 1			 集粹 27		 上博三 亙 4	 新蔡乙三 52

			3937 監		3936 臥	
晉			楚	秦	秦	晉
	⿱⿰見心臼					
 守丘刻石	 清華三 芮良夫 18	 清華五 厚父 01	 信陽 1・31  包山 168  包山 265  清華一 皇門 12  清華一 皇門 4	 秦集一 五 29・1  雲夢 答問 151  里耶 8-1572  陶彙 5・250  嶽麓一 爲吏 63	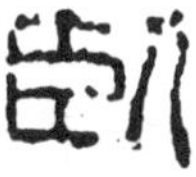 傅 426  北大・泰原	 二十七年 大梁司寇鼎 集成 2609  陶 古研 24

臨

			楚	秦	齊	
[illegible]	[illegible]	[illegible]	[illegible]			[illegible]
 上博五弟9	 包山185	 曾侯𨟻鐘 江漢考古2014.4	 包山33	 廿二年臨汾守戈 集成11331	 監戈 集成10893	 邢臺圖 211·1
	 郭店老甲11		 上博四柬1	 陶録6·414·1	 陶録3·2·1	
	 上博六天乙11		 清華一耆夜8	 秦集二二22·1	 陶録3·1·3	
	 上博九史12		 上博六慎6	 雲夢日乙136		
			 清華二繫年067	 里耶8-66正		

3939

身

			楚		秦	
 九 A37	 上博四 曹 34	 上博一 緇 19	 上博五 君 2	 北大・祓除	 秦駰玉版	 曾旨尹喬缶
 上博四 昭 9	 上博三 彭 1	 上博七 武 5	 清華一 程寤 9	 北大・從政	 湖南 106	
 上博八 顏 6	 清華一 祭公 3	 九 A38	 清華一 保訓 11		 秦風 250	
 上博八 顏 10	 清華四 筮法 32	 郭店 老甲 35	 上博五 競 5		 里耶 8-1786	
	 清華五 命訓 10	 上博五 鮑 6	 包山 227		 嶽麓一 爲吏 6 正	
	 清華五 湯丘 02					

3942 ⿰身童*	3941 ⿰身巽*	3940 ⿰身安*				
楚	楚	楚	燕	齊		晉
 清華一 尹至 2 讀「瘇」。	 清華五 湯丘 02 或讀「痊」。	 上博五 君 7 或讀「軀」。	 璽彙 0364  璽彙 3463	 公子土斧壺 集成 9709  陶録 3・494・3	 璽彙 4641  集粹 316  璽彙 4701  璽彙 5680  璽彙 2697	 中山王鼎 集成 2840  中山王方壺 集成 9735  身文鼎 集成 2100  珍戰 204  璽彙 2688

3944 衣			3943 殷			
楚	秦	晉			楚	秦
			⿱殷言	⿱殷土		
 上博一 緇 20	 陶録 6・137・4	 五年邢令戟 珍吴 164	 包山 63	 曾侯臔鐘 江漢考古 2014.4	 清華二 繫年 013	 璽彙 3128
 新蔡甲 三 207	 陶 考古學報 2005.2		 包山 182	 清華一 祭公 10	 清華五 封許 03	 秦風 98
 上博五 三 9	 里耶 8-2006 正		 清華三 説命上 1	 清華二 繫年 017	 清華五 封許 07	 秦風 73
 清華五 三壽 18	 北大・泰原		 上博五 鮑 1	 上博四 曹 44		 里耶 8-2063
 仰天湖 3	 雲夢 日乙 189		 清華二 繫年 013			

3946　3945

衫　褕

晋	楚	秦	燕	齊	晉	
衮		輸				
 璽彙 3152  璽彙 3151	 詛楚文 湫淵	 詛楚文 巫咸  詛楚文 亞駝  嶽麓一 爲吏 65	 燕王職矛 集成 11518	 陶録 3・503・6	 二十七年 安陽戈 考古 1988.7	 楊家灣 6・14  郭店 窮達 3  上博二 從甲 7

3948 裏	3947 表

		楚	秦	晉	楚	秦
緾	褁					
 包山 268	 信陽 2・13	 曾乙 67	 雲夢封診 22	 璽彙 5610	 九 A36	 雲夢爲吏 3
	 信陽 2・13	 望山 2・2	 雲夢封診 82		 上博二容 22	 里耶 8-2147
		 包山 261			 上博七吳 5	
		 上博三彭 2				

3949 襮

楚

㯲

曾乙 45

曾乙 4

曾乙 58

上博三彭 2

讀「表」。

3950 衽

秦

雲夢日甲 68 反

楚

𧘝

上博四昭 7

3951 𧙍

秦

里 J1⑫10 正

楚

𧞘

上博四昭 7

𧘞

上博五三 9

𧚍

上博五姑 6

上博五姑 7 衾

清華五湯丘 11

3954 衺　3953 袍　3952 襲

秦	秦	晉			楚	秦
		逕	徑	逕	衮	
 雲夢 封診 58	 里耶 8-439	 兆域圖版 集成 10478	 上博二 容 18	 清華一 祭公 6	 清華一 楚居 13	 雲夢 答問 105
 里耶 8-135 正	 嶽麓叁 159			 上博六 用 10	 清華二 繫年 111	 里耶 8-753 背
 里耶 8-2200					 上博三 亙 3	 里耶 8-1518 正
					 上博三 亙 3	
					 清華二 繫年 038	

		3958 褭	3957 袂	3956 袤		3955 祛
晉	楚	秦	楚	秦	晉	秦
 璽彙 1295	 曾乙 117	 珍秦 127	 清華三說命上 3	 雲夢封診 22	 璽考 324	 鑒印 113
 璽彙 0448		 珍秦 95				 里耶 8-677 背
 珍戰 89						
 璽彙 1061						

3963	3962	3961	3960			3959
褭	禣	袑	褰			褭
秦	秦	秦	晉		晉	楚
 陝西 830	 雲夢日乙 130	 陝西 858  秦風 191  嶽麓叁 199	 温縣 T1K1:2795	 陶録 5・104・1  珍戰 113	 褭戈 集成 11300  璽彙 1528	 曾侯臧鐘 江漢考古 2014.4  上博三 周 53  上博一 緇 21  上博一 孔 7  清華五 三壽 17

	3967 裔	3966 袳	3965 褆	3964 複		
齊	秦	秦	秦	秦	齊	楚
						袤
 陳逆簋 集成 4096  陳逆簠 新收 1781  裔官敦年戟	 輯存 206	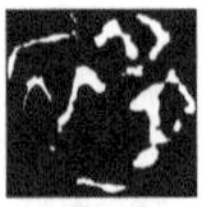 璽彙 5534  鑒印 120	 湖南 238  里 J1⑨7 正  嶽麓一 爲吏 69	 雲夢 日甲 117 反  雲夢 日甲 121 反	 陶録 3・429・1  陶録 3・428・6	 上博四 昭 7

	3972	3971	3970		3969	3968
	襄	襌	襦		襡	袁
楚	秦	秦	秦		楚	楚
				⿰糹蜀	⿱蜀衣	
 璽彙 0141  信陽 2・012  信陽 2・029	 廿一年舌或戈 吴珍 102 頁  秦風 111  陶録 6・403・4  里耶 8-184  里耶 8-2246	 雲夢 封診 68  里耶 8-1821	 雲夢 封診 68  里耶 8-1356  嶽麓叁 162  嶽麓叁 152  嶽麓叁 152	 望山 2・48  望山 2・49	 信陽 2・019  帛書乙	 璽考 156

3973

被

晉			楚	秦		晉
⿴衣皮	[illegible]	⿴衣皮				
 璽彙 1350	 包山 203	 清華一皇門 7	 包山 199	 秦風 201	 璽彙 0004	 湏朕鼎器新收 1488
 璽考 313		 上博四昭 6	 包山 214	 雲夢日乙 189	 貨系 1091	 趙武襄君鈹集成 11635
		 上博四昭 7	 清華二繫年 065	 嶽麓叁 231	 貨系 1093	 璽彙 0077
					 先秦編 363	 璽彙 3134
					 天幣 95	 璽彙 0125

		3977	3976	3975		3974
		裕	雜	衷		褻
		楚	秦	秦		楚
⿴衣咎	衮	⿴衣谷			⿱埶衣	
 清華三 說命下 10	 郭店 六德 10	 左塚漆梮	 雲夢 效律 28	 秦風 60	 上博四 相 3	 上博四 曹 11
 清華三 琴舞 5			 關沮 210	 里 J1⑨4 正		
 清華一 耆夜 7			 里耶 8-1298	 里耶 8-228		

3980 袒	3979 裂	3978 衦				
楚	秦	晉	楚	秦	燕	晉
					衣	
 上博五 三 9  郭店 六德 28	 雲夢 答問 80	 璽彙 0493	 信陽 2・15	 陝西 806	 陶録 4・44・2	 十六年 喜令戈 集成 11351 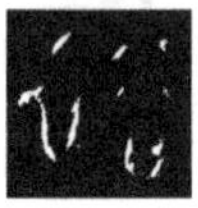 二十一年 鄭令戈 集成 11373

3985 褐		3984 褭		3983 裹	3982 褫	3981 補
秦	楚	秦	楚	秦	楚	秦
					[illegible]	
 秦風 29	 信陽 2·15	 里耶 8-2200	 清華五 啻門 07	 雲夢 封診 85	 上博四 昭 6	 雲夢 秦律 122
 雲夢 秦律 91	 曾乙 127			 里耶 8-1243	 上博四 昭 7	 雲夢 雜抄 40
						 里耶 8-1532

			3987 卒			3986 衰
		楚	秦	齊	楚	秦
⿰車卒						
 畬璋戈 集成 11381	 璽彙 5560	 郭店 唐虞 18	 雲夢 雜抄 8	 陶録 3・29・1	 九店 A96	 珍秦 187
 包山 38	 郭店 緇衣 7	 清華四 筮法 28	 里耶 8-627	 陶録 3・29・2	 郭店 成之 8	 雲夢 爲吏 33
 曾乙 79	 上博一 孔 25		 嶽麓叁 244		 上博一 孔 8	 里耶 8-135 正
 上博九 陳 11	 清華二 繫年 050				 郭店 唐虞 26	 里耶 8-135 正
 上博九 陳 11	 包山 201					

3990 襃		3989 製		3988 褚		
秦	楚	秦	晉	燕		齊
	⿱折衣	⿱折衣				⿱丯里
 里耶 8-1574	 上博一 性 11  上博六 競 7  上博二 容 21	 陝西 703  雲夢 日乙 129  雲夢 日乙 23  里耶 8-149	 八年新城 大令戈 集成 11345	 杕里瘟戈 集成 11402  外卒鐸 集成 420	 齊陶 0402  齊陶 0407  齊陶 0410	 陶録 2・166・3

3995 ⿰衤丩*	3994 ⿰衤市*	3993 ⿰衤寺*		3992 ⿰衤巂*	3991 ⿰衤雚*	
楚	秦	秦	楚	秦	秦	楚
 曾乙 143	 關沮 340	 雲夢 日甲 25 反	 曾乙 106  曾乙 102  曾乙 104 讀「畫」。	 雲夢 日乙 87 讀「巂」。	 嶽麓一 爲吏 49 讀「權」。	 包山 72 讀「裒」。

3996	3997	3998	3999	4000	4001	4002
⿴衣弋*	⿴衣止*	裪*	⿰衤虍*	褑*	⿴衣咸*	⿰衤童*
楚	楚	楚	楚	楚	楚	楚
 新蔡乙四 122 讀「職」。	 璽彙 5626	 曾乙 137  曾乙 123 讀「裯」。	 九 A20 讀「⿰衤了」。	 曾乙 172	 上博五姑 6  上博五姑 7 讀「顑」。	 曾乙 133  清華二繫年 085 讀「重」。

	4003	4004	4005	4006	4007	4008
	褰*	袂*	袂*	袄*	裀*	祢*
	楚	晋	晋	晋	晋	晋
 曾乙 176	 信陽 2・11 讀「韜」。	 三十年戟 珍吴 127	 璽彙 4000	 七年安口 令戈  璽彙 3865  璽彙 3126	 温縣 T1K1：62	 璽彙 3194

4009 衺*	4010 𧘝*	4011 裏*	4012 裷*	4013 聚*	4014 隞*	4015 褾*
晋	晋	晋	晋	晋	晋	晋
 王三年馬雍令戈 集成 11375	 珍戰 25	 璽考 294	 璽彙 2344	 璽彙 3160	 璽彙 1879  璽彙 1936  璽考 284	 璽彙 3613

			4019 ⿴衣⿱丰寸*	4018 ⿴衣晉*	4017 ⿴衣夏*	4016 褮*
			齊	晉	晉	晉
⿱亼⿱丰寸	⿴衣丰					
 陶録 2 • 543 • 1	 陶録 2 • 527 • 3	 陶録 3 • 41 • 4	 陶録 2 • 526 • 1	 璽考 225	 璽彙 1394	 璽彙 2889
 陶録 2 • 544 • 3	 陶録 2 • 534 • 4	 陶録 2 • 546 • 3	 陶録 2 • 526 • 2			
 陶録 2 • 544 • 4	 陶録 2 • 533 • 1		 陶録 2 • 529 • 1			
	 齊陶 1184		 齊陶 1198			
	 齊陶 1186					

裘

齊	晉			楚		秦
求			求		求	
 齊陶 1353  齊陶 1422	 玉存 62	 清華一皇門 8  上博三周 16  清華一祭公 18	 包山 63  上博二從甲 18  上博六孔 27  上博六孔 7  郭店尊德 39	 曾乙 22	 珍秦 189  里 J1⑯5 背  里耶 8-296  北大・算甲	 雲夢日乙 189  里耶 8-2296

4023 耇		4022 耆				4021 老
秦	楚	秦	晉		楚	秦
 秦風 133	 上博一 緇 6	 秦風 139	 中山王鼎 集成 2840	 清華三 良臣 8	 包山 217	 詛楚文 湫淵
	 清華一 皇門 1	 雲夢 爲吏 35	 璽彙 3283	 新蔡甲 三 188	 郭店 唐虞 23	 雲夢 爲吏 3
	 清華五 封許 05	 雲夢 秦律 136	 璽彙 4255	 上博八 顔 12	 上博四 昭 8	 雲夢 日乙 104
		 里耶 8-1531 正			 清華二 繫年 076	 里耶 8-1798
					 清華五 啻門 05	

壽

晉			楚		秦	楚
	𠷎					
 邵黛鐘 集成 235	 包山 94	 上博六 平 4	 壽春鼎 集成 2397	 里耶 8-1580	 上郡守壽戈 集成 11404	 上博五 弟 5
 璽彙 4543	 璽彙 3517	 清華一 耆夜 9	 書也缶 集成 10008	 雲夢 日乙 245	 珍秦 139	 清華一 皇門 1
 貨系 1055	 包山 26	 清華二 繫年 011	 璽彙 4685		 尤家莊秦陶	
 先秦編 357	 上博七 吳 4	 包山 68	 包山 117		 地理 10	
	 璽彙 4688	 清華五 三壽 04	 新蔡甲二 6		 關沮 148	

考

楚	秦	燕		齊		
			𠷎		𠷎	壽
 盛世 3  郭店 唐虞 6  上博一 孔 8  清華一 皇門 13  清華三 琴舞 1	 雲夢 日乙 238	 璽彙 1889 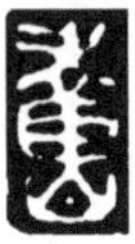 璽彙 5630	 陶録 3・66・6  陶録 2・39・1	 陳逆簋 集成 4096  公子土斧壺 集成 9709A  璽彙 3676  陶録 3・66・2  陶録 2・150・2	 璽彙 2518	 十六年 寍壽令戟 文物季刊 1992.4  璽彙 4549

4026

孝

齊	晉	楚	秦	齊	晉	
 陳侯因資敦 集成 4649	 郘𪒠鐘 集成 226	 郭店 老丙 3	 陝西 846	 司馬楙編鎛 山東 104	 中山王方壺 集成 9735	 上博六 用 12
 十四年 陳侯午敦 集成 4646	 中山王方壺 集成 9735	 上博四 内 3	 在京圖三 5	 陳侯因資敦 集成 4649	 貨系 632	 上博六 用 15
 陳昉簋蓋 集成 4190	 鄲孝子鼎 集成 2574	 郭店 語三 6	 里 J1⑨4 正	 齊陳曼簠 集成 4596		 上博四 内 9
	 港續 149	 郭店 語三 8				 上博四 内 8
		 上博六 平 6				

4030 毛		4029 ⿱耂斤*	4028 ⿱耂疋*			4027 ⿱耂舌*
楚	秦	楚	齊	齊		楚
 曾乙 46  包山 194  上博二容 24  清華一祭公 9	 秦風 216 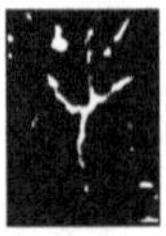 陶録 6·246·3  雲夢日甲 47 反  里耶 8-1529 正  嶽麓一爲吏 17	 清華五封許 07 或疑「旅」之誤。	 陶録 2·144·4  陶録 2·144·4	 璽考 334  璽彙 5678  陶録 2·407·1  陶彙 3·612  陶彙 3·616 讀「胡」。	 上博九邦 1  上博九舉 3  清華五啻門 05	 左塚漆梮  包山 68  上博五鮑 3  清華一皇門 1  上博九舉 2

	4031 氈			4032 ⿺毛内*	4033 ⿺毛斗*	4034 ⿰毛殳*	4035 ⿰毛安*
晉	燕		楚	楚	楚	楚	楚
 珍展 22	 璽彙 3247  璽彙 3942		 包山 262  天策	 包山 25	 包山 266 或釋「爵」，或讀「枓」。	 曾乙 98	 曾乙 56  曾乙 61 讀「鞍」。

4042	4041	4040	4039	4038	4037	4036
氈*	毯*	氆*	氇*	毹*	毻*	毿*
楚	楚	楚	楚	楚	楚	楚
 天策	 曾乙 42	 曾乙 19  曾乙 86	 天策	 曾乙 70  曾乙 91  清華五 封許 06 或讀「縢」。	 清華三 琴舞 5	 清華五 封許 06

				4045 尸	4044 毳	4043 毷*
晉			楚	秦	楚	晉
			𡰥			
 魚顛匕 集成 980 讀「夷」。	 曾侯𦟀鐘 江漢考古 2014.4	 清華二 繫年 43  清華三 良臣 1  清華五 三壽 10  上博八 成 4	 包山 180  上博五 鬼 3  上博三 周 51  上博二 民 8  清華一 祭公 2 讀「遲」。	 里耶 8-793  嶽麓 質二 34	 上博二 容 49	 璽考 253

4046

居

燕	齊	晉	楚			秦
			佢			
 璽彙 3495	 陶録 2・35・1	 上官豆 集成 4688	 璽彙 2558	 上博七 吳 5	 郭店 老甲 17	 陶録 6・296・2
 璽彙 2210		 璽彙 1832	 郭店 唐虞 16	 清華五 命訓 02	 上博五 君 1	 秦集一 二・46・10
 歷博 燕 35			 包山 153	 清華五 三壽 20	 上博八 命 4	 雲夢 日乙 116
			 包山 190		 清華一 楚居 6	 里耶 8-2088
			 上博四 曹 17		 包山 127	 北大・隱書

			4050 屍	4049 屆	4048 展	4047 眉
		楚	秦	齊	秦	秦
脽	輾		脽			
 璽彙 5531	 曾乙 149	 曾乙 136	 珍秦 122	 珍秦 47	 集粹 715	 故宮 416
 鄂君啟舟節 集成 12113	 曾乙 150	 曾乙 124	《說文》或體。		 里耶 8-1563 正	 集粹 763
 上博四 昭 7	「殿車」之「殿」專字。				 里耶 8-1564	
 上博四 昭 10						
《說文》或體。						
 帛書甲						

4053 屍　　4052 屖　　4051 尼

楚	晉	楚	楚	秦		齊
殜					眉	屒
 上博三周8	 令狐君壺 集成9719	 曾侯乙鐘	 上博三中8	 珍秦273	 廖屒節 集成12088	 私之十耳杯 新收1079
 上博三周7		 上博一孔2	 上博五君10	 陶録6・15・3	 璽彙0330	 冢十六杯 集成09940
		 新蔡甲三173	 上博五君11			
		 上博四曹22	 上博三中10			

4054 屠		4055 屋		4056 屏		
秦	楚	秦		晉	燕	秦
	肻					
 秦印  集粹 685	 郭店 窮達 5	 雲夢 日乙 111  雲夢 日乙 57  雲夢 爲吏 33	 清華三 赤鵠 15  清華三 赤鵠 15 背  望山 2・15  清華三 赤鵠 1	 璽彙 3143	 璽彙 0015  璽彙 5541  璽彙 5546	 秦風 78  雲夢 日乙 190

		4061 屎*	4060 ⿸尸乇*	4059 ⿸尸彖*	4058 ⿸尸異*	4057 ⿸尸巾*
齊		楚	楚	秦	秦	秦
	⿸尾少					
 陳侯因資敦 集成 4649 讀「纂」。	 包山 61  包山 167 讀「沙」。  上博四 柬 9  上博四 柬 15	 競孫旟也鬲 商周 3036  清華二 繫年 014 讀「纂」。	 清華三 琴舞 8 或疑即「任」字。	 四十八年上 郡假守鼂戈 商周 17299  珍秦 118  珍秦 115 或隸作「⿸尸录」。	 雲夢 日甲 119 讀「殿」。	 里耶 8-639

	4067 尺	4066 ⿸尸丙*	4065 ⿸尸子*	4064 ⿸尸㡭*	4063 髺*	4062 ⿸尸它*	
	秦	晋	晋	楚	楚	楚	齊
							⿱夂禾
	 雲夢 答問 6	 程訓義 9-48	 集粹 117	 清華三 祝辭 2	 曾乙 1	 上博三 中 14	 璽彙 3081
	 里耶 8-135 正		 陶録 5・50・1	讀「絶」。	 曾乙 13	或讀「弛」。	 陶録 2・702・3
	 里耶 8-1051		 陶録 5・103・2		 曾乙 38		讀「矢」。
	 嶽麓叁 85				 曾乙 105		
	 北大・祓除				 曾乙 84		
					雙聲符字，讀「沙」。		

4070 屈	4069 屬	4068 尾				
秦	秦	齊	晉	楚	秦	楚
 秦風 124	 三十年詔事戈 商周 17135	 陶録 2・647・1	 錢典 91	 曾乙 35	 雲夢 日甲 53	 望山 1・132
 陶録 6・162・3	 職官 23		 三晉 129	 上博三 周 30	 雲夢 日甲 56	
 陶録 6・162・2	 雲夢 秦律 195				 關沮 136	
 雲夢 爲吏 34	 里耶 8-63 正					
	 里耶 8-190 正					

4073 履	4072 ⿱尾喬*	4071 ⿸尸兒*				
秦	楚	楚	齊	晉		楚
 雲夢答問 162	 曾乙 136	 曾乙 212	 璽彙 3599	 先秦編 247	 郭店老甲 23	 荊曆鐘集成 38
 雲夢封診 78				 先秦編 247	 新蔡甲三 324	 郾客銅量集成 10373
 里耶 8-300				 鐵雲 53	 清華一楚居 4	 包山 169
 嶽麓叁 152					 新蔡乙一 32	 包山 223
 北大・泰原					 清華五啻門 10	 包山 121

4075 舟　　4074 履

晉		楚	秦	燕	晉	楚
						顗
 璽考 254  貨系 1220	 清華一 皇門 13	 鄂君啟舟節 集成 12113  郭店 成之 35  新蔡甲 三 321  清華三 説命中 5	 雲夢 日甲 61 反  雲夢 日甲 57 反	 璽彙 2516  璽彙 4094	 新鄭圖 403  新鄭圖 403	 包山 57  上博二 子 12  上博七 吴 8  清華一 祭公 15  清華四 別卦 1

4076

俞

	晉			楚	秦	燕
		㑹	窬			
 三晉 44  三晉 44	 璽考 334  璽彙 3316	 上博六 慎 1	 郭店 五行 47	 上博一 孔 10  清華二 繫年 113  清華一 皇門 8  郭店 忠信 3	 里耶 8-1040	 璽彙 5500

4079 般					4078 朕	4077 船
齊	楚	秦	晉		楚	秦
	槃					
 公子土斧壺 集成 9709A	 曾侯乙鐘	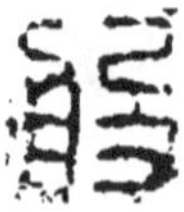 秦集二 三 82·2	 中山王鼎 集成 2840	 清華一 保訓 2	 上博三 彭 3	 陶録 6·256·6
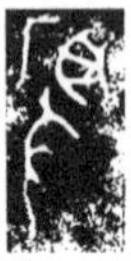 齊陳曼簠 集成 4596	 曾侯乙鐘	 里耶 8-1055	 中國錢幣 1997.2	 清華一 保訓 3	 清華一 皇門 1	 秦 2003
 齊陳曼簠 集成 4595	 曾侯乙鐘		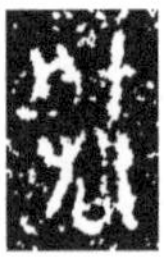 司馬楙編鎛 山東 104	 清華一 程寤 6	 清華三 説命上 3	 職官 22
					 清華三 赤鵠 11	 里 J1 ⑨981 正
					 清華五 湯丘 14	 北大·道里

4084	4083		4082	4081		4080
舡*	舶*		航*	艒*		服
楚	楚		楚	秦	楚	秦
 清華一 皇門 13 或讀「同」。	 清華一 楚居 5 讀「䑼」。	 鄂君啟舟節 商周 19182  鄂君啟舟節 商周 19182	 上博六 莊 4  上博六 莊 3	 陶録 6·133·4	 競孫不服壺 通考 313  競孫旟也鬲 商周 3036  清華二 繫年 074  清華五 厚父 07	 里 J1⑨3 正  里耶 8-2186  雲夢 爲吏 35

4086 方

4085 艫*

燕	齊	晉		楚	秦	楚
 璽彙 3957	 貨系 2624	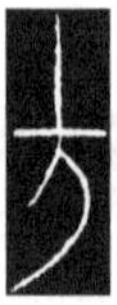 中山王鼎 集成 2840	 郭店 尊德 28	 璽彙 3750	 秦駰玉版	 璽彙 3200
 璽彙 3964	 陶録 2·169·4	 璽彙 3963	 郭店 性自 19	 清華一 程寤 3	 珍秦 195	 璽彙 3201
	 齊陶 0778		 上博八 李 1	 郭店 五行 41	 西安圖 200	
				 上博六 慎 4	 雲夢 日乙 99	
				 清華五 命訓 08		

		4089			4088	4087
		允			兒	旎*
晉		楚	齊	楚	秦	楚
夋						
 中山王方壺 集成 9735	 郭店 成之 36  清華一 祭公 9  清華一 程寤 8	 清華三 説命中 2  上博一 緇 18  清華一 保訓 7  上博一 緇 3  清華五 湯丘 02	 古研 23 者兒戈	 郭店 語四 27	 陝西 742  雲夢 日甲 29 反  里耶 8-327  里耶 8-1540	 曾乙 11

4092 兌				4091 ⿰缶亢*	4090 ⿰𠂤亢*	
齊	晉	楚	秦	齊	楚	燕
 陶録 3·608·1	 二年宜陽戈 考文 2002.2	 上博一 緇 7	 雲夢 日甲 5	 司馬楙編鎛 山東 104	 曾侯膷鐘 江漢考古 2014.4	 燕侯載器 集成 10583
 陶録 3·609·2	 陶録 5·73·1	 新蔡甲三 31	 雲夢 日甲 69 反		 曾侯膷鐘 江漢考古 2014.4	
 陶録 3·609·3	 新鄭圖 403	 郭店 五行 10			讀「皇」。	
	 貨系 552	 郭店 忠信 6				
		 清華四 筮法 46				

			4095		4094	4093
			兄		亮*	充
		楚	秦		晉	秦
⿰兄生	⿰亻兄			⿱亠⿱兄土		
 包山 96	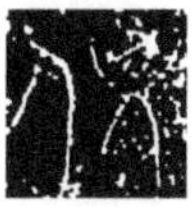 鄦陵君豆 集成 4694	 郭店 六德 13	 雲夢 日乙 170	 璽彙 1696	 亮矛 集成 11424	 里耶 8-242
 包山 135	 上博四 内 4	 清華一 皇門 12			 璽彙 1693	 里耶 8-1624 正
 清華一 金縢 7	 上博四 内 4	 上博三 彭 5			 璽彙 1694	
 上博六 天乙 2		 郭店 語一 70				
 上博四 逸多 1						

4098 4097 4096

皃 ⿱競曰* 競

	楚	秦	秦	秦	齊	晉
[illegible]	⿰亻爻					
 九 A20	 郭店 五行 32	 關沮 367	 里耶 2-201 背	 秦風 137	 陶録 3・659・5	 璽彙 2400
	⿰亻⿱夂曰		 里耶 8-1574	 秦風 149	 陶録 3・659・6	 貨系 190
	 上博六 孔 8			 珍展 124		

覍

燕		晉				楚
	甶					
 陶録 4・140・6	 集粹 153	 集粹 79	 信陽 2・28	 上博四 内 7	 信陽 2・7	 郭店 性自 43
	 幣研 76 頁	 玉璜	 上博二 從甲 17	 清華一 保訓 6	 包山 240	 清華一 金縢 10
				 上博四 柬 6	 包山 245	
				 清華五 三壽 11	 郭店 五行 21	
					 清華三 芮良夫 7	

4100

先

齊	晉				楚	秦
⿰礻先		⿰礻先	选			
 司馬楙編鎛 山東 104	 妤䖝壺 集成 9734  璽彙 2845	 新蔡甲 三 268  新蔡乙 三 41 「先人」之「先」專字。	 新蔡甲 三 142—1  上博三 周 18  新蔡零 337	 清華五 三壽 12  上博八 命 6  郭店 成之 35  上博五 競 2	 郭店 緇衣 11  上博七 武 3  清華一 金縢 3  上博八 顏 13  包山 237	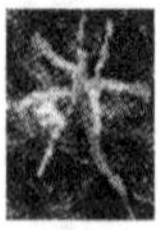 秦駰玉版  雲夢 日乙 161  嶽麓叁 111  北大・算甲

4104 視			4103 見	4102 穦	4101 秃	
秦		楚	秦	秦	秦	楚
						肆
 秦風 126	 上博二 昔 2	 郭店 五行 23	 雲夢 日乙 157	 珍秦 227	 里耶 8-140 正	 曾侯乙鐘
 雲夢 日乙 223	 新蔡零 198	 郭店 五行 24	 關沮 247	 集粹 737		 曾乙鐘架
 里耶 8-137	 上博三 周 32	 郭店 五行 27	 里耶 8-1067	 陶録 6·53·1		 曾乙鐘架
 嶽麓叁 215	 清華一 楚居 1	 郭店 五行 25	 北大·泰原	 嶽麓叁 240		 曾乙石磬
 北大·祓除	 上博八 命 1	 鄂君啓舟節 集成 12113	 北大·從政	 嶽麓叁 109		

觀

秦			晉			楚
	眡	覞		⿰貝旨	眡	
 雲夢爲吏 34	 温縣 WT1K1：3105	 温縣 T1K1：3797	 中山王方壺集成 9735	 上博一緇 21	 上博一緇 1	 郭店老甲 2
 里耶 8-461 正	《説文》古文。		 璽考 253	 清華三琴舞 3		 錢典上編附録
			 璽彙 0439			 包山 15
			 璽彙 1406			 清華三説命下 6
						 上博八命 10

4107 覺　　4106 尋

秦	楚	晉				楚
			[illegible]	[illegible]		
 雲夢日乙 194	 清華一金縢 8	 中山王方壺集成 9735	 上博一孔 3	 上博四内 10	 清華二繫年 001	 包山 249
 雲夢答問 10	詳參卷二彳部「得」。			 上博一性 9	 上博六孔 12	 包山 230
				《説文》古文。	 上博八王 1	 郭店老乙 18
					 上博三周 24	 上博二子 11
					 清華五三壽 01	 上博五鮑 2

親

晉				楚	秦	
[illegible]		[illegible]		辠		[illegible]
 中山王鼎 集成 2840	 上博二 容 24	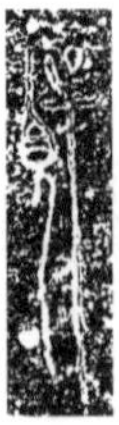 曾侯𦚪鐘 江漢考古 2014.4  包山 51  上博四 曹 33  清華一 保訓 4	 上博一 緇 13  上博一 緇 11	 璽彙 3521  郭店 唐虞 6  郭店 語三 30  郭店 語一 77  上博一 緇 19	 詛楚文 湫淵  雲夢 日乙 148  雲夢 答問 125  嶽麓一 爲吏 48	 雲夢 日甲 13 反

4114	4113	4112	4111	4110	4109	
⿱幵見*	⿸厂見*	⿱亼見*	覶	⿰見乇	覜	
楚	楚	楚	楚	楚	楚	齊
			⿰貝韋		⿰貝兆	
 清華一 皇門 1  清華三 芮良夫 20 讀「研」。	 上博一 緇 23 讀「著」。	 清華五 厚父 12 讀「監」。	 上博三 周 52  清華二 繫年 126	 上博一 緇 14  上博九 舉 26  珍戰 31	 璽考 179  郭店 老甲 31  上博二 容 6 讀「盜」。	 陶録 3・73・6  陶録 3・73・4

4115	4116	4117	4118	4119	4120	4121
⿰見巨*	⿰見巠*	⿰谷見*	⿰見垔*	⿰見袁*	⿰見咸*	⿰無見*
楚	楚	楚	楚	楚	楚	楚
 包山 167  包山 46  清華三說命中 6	 清華三芮良夫 15	 上博六孔 7	 清華一尹至 4  清華五三壽 22  清華五三壽 23	 郭店五行 22  新蔡甲三 42	 上博一性 19	 新蔡甲三 233
讀「覷」。	讀「矜」。	讀「容」。	讀「隱」。	讀「遠」。	郭店簡作「感」。	

		4126 欽	4125 [齒見]*	4124 [豙見]*	4123 [麗見]*	4122 [貝厭]*
	楚	秦	晉	晉	楚	楚
欽						
 上博三 周 26  上博五 君 6  上博六 天甲 8  上博六 天乙 7  上博八 顏 9	 上博三 周 26  清華一 保訓 4  清華五 厚父 07	 雲夢 效律 11	 □公鏃 集成 11997	 二年邦司寇肖□鈹 新收 1631  程訓義 1-129	 清華三 説命下 4 讀「離」。	 上博五 競 10 讀「厭」。

4130 歡		4129 歇	4128 歎	4127 欱		
晉	晉	秦	秦	晉	楚	晉
 璽彙 2467  璽考 294	 璽彙 1883  璽彙 1884  璽彙 1900	 陝西 887  集證 212·189  里耶 8-759	 珍秦 181	 信安君鼎 集成 2773	 包山 85  璽彙 2744  珍戰 145	 魚顛匕 集成 980

				4133 欲	4132 款	4131 欣
			楚	秦	秦	秦
慾	㥔	欲				
 上博三 亙 5	 郭店 緇衣 8	 郭店 老甲 5	 上博二 魯 5	 詛楚文 湫淵	 秦風 208	 珍秦 286
 上博三 亙 3	 郭店 語二 15	 上博七 武 13	 清華一 保訓 5	 秦駰玉版	 里耶 8-1531 正	 塔圖 140
		 上博七 鄭乙 1	 清華一 程寤 6	 雲夢 日乙 181		 里耶 8-71 正
		 上博八 志 6	 清華三 芮良夫 5	 嶽麓叁 52		 里耶 8-178 背
			 清華二 繫年 086	 北大・從政		

	4136	4135			4134	
	歡	歆			歌	
	秦	秦	晉	楚	秦	晉
			訶	訶		
 里耶 8-1764	 里耶 8-673 背  里耶 8-1091	 廿二年 臨汾守戈 集成 11331  秦風 226  集粹 576	 中日 630 朝歌下官鐘  集成 11182 朝歌右庫戈  璽彙 2741	 通考 299 蔿子受鐘  璽彙 0274  郭店 性自 24  郭店 窮達 5  清華一 耆夜 10	 雲夢 日乙 132  雲夢 日甲 76 反  嶽麓 占夢 11	 璽彙 3098

4140			4139	4138	4137	
歐			歖	歊	欦	
秦		楚	秦	秦	秦	
	𣤶					唵
 珍秦 160	 上博五 弟 18	 郭店 唐虞 3	 珍秦 325	 印典 1883 頁	 雲夢 日甲 56 反	 珍展 108
 珍秦 284	 上博五 弟 11 讀「矣」。	 郭店 唐虞 15	 珍秦 295			
 陶彙 5・179		 郭店 唐虞 22 讀「矣」。	 吉大 154			
 里耶 8-1584						

	4145 次	4144 歙	4143 欬	4142 歉	4141 歔	
楚	秦	秦	秦	秦	秦	晉
						歐
 王子嬰次爐 集成 10386	 秦風 137  雲夢 語書 8  關沮 369  里耶 8-523  北大・算甲  北大・算甲	 秦風 77	 秦風 48  珍展 104  陶録 6・123・4  里 J1⑨7 正	 商鞅方升 集成 10372  陶録 6・343・1	 湖南 83  陶録 6・56  里耶 8-39  里耶 8-938  北大・醫方	 璽彙 1132  珍戰 57

	4146 欺	4147 ⿰⿱口乂欠*	4148 ⿰去欠*	4149 軟*	4150 ⿰古欠*	4151 ⿰叴欠*
晉	秦	秦	楚	楚	楚	楚
 中次銅泡 集成 11856	 璽彙 2526  秦風 216	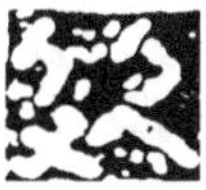 秦風 47	 上博三 周 55 讀「去」。	 上博二 子 11 讀「吞」。	 上博四 曹 55  上博四 曹 54 或讀「苦」。	 包山 146  包山 186  包山 189

4157 歂*	4156 敧*	4155 歚*	4154 歆*		4153 欸*	4152 欷*
楚	楚	楚	楚	晋	楚	楚
 清華三赤鵠 9	 曾乙 57	 包山 163	 包山 66	 璽考 142	 包山 168	 望山 1・17  望山 1・38 讀「繳」。

4158	4159	4160	4161	4162	4163	4164
⿰骨欠*	⿰袞欠*	⿰开欠*	⿰岦欠*	⿰畀欠*	⿰庚欠*	⿰乘欠*
楚	楚	晉	晉	晉	晉	晉
		⿰干欠				
 清華五厚父 10 讀「禍」。	 包山 87	 貨系 238  貨系 239  璽彙 1838  璽考 226 或釋「⿰王欠」。	 璽彙 0825	 十一年方子令趙結戈 新收 1299  十四年武城令戟 集成 11377  鑒印 30	 魚顛匕 集成 980 或讀「羹」。	 珍戰 121

				4167 㱃	4166 ⿰召欠*	4165 ⿰番欠*
	晉		楚	秦	齊	晉
⿰酉欠		⿰酉欠	㱃			
 璽彙 2100	 中山王方壺 集成 9735	 上博六 用 8	 上博五 三 12  上博二 容 3  清華一 耆夜 4  清華一 耆夜 6	 雲夢 日乙 195  關沮 313  里耶 8-1766  北大・醫方	 璽彙 1690	 璽彙 1823  珍戰 53  陶録 7・15・2

4168 次	4169 羡	4170 盗		4171 琼
楚	秦	秦		楚
				款
 上博三 周 53	 嶽麓叁 3	 雲夢 效律 35	 里耶 8-1049	 清華一 皇門 3
 清華一 保訓 10	 嶽麓叁 5	 雲夢 日乙 253	 里耶 8-1049	 清華五 厚父 10
		 關沮 187	 嶽麓一 爲吏 9	讀「諒」。
		 里 J1 ⑯5 背	 嶽麓叁 154	
		 里耶 8-573		

4172 頁		4173 頭		
楚	燕	秦	楚	晉
			⿱百豆	⿱百豆
 上博六競2	 璽彙0308	 秦風176	 望山2·49	 璽彙1361
 上博七凡甲7		 雲夢日甲72反		 璽彙2108
 上博八命6		 雲夢封診88		 璽考350
 新蔡乙四98				
 包山牘1				

4175 頌　　　　4174 顏

晉	楚	齊		楚		秦
			庵		顔	
 杕氏壺 集成 9715	 郭店 性自 20  上博四 内 8  上博六 用 7  清華二 繫年 101  清華三 琴舞 11	 璽彙 3718  璽考 312	 上博五 鬼 8  清華一 祭公 18	 新蔡甲三 203	 十鐘 3.27 下	 雲夢 答問 88  雲夢 答問 74

4179 頩	4178	䫌		4177 顛		4176 顯
秦	楚	秦	晉	楚	秦	秦
	覓			遉		
 珍秦 202  雲夢 日甲 79 反	 上博三 周 38	 雲夢 答問 74  雲夢 日甲 153	 魚顛匕 集成 980	 上博三 周 24  上博三 周 25  上博七 鄭甲 4  上博七 鄭乙 4	 秦風 89  陶録 6・264・2	 秦風 87  雲夢 爲吏 23  里耶 8-36  北大・白囊  北大・白囊

4183 頤		4182 項		4181 領	4180 頸	
楚	秦	楚	秦	秦	楚	秦
𩠐						
 包山 21	 秦風 102	 望山 2・12	 雲夢 答問 75	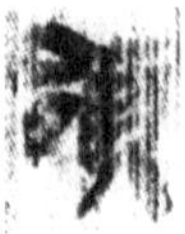 雲夢 封診 22	 上博四 昭 7	 雲夢 日甲 35 反
 包山 173		 包山牘 1	 嶽麓一 占夢 22		 包山 16	 雲夢 日甲 75 反
					 上博五 君 7	
					 曾乙 9	

		4187 願		4186 顝	4185 頪	4184 碩
晉		楚	楚	秦	秦	楚
		忎				
 中山王方壺 集成 9735	 上博八 李 1 背  清華三 良臣 10	 珍戰 41  上博一 孔 14  上博三 彭 4  上博三 中 26  清華一 皇門 13	 清華二 繫年 047 讀「滑」。	 陶録 6・56・1	 珍秦 261	 上博三 周 36  上博四 采 1

	4192 顧	4191 頸	4190 顆	4189 頑	4188 顯	
楚	秦	燕	秦	秦	楚	燕
⿰貝寡		頊				⿰泉頁
 郭店 緇衣 34  上博五 鮑 4  上博五 弟 8  清華一 祭公 21	 雲夢 答問 89	 璽彙 1244  璽彙 1234	 秦風 159	 秦風 129	 顯戈 集成 11164	 擷華  歷博 燕 35  歷博 燕 33

4194 頓			4193 順			
秦	齊	晉		楚	秦	晉
			⿱訓心	㤜		⿰鳥寡
 傳 1363	 璽彙 3570  璽彙 1326	 中山王鼎 集成 2840  玉存 36	 包山 217	 郭店 緇衣 12  上博七 吳 3  上博七 吳 3  清華三 芮良夫 18  清華五 三壽 12	 傳 1472  里 J1⑨ 984 正  里耶 8-1516 背	 中山王方壺 集成 9735  中山王方壺 集成 9735

4198 頨	4197 ⿰山頁	4196 頶				4195 頫
齊	燕	齊	晉	楚	秦	楚
						頮
 璽彙 3824	 璽考 285	 璽彙 1948	 邵黛鐘 集成 226	 包山 155  上博九 邦 9  上博二 容 1	 秦風 193  里耶 8-529 背  里耶 8-1434 正  嶽麓叁 125  北大・九策	 上博三 彭 7  上博三 彭 7 或隸作「頮」，讀「俯」。

4205	4204	4203	4202	4201	4200	4199
頪	顡	煩	顫	頗	穎	頌
楚	秦	秦	秦	秦	秦	秦
 望山 1・145  郭店 六德 31  上博五 鬼 6  上博二 容 30  上博八 李 1 背	 秦風 102  十鐘 3.8 上	 陝西 827  陶録 6・457・3  秦 2000  雲夢 日乙 187  里耶 8-63 正	 璽彙 3232  珍秦 229  陝西 592	 陶録 6・116・2	 秦風 159  秦風 163	 珍展 46

	4208 頎*			4207 顯	4206 須	
楚	秦		楚	秦	秦	
斦						
 新蔡乙三 027 讀「祈」。	 秦風 218	 上博三周 10  清華一祭公 7	 曾乙 61	 詛楚文湫淵  陝西 754  里耶 8-764	 秦風 51	 郭店性自 40  上博六用 20

4215	4214	4213	4212	4211	4210	4209
貴*	顭*	頯*	頏*	頧*	顡*	顡*
齊	楚	楚	楚	楚	秦	秦
 璽彙 0250  陶録 7·15·5	 包山 47	 清華二 繫年 081 讀「奢」。	 上博一 緇 2 讀「類」。	 清華二 繫年 068 讀「詢」。	 雲夢 日甲 130	 雲夢 日甲 72 反 或讀「喙」。  里 J1⑨9 正  里 J1⑨9 正

4216	4217	4218	4219	4220		4221
頙*	頡*	顎*	百	脜		酥*
齊	齊	燕	楚	楚		楚
 陶録 3・188・6  齊陶 0194  齊陶 0197  陶録 3・187・4	 陶録 2・403・3	 璽彙 3869	 上博四 曹 53 與「首」爲一字，參「首」字。	 包山 180  九 A40  上博五 季 1  上博六 用 17  清華一 皇門 13	 清華五 三壽 18	 上博二 容 2 讀「繇」。

4226 面			4225 褁*	4224 䤘*	4223 䎔*	4222 䏦*
齊	楚	秦	晉	楚	楚	楚
 銅柱 録遺 6・132	 郭店 唐虞 25  郭店 尊德 15  上博二 容 14  包山牘 1  清華四 筮法 46	 雲夢 答問 204  雲夢 日甲 71 反  北大・算丙  北大・算丙  北大・算丙	 温縣 T1K1：2221  温縣 T1K1：2224 讀「繩」。	 包山 21  包山 22	 望山 2・48 或讀「枕」。	 新蔡甲三 117  新蔡零 103

4229 首				4228 丏		4227 酺
秦	燕	齊	晉	楚		楚
					頌	
 陶録 6・365・1	 璽彙 0016	 貨系 2624	 單逍討戈 集成 11267	 郭店 唐虞 27	 上博三 周 27	 曾侯乙鐘
 雲夢 日乙 248	 貨系 2929	 齊明刀 考古 1973.1	 集粹 238	 璽彙 3648	 上博三 周 49	 曾侯乙鐘
 里耶 8-290	 聚珍 055・1		 港續 165	 包山 164		 曾侯乙鐘
 北大・算甲	 陶録 4・170・2					 曾乙鐘架

4232 縣	4231 ⿰首先*	4230 ⿰旨首				
秦	楚	楚	晋			楚
		⿰旨頁	百		百	
 雲夢 效律 28  里 J1⑨1 正  里 J1⑨7 正  里耶 8-2492  嶽麓叁 135	 包山 102	 上博五 三 16	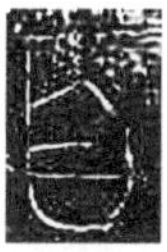 首垣鼎 商周 1493  璽考 136  璽考 334  夾逌刻石	 璽考 149	 包山 273  上博三 周 10  清華四 筮法 56  清華五 啻門 20	 郭店 語四 5  清華二 繫年 11

4233

須

	楚	秦	齊		晉	楚
				[illegible]		
 上博八王6	 須盂生鼎 集成2238	 雲夢爲吏41	 陶録2·13·1	 洓縣戈 集成11213	 邵黛鐘 集成235	 曾乙2
 上博八王6	 璽彙3703	 雲夢日甲71反	 封成15	 璽彙0303		 包山227
 清華三良臣6	 包山88	 關沮363	 璽考46	 璽彙1906		 上博六天乙6
	 上博五三1	 里耶8-204背		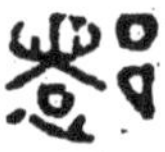 璽彙0302		 上博六天甲6
	 上博六平4	 北大·泰原		 璽彙2719		

4236 弱			4235 彫		4234 彰	
秦	齊		楚	齊	楚	燕
		敡				
 珍展 139	 陶録 2・395・3	 包山 254	 信陽 2・025	 陶録 3・640・1	 郭店 語三 10	 陶録 4・61・2
 陶録 6・235・2	 陶録 3・593・4			 陶録 3・213・4		
 雲夢 秦律 184	 齊陶 0572					
 雲夢 爲吏 30						

4240 文		4239 [illegible]*	4238 彥	4237 彣		
楚	秦	齊	楚	楚		楚
			[illegible]		[illegible]	
 曾侯乙鐘  郭店 緇衣 2  上博一 孔 7  清華一 祭公 8	 陶録 6·279·6  珍展 135  先秦編 620 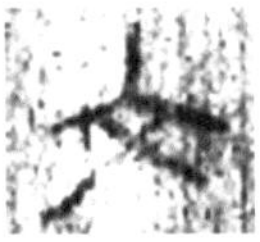 里耶 8-624	 陳肪簋蓋 集成 4190 讀「完」。	 清華三 琴舞 16	 包山 203  清華五 湯丘 16  清華一 程寤 8  玉印 3	 上博五 鮑 3	 左塚漆梮  左塚漆梮

4242 彡

4241 㚇*

楚	燕	晉	燕	齊	晉	
 郭店 成之 22	 璽彙 2885  璽彙 2887  璽彙 2888	 璽彙 2884	 璽彙 0364  璽彙 3852  先秦編 578  歷博・燕 78	 陳侯因資敦 集成 4649  璽彙 0282 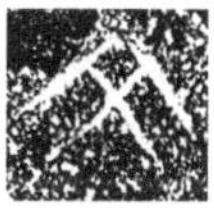 齊幣 436  後李 圖七 11 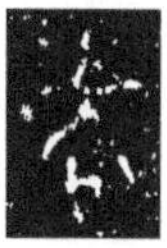 司馬楙編鎛 山東 104	 身文鼎 集成 2100  璽彙 0079  貨系 1202	 上博一 孔 6

4243 髮		4244 鬌	4245 髳	4246 鬒	4247 髡	4248 髽
秦	楚	秦	楚	秦	秦	秦
	𩠐	𩬊	柔			
 雲夢日乙 194  雲夢封診 86  里耶 8-534	 清華四筮法 45 讀「魃」。	 秦風 117  珍秦 260  里耶 8-193	 郭店老丙 1  郭店尊德 1  上博五鬼 5  清華五三壽 12  上博二昔 4 多讀「務」。	 珍秦 258	 雲夢答問 103	 珍秦 196  雲夢日乙 22

4252 司				4251 后	4250 肆*	4249 鬸*
秦	燕	晉	楚	秦	秦	齊
 陶録 6・225・5  秦 2000  秦 2003  傅 150  北大・祓除	 王后左相 室鼎 集成 2360  陶録 4・139・3  璽彙 4091  聚珍 146.2	 兆域圖版 集成 10478  璽彙 3989  璽彙 3990  陶録 5・98・2	 上博一 緇 12  清華五 厚父 02  清華五 厚父 04  清華五 厚父 08	 十七年 太后漆盒 考文 2002.5  廿九年 太后漆匳 新收 1808	 嶽麓叁 115  嶽麓叁 109 正  嶽麓叁 130 正  嶽麓叁 132	  雲夢 封診 35

4253

詞

	楚	燕		齊	晉	楚
詒	詞		司			
 上博四柬 12	 璽彙 5633	 燕王職戈集成 11236A	 璽考 61	 司馬望戈集成 11131	 二十七年大梁司寇鼎集成 2609	 新造矛通考 332
 上博四柬 14	 郭店老甲 19	 璽彙 0024	 陶録 3・408・1	 銅柱録遺 6・132	 港續 1	 璽彙 0065
 上博八顏 12	 郭店緇衣 7	 璽彙 0016	 陶録 3・408・5	 璽彙 0027	 集粹 252	 包山 206
 清華一皇門 8	 上博八顏 5		 陶録 3・409・2	 璽考 38		 曾乙 150
	 清華二繫年 028		 陶録 3・409・4	 璽彙 0033		 上博四曹 23
				 齊陶 1365		

4256 令	4255 卩					4254 卮
秦	齊	齊	晉		楚	秦
		鈚	鈚	釲	鋁	
 珍秦 37  珍秦 120  雲夢 日乙 106  里耶 8-55  北大・泰原	 陶録 2・299・2	 左關之卮 集成 10368  子禾子釜 集成 10374	 哀成叔卮 集成 4650	 信陽 2・25	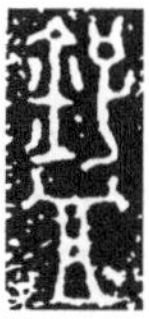 邵方豆 集成 4661  邵方豆 集成 4660	 里耶 8-296

4257

卲

晉			楚	齊	晉	楚
	巠					敓
 中山王方壺 集成 9735	 清華二 繫年 101	 清華一 楚居 12	 曾孫卲匠	 陳逆簋 集成 4096	 十一年方 子令趙結戈 新收 1299	 鄂君啟舟節 商周 19182
		 清華一 祭公 3	 卲豆 集成 4661	 陶録 2・643・1		 包山 5
		 上博二 昔 2	 包山 16			 曾乙 4
		 清華五 命訓 10	 包山 206			 包山 74
		 清華五 三壽 14	 璽彙 3486			 包山 141

	4260 卻		4259 卷		4258 厀	
楚	秦	秦	楚	秦	燕	齊
郗						
 包山 184	 雲夢 封診 66  里耶 8-157 背  里耶 8-135 正  里耶 8-1695	 雲夢 日甲 87  北大・從政	 信陽 2・2  曾乙 64  望山 2・6  包山 253	 雲夢 封診 78	 璽考 91	 陳侯因資敦 集成 4649  陶録 2・382・3

4261 卯 楚	4262 印 齊	4262 印 秦	4262 印	4263 色 楚	4263 色 秦	4263 色
 上博五 三 13	 陳喜壺 集成 9700A	 珍秦 258	 珍秦 111	 上博六 孔 26	 雲夢 日乙 178	 里耶 8-550
	 陳喜壺 集成 9700B	 珍秦 8	 珍秦 18	 清華一 祭公 2	 里耶 8-158 正	 雲夢 日甲 69 反
		 珍秦 123	 雲夢 答問 56	 清華三 琴舞 5	 里耶 8-155	
		 珍秦 91	 里耶 8-1823	 清華五 三壽 09	 北大・隱書	
		 珍秦 17	 嶽麓叁 227	 上博六 用 16		

⿱龹色*

楚	晉					楚
		⿰矢色	⿰色頁	⿰金色		
 包山 99	 四年春平侯鈹 集成 11707	 郭店 語一 50	 郭店 語一 47	 上博二 子 12	 上博四 柬 17	 信陽 1·1
	 四年相邦春平侯鈹 考文 1989.3	⿰矢頁  郭店 語一 110			 上博八 志 2	 上博五 鬼 8
	 璽彙 2008				 清華四 筮法 42	 郭店 五行 14
	 集粹 145				 清華四 筮法 51	 上博一 孔 10
	 璽彙 2843				 清華五 三壽 11	 郭店 成之 24

4269		4268		4267	4266	4265
卿		卯		⿰色蜀*	⿰色占*	⿰色今*
楚	秦	齊		楚	楚	楚
 清華一 祭公 5	 商鞅方升 集成 10372	 陶録 3・311・4	 包山 170	 包山 88	 包山 182	 包山 171
 清華二 繫年 002	 陶録 6・56・1	 陶録 3・311・3	 包山 181			
 郭店 緇衣 23	 北大・道里	 陶録 3・311・6				
 上博三 周 12	 北大・道里					
 新蔡零 92	 雲夢 日乙 248					

色部 卯部

4270

辟

晉		楚	秦	齊	晉	
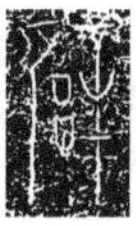 梁十九年 亡智鼎 集成 2746	 清華一 皇門 3	 曾侯瞰鐘 江漢考古 2014.4	 雲夢 雜抄 4	 陳卿聖孟戈 集成 11128	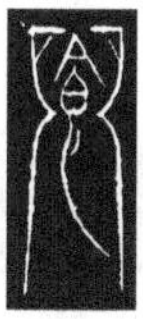 中山王方壺 集成 9735	 清華四 筮法 2
	 清華一 祭公 3	 郭店 五行 47	 文博 1998.1	 璽彙 0874	 妱蚉壺 集成 9734	 清華四 筮法 4
	 清華二 繫年 069	 上博四 曹 37	 關沮 368	 璽彙 3742		
	 清華二 繫年 005	 上博六 天乙 8	 里 J1⑧ 135 正	 璽彙 1148		
	 清華五 厚父 08	 上博四 曹 25	 北大・醫方	 陶録 2・702・4		

4273 匀　4272 匊　4271 勹

	晉	楚	楚	燕	齊	齊
 貨系 2009	 土匀錍 集成 9977	 包山 130	 上博一 緇 7	 璽彙 0022	 陳侯因咨戈 集成 11260	 子禾子釜 集成 10374
 貨系 2011	 七苿扁壺 集成 9683	 新蔡甲三 220		 璽彙 5566	 陶彙 3・616	 辟大夫虎符 集成 12107
 先秦編 295	 璽彙 1565			 璽彙 5582		
	 貨系 2010			 陶録 4・21・2		
				 陶録 4・211・2		
				 璽彙 0362		

4276 ⿰飠匈		4275 匈			4274 旬	
楚	晉	楚	齊	楚	秦	燕
⿱𠂉旬	⿱凶月	胸	昀	旳		
 郭店 尊德 24  郭店 尊德 26	 少府銀圜器 集成 10458 讀「容」。	 望山 1・37  望山 1・52 《說文》或體。	 陶録 3・42・1  陶録 3・42・2	 九 A85  上博二 容 14  上博六 競 13  包山 183  清華四 筮法 40	 陝西 884  雲夢 日乙 152  關沮 362  里耶 8-63 正	 璽彙 3346

4277

冢

	齊			晉	楚	秦
豪		塚			豜	
 璽彙 0643	 冢十六杯 集成 09940	 溫縣 WT1K1：3417	 十四苿雙 翼神獸 集成 10446	 妤螸壺 集成 9734	 包山 227	 關沮 302
 璽彙 3725	 璽彙 3925	 二年寍鼎 集成 2481	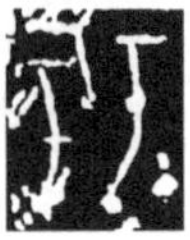 十三年 上官鼎 集成 2590	 七苿扁壺 集成 9683	 包山 202	 嶽麓叁 54 正
	 陶録 3・293・4	 春成侯鍾 集成 9616	 金村銅鈁	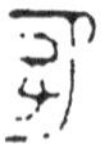 璽考 121	 包山 225	 嶽麓叁 53 正
	 璽彙 5678	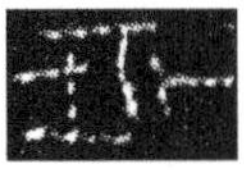 十八年冢 子韓矰戈 商周 17320	 珍展 25	 筡鼎 集成 2306	 新蔡甲三 278	 北大・泰原
		 兩漢印帚	 溫縣 WT1K14：867		 新蔡甲三 321	 北大・泰原

勹部

4278	4279	4280		4281		
㔦*	包	苟		敬		
楚	秦	楚		晉	齊	秦
			芍			
 清華五 啻門 07 讀「揚」。	 里 J1⑨ 981 正  雲夢 答問 61	 清華五 封許 03	 清華五 厚父 09  清華五 厚父 13	 鑒印 58  璽彙 4227  璽彙 5031  鑒印 58  璽彙 4164	 璽彙 5324	 璽彙 0616  珍秦 375  珍秦 373  珍秦 367  珍秦 358

					楚	
	敬					
 璽彙 3655	 清華一 皇門 12	 清華五 命訓 01	 上博八 顏 1	 清華一 程寤 6	 璽彙 5579	 陶録 6・144・3
 郭店 五行 31		 清華五 命訓 01	 上博九 史 8	 清華一 保訓 9	 璽彙 3529	 里耶 8-144 正
			 上博一 性 33	 清華二 繫年 111	 璽彙 5048	 里耶 8-221
			 上博五 季 7	 上博八 成 2	 璽彙 5698	 雲夢 爲吏 49
			 清華五 湯丘 14	 上博一 緇 12	 郭店 語一 95	 嶽麓一 爲吏 32

4282

鬼

	楚	秦	燕	齊		晉
臬					[illegible]	
 上博五 競 7	 上博三 亙 3	 六年上郡守閒戈 新收 568	 燕侯載器 集成 10583	 璽彙 0342	 璽彙 4191	 中山王鼎 集成 2840
 上博七 君乙 7	 清華五 厚父 03	 雲夢 日乙 187		 璽彙 3535	 璽彙 4703	 中山侯鉞 集成 11758
 上博七 君甲 7	 清華五 厚父 03	 里耶 8-683 正			 璽彙 4229	 璽彙 4169
	 清華三 説命下 4	 嶽麓叁 61			 璽彙 4719	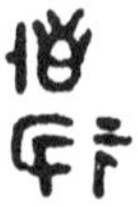 璽彙 4247
	 清華一 金縢 12	 北大・泰原			 璽彙 4244	 璽彙 5006
					 璽彙 4162	

4283

魄

秦		齊				
⿰鬼尃	⿰礻鬼		⿰礻畏			⿰礻鬼
 北大·泰原	 陳肪簋蓋 集成 4190	 陶録 3·605·4  齊陶 0956	 清華一 程寤 6  清華一 程寤 8  新蔡甲二 40  上博七 凡甲 8	 上博二 魯 2  上博五 季 18	 上博九 陳 12  上博五 三 20  上博五 鬼 1  上博二 民 11	 信陽 2·13  上博五 鬼 4  左塚漆梮  郭店 老乙 5  清華一 金縢 4

		4288	4287	4286	4285	4284
		甶	⿰甲鬼*	⿺鬼攴*	魋	醜
齊	晉	楚	秦	秦	秦	秦
 陶録 3・22・3  陶録 3・631・4  陶録 3・652・1	 貨系 282  貨系 280	 望山 2・31 讀「彩」。  新蔡乙四 27  上博七 鄭乙 5 與「囟」同，又見卷十「囟」。	 嶽麓一 占夢 40	 里耶 8-181 背	 秦印  里耶 8-1864	 珍秦 63  珍秦 349  陶録 6・12・1  雲夢 語書 12

4291 禺　4290 䐢*　4289 畏

楚	秦	齊	齊		楚	秦
 望山 2・15	 秦風 80	 陶録 3・600・4	 璽彙 4030	 清華五 湯丘 14	 郭店 五行 36	 詛楚文 湫淵
 郭店 老乙 12	 雲夢 日乙 181		 陶録 3・480・5	 郭店 成之 5	 清華一 祭公 2	 雲夢 日甲 24 反
 郭店 語四 10			 陶録 2・562・3		 清華一 皇門 8	 嶽麓叁 241
 新蔡乙四 45					 上博五 鬼 5	
 清華五 湯丘 13					 上博六 用 15	

4294 羑	4293 簒				4292 厶	
秦	秦	燕	齊	晉	楚	晉
誘						
 雲夢 秦律 1	 雲夢 封診 71	 先秦編 568	 國子鼎 山東 210	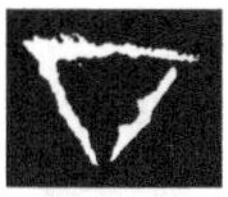 三十六年 私官鼎 集成 2658	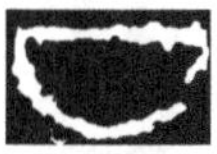 璽彙 0275	 趙孟庎壺 集成 9679
 里耶 5-5 正		 先秦編 557	 陶録 3・24・1	 璽彙 4763	 郭店 老甲 2	
《説文》或體。		 璽彙 4130	 陶録 3・5・2	 璽彙 4585	 上博四 昭 4	
			 璽彙 5550	 先秦編 351	 清華一 皇門 3	
			 桓臺 41	 璽彙 3838	 上博八 命 5	

4296 山				4295 巍		
晋	楚	秦		楚	秦	楚
			鄎	嵬		
 中山王鼎 集成 2840	 璽彙 2556	 秦駰玉版	 望山 1・7	 清華二 繫年 115	 珍秦 156	 清華二 繫年 027
 貨系 1448	 包山 240	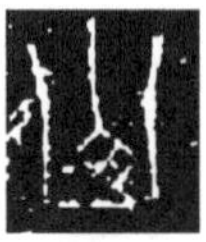 陶録 6・108・2	 包山 133	 清華二 繫年 116	 珍秦 142	
 集成 11830 中山鐽	 清華二 繫年 112	 里耶 8-769	 包山 145	 清華二 繫年 121	 珍秦 319	
 貨系 274	 清華一 楚居 1	 北大・從軍	 清華一 楚居 1	 包山 55	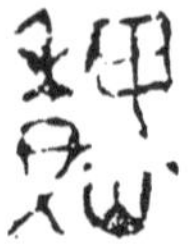 秦陶 302	
 璽彙 3284	 清華四 筮法 43	 北大・從軍		 包山 64	 嶽麓叁 166	

4299 岡　4298 崋　4297 嶽

齊	楚	秦		晉	燕	齊
				[illegible]		
 陶録 3・656・2  陶録 3・593・1	 璽彙 1617	 秦駰玉版	 温縣 WT1K1：3202  温縣 WT1K1：3232  温縣 WT1K1：172	 温縣 T1K1：3037  温縣 WT1K1：3690  温縣 WT1K14：867  温縣 WT1K1：312	 璽彙 0363  歷博・燕 79	 陳子山徒戟 集成 11084  齊陶 0172  齊陶 0165  齊陶 0169

4305	4304	4303	4302		4301	4300
嶋	隓	㞢	岫		密	岑
楚	楚	楚	晉	齊	秦	秦
陮			窋			
 清華三 芮良夫 6	 包山 163	 包山 185	 貨系 359 又見卷七「穴」部。	 高密戈 集成 11023  高密戈 集成 10972	 陝西 733  雲夢 爲吏 5  里耶 8-1079  嶽麓一 爲吏 47	 雲夢 爲吏 48

4306	4307	4308	4309	4310	4311	4312
崩	嵍	崔	嵩	崑	⿱頃山*	岍*
秦	楚	秦	楚	秦	秦	楚
	⿱丞山		⿱高山			
 集粹 14	 郭店 老乙 13  上博五 鬼 3  須⿱丞山生鼎 集成 2238	 陶録 6・458・1	 郭店 語三 15	 陝西 872	 雲夢 爲吏 11 讀「傾」。	 清華一 楚居 6  清華一 楚居 6

4313	4314	4315	4316	4317	4318	
⿱云山*	峗*	崤*	⿰車⿱㔾山*	⿱畕山*	⿱缶山*	
楚	楚	楚	楚	楚	晉	
		嵯				
 清華二繫年054  清華二繫年055 讀「陰」。	 包山214  包山215	 清華二繫年048	 包山87  包山122	 曾⿱畕山公臣鼎	 下官壺集成9515  貨系1415  貨系1240  璽彙5376  璽彙3042  璽彙3047  陶録5・26・1	 集粹148  珍戰151
						齊
						 陶録3・486・2 讀「魏」，或讀「繁」。

4324 岸	4323 ⿱石山*	4322 ⿱義山*	4321 ⿱𦥑山*	4320 嵸*	4319 ⿱山⿸厂朩*	
秦	燕	齊	晉	晉	晉	燕
				⿰山⿱从龰		
 秦風 185	 璽彙 3518	 陶録 3・431・2  陶録 3・431・3	 盛世 95	 鑒印 7	 璽彙 3242	 璽彙 3053

4325

府

			楚	秦		楚
坿		⿸广貝	⿱宀付		⿰土⿸广隹	⿺辶⿸广隹
 璽考 197	 鑒印 3	 大府敦 集成 4634	 曾侯乙鐘	 少府戈 集成 11106	 清華二 繫年 117	 清華二 繫年 116
 璽彙 5548	 鑒印 4	 鄂君啓車節 集成 12112	 上博二 容 6	 璽彙 3358		
 上博三 周 51	 包山 3	 璽彙 0337	 清華三 説命中 6	 珍秦 22		
讀「蔀」。	 包山牘 1 反	 珍戰 223	 清華一 祭公 5	 珍秦 21		
 上博三 周 52		 璽考 156	 清華一 祭公 9	 里耶 8-1756		
			讀「付」。	 里耶 8-2125		

4326

廱

秦	齊				晉	
		坿	⿱付貝			⿱宀官
 陶録 5・16・4	 箬府乇戈	 璽彙 3236	 銀柄杯 書道 1	 三年中府杖首 集成 10465	 □年邦府戟 集成 11390	 集粹 13
		 璽彙 3442	 春成侯盉 新收 1484	 璽彙 5343	⿸广貸	
		 璽考 109	 王子中府鼎 集成 2530	 璽彙 0304	 璽彙 5414	
		 珍戰 20	 璽考 110		 安邑下官鍾 集成 9707	
					 璽考 120	

		4330 廡		4329 庭	4328 廬	4327 庠
楚		秦	楚	秦	秦	秦
	⿸厂無		⿱宀廷			
 包山 53  包山 83	 嶽麓一爲吏 59	 雲夢日甲 21 反  里耶 8-780	 上博五君 8	 里 J1⑨1 正  里 J1⑨7 背  里耶 5-35  里耶 6-2	 嶽麓叁 52  里耶 8-1873	 里耶 8-661 正

4332 庫		4331 廚				
楚	秦		晉		楚	秦
		⿰月朱	⿸广朱	⿰月頭	脰	
 上博五 姑 9	 三十年詔 事戈 商周 17135	 眉⿰月朱鼎 集成 2103	 上艾廚鼎 集成 2104	 曾畠公臣鼎	 酓悍鼎 集成 2794	 官印 0011
 上博四 相 3	 廿二年臨 汾守戈 集成 11331	 右卜⿰月朱鼎 集成 2232	 上樂廚鼎 集成 2105		 鑄客鼎 集成 02298	 陶録 6・112・3
	 官印 0042	 陶録 5・70・3			 包山 139	 陶録 6・113・1
	 里耶 8-1036					 里 J1⑨1 正
						 北大・泰原

4333

廄

		楚	秦	燕	齊	晉
⿸厂否	⿸厂臥					
 璽彙 0100  璽考 154	 璽彙 5590  包山 154	 卲王簋 集成 3634  曾乙 4  曾乙 175  包山 176  包山 61	 官印 0027  秦集一 三・3・1  雲夢 雜抄 29  里耶 8-163 正	 燕王右庫戈 集成 11109	 陰平劍 集成 11609  平陽左庫戈 集成 11017  陶録 3・23・3	 王立事鈹 新收 1481  七年相邦鈹 集成 11712  三十三年 鄭令鈹 集成 11693  璽彙 5215  璽彙 2716

4336 廣	4335 廦	4334 序				
秦	秦	齊	晉	秦		
		⿸广疋	字	⿰土予	故	⿱亼示
 四十八年上郡假守鼂戈 商周17299	 雲夢 封診81	 曹右序戈 集成11070	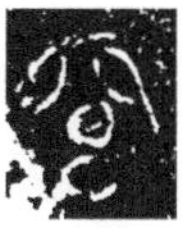 十三年□陽令戈 集成11347	 雲夢 日甲100	 璽彙0268	 望山1・137
 秦集二三・65・1		 郧左序戈 集成10969		 雲夢 日甲100		「廐神」之「廐」專字。
 里耶8-455						
 北大・算甲						

4339 廛		4338 廁		4337 廥		
楚	秦	楚	秦	秦	齊	楚
						宔
 郭店 緇衣 36  上博六 用 17  上博五 季 3  清華五 湯丘 07  上博四 采 3	 里耶 8-62 背	 九 B3	 雲夢 日乙 188	 秦集一 二 34・2  傅 468  里耶 8-56  雲夢 效律 32	 陶録 2・740・1	 上博七 吴 5  清華一 祭公 13  清華五 命訓 01  清華五 命訓 08 讀「曠」。

4343	4342			4341	4340	
庳	底			廉	戊	
楚	秦		楚	秦	晉	
		曆	歷			
 曾侯腆鐘 江漢考古 2014.4	 職官 42  于京 11	 玉印 19  清華二 繫年 014  清華二 繫年 014  左塚漆梮	 上博三 周 12 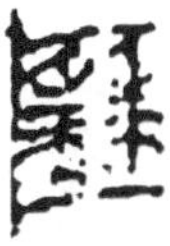 上博三 周 12  上博三 周 13	 雲夢 爲吏 9  里耶 8-1259 正	 璽彙 3382	 上博八 王 4  上博一 緇 18

4345 庶　　4344 庇

齊	晋			楚	秦	齊
		⿱石从				
 璽彙 3198	 梁十九年亡智鼎 集成 2746	 上博二 魯 6	 九 A47	 郭店 緇衣 40	 十九年殳 近出 1249	 陶録 2・476・4
	 中山王方壺 集成 9735	 上博二 魯 2	 上博四 内 8	 上博四 柬 2	 陶録 6・56・1	
	 四年邘令戈 集成 11335		 上博一 緇 20	 清華一 耆夜 4	 北郊秦陶	
			 上博二 昔 1	 清華三 説命中 3	 嶽麓叁 126	
			 包山 2:190-1 號簽牌	 清華一 程寤 6		

			4349 廟	4348 廢	4347 [广隹]	4346 廔
		楚	秦	秦	秦	秦
[广章]	庿	[宀苗]			庫	
 郭店 唐虞 5	 郭店 語四 27	 郭店 性自 20	 里耶 8-138 正	 秦集二 三・10・1	 澂秋 39	 璽彙 5521
 郭店 語一 88	 上博六 平 1	 上博三 周 42		 傅 1293	 秦風 76	 璽彙 5628
		 清華三 琴舞 10		 里耶 8-178 正	 里 J1⑯9 正	
		 上博一 孔 24				
		 上博六 天乙 3				

	4350	4351	4352	4353	4354	4355
	庈	廖	庛*	庰*	庴*	庎*
晉	秦	秦	秦	秦	秦	晉
廟	斥					
 中山王方壺 集成 9735 《説文》古文。	 雲夢 語書 11  嶽麓叁 96	 陶録 6・306・2  陶録 6・306・4  里耶 8-1961	 里耶 8-1177	 雲夢 封診 84  嶽麓叁 183  嶽麓叁 178	 里耶 8-752 正	 趙孟庎壺 集成 9678  趙孟庎壺 集成 9679

4362	4361	4360	4359	4358	4357	4356
厰	厓	厂	廳*	廱*	廨*	廥*
秦	秦	楚	燕	晋	晋	晋
		厈				
 嶽麓一 爲吏 50 讀「嚴」。	 雲夢 答問 28	 清華三 良臣 10  清華四 筮法 15  清華四 筮法 62 讀「旱」。	 燕王職戈 集成 11226	 梁十九年 亡智鼎 集成 2746	 璽彙 2882  金薤・府	 馬雝令戈 雪二 118

4365　4364　4363

厲　厥　底

晉	楚	秦	秦	楚	晉	楚
				砥		
 銀柄杯書道 1  銀鎏金盒	 上博六用 13	 雲夢日甲 5	 秦風 89	 上博四曹 39  上博四曹 39  清華三說命中 5 《說文》或體。	 璽彙 2881	 郭店語二 2  郭店語二 2  清華三說命中 1  清華五三壽 10 讀「嚴」。

4367 厭　　4366 厞

			楚		秦	楚
⿸厂⿱子日	⿸厂⿰甘犬	⿸厂肙		⿸疒猒		
 帛書乙	 郭店 緇衣 46	 清華五 三壽 02	 包山 219	 嶽麓一 爲吏 40	 里耶 8-755 正	 包山 45
 清華一 金縢 5	 上博三 中 12	 清華五 三壽 05	 新蔡乙三 42	 陝西 635		 包山 57
 清華二 繫年 133	 上博三 亙 1	 清華五 三壽 06				
 新蔡乙一 15	 上博三 中 16	 清華五 三壽 07				
 新蔡乙三 24						

4370 [厂+口]*	4369 [厂+水]*	4368 [厂+菐]*				
楚	楚		楚	秦	齊	
		斷				[厂+孖]
 上博五 君 7 或釋「詹」，或釋「[厂+同]」。	 帛書乙	 清華五 封許 06 或讀「[酉+戈]」。	 上博三 亙 1 或讀「樸」。	 秦風 59	 璽彙 0482	 包山 207

4371	4372	4373	4374	4375	4376	4377
𠩼*	厞*	㕎*	㕊*	厝*	𠪚*	𠩞*
楚	楚	楚	楚	楚	楚	晉
 包山 189	 郭店 語三 50 讀「依」。	 清華三 良臣 10	 上博四 逸交 1 讀「長」。	 鄂君啓舟節 集成 12113	 東陵鼎蓋 集成 2247  壽春府鼎 集成 2397 讀「筭」。	 璽彙 1633

4378	4379	4380	4381	4382	4383	4384
床*	㑀*	屖*	叓*	屏*	厠*	厝*
晋	晋	晋	晋	晋	晋	晋
 六年襄城令戈 近出 1196	 璽彙 0108	 璽彙 2875	 璽彙 2855	 璽彙 2874	 六年令戈 集成 11337	 璽彙 0937
 二十三年司寇矛 集成 11565			 璽彙 2859	 璽彙 2872		 璽彙 2419
			 珍戰 135			

4391	4390	4389	4388	4387	4386	4385
厡*	⿸厂盍*	⿸厂馬*	⿸厂貝*	⿸厂昜*	⿸厂邛*	⿸厂⿰口又*
晋	晋	晋	晋	晋	晋	晋
 程訓義 1-19	 六年令戈 集成 11337	 五年邦司寇鈹 集成 11686  璽彙 2842  珍戰 139  陶録 5・3・4	 璽彙 1612	 璽彙 1711	 璽彙 3304	 四年成陰嗇夫戟 珍吴 152

4396 ⿸厂章*			4395 ⿸厂賢*	4394 ⿸厂歨*	4393 ⿸厂緊*	4392 ⿸厂𦍒*
晉			晉	晉	晉	晉
	厩	曆				
 璽彙 2878	 璽彙 0426  璽彙 1743  璽彙 5653  璽彙 0738	 璽彙 0940	 璽彙 0938  璽彙 2481  璽彙 5563	 中山王方壺 集成 9735 讀「陟」。	 璽彙 0860 讀「牽」。	 璽彙 0740

4403	4402	4401	4400	4399	4398	4397
危	丸	屄*	庠*	仡*	厲*	𢊁*
秦	秦	齊	齊	齊	晋	晋
 珍秦 297  陶録 6・138・2  雲夢 日乙 47  關沮 209  嶽麓叁 131	 關沮 321	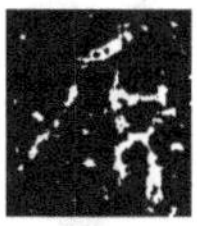 陶録 3・293・3	 齊陶 0575	 陶録 3・624・3	 厲羌鐘 集成 157  厲氏鐘 集成 162	 璽彙 1545

4404

石

秦	燕	晉				楚
	𡵂		𡊅		𡵂	厃
 高奴權	 璽彙 0118	 貨系 544	 上博七 凡乙 2	 上博一 緇 16	 郭店 六德 17	 曾乙 E66 衣箱
 秦風 100	 璽彙 0125	 先秦編 169	 上博七 凡甲 2	 上博一 緇 16	 上博六 孔 14	
 雲夢 效律 5	 璽彙 3335					
 里耶 8-821	 珍展 1					
 北大・從政	讀「尉」。					

4405

礦

	楚	齊	晉		楚	
鈋	卝					
 清華五 封許07	 上博四 逸3	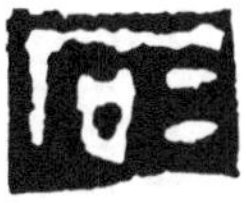 璽彙0266 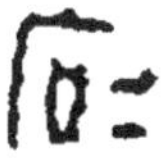 陶録 2・50・4  陶録 3・534・4	 十茉右使壺 集成9674 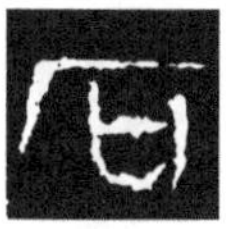 司馬成公權  璽彙1160  貨系1061	 清華五 厚父12  曾乙木匣	 包山150  包山203  郭店 窮達13  郭店 性自5  上博一 性3	 北大・田甲

		4406 碭	4407 礜	4408 磧	4409 硻	
晉		秦	秦	楚	秦	楚
釙				⿱石朿		
 璽彙 3268	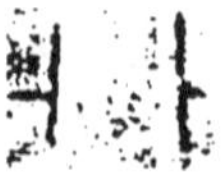 錢典 1226 《說文》古文。	 地理 19	 官印 0061  秦集一五·11·2  關沮 372	 郭店忠信 1  上博六用 8	 文博 1998.1	 郭店緇衣 44 讀「堅」。

4414		4413	4412	4411		4410
礪		䃺	礱	破		磿
楚		楚	楚	秦	楚	秦
	⿱林石	⿸厂林			曆	
 上博三 周 30  上博三 周 57  清華三 說命中 2	 郭店 緇衣 36	 上博一 緇 18  清華二 繫年 071	 新蔡甲三 315	 秦風 53	 包山 181	 關沮 132  北大・醫方

4419 硂*	4418 ⿰石斗*	4417 ⿰石力*	4416 ⿱敫石*	4415 砧		
楚	楚	楚	秦	楚	燕	
						礰
 信陽 2・8	 上博八 李 1	 清華三 琴舞 2 讀「陟」。	 關沮 369 讀「皦」。	 郭店 緇衣 36  上博一 緇 18 讀「玷」。	 璽彙 4105	 上博三 周 22  上博四 曹 39

4426	4425	4424	4423	4422	4421	4420
砺*	砳*	砠*	碏*	礨*	碨*	硤*
燕	燕	燕	晉	楚	楚	楚
 陶録 4・190・4	 璽彙 3532	 璽彙 5406	 三年莆子戈 集成 11293	 包山 143	 包山 46	 曾侯硤缶

4428 長						4427 硊*
晉			楚		秦	燕
 五年龏令思戈 集成 11348	 曾乙 208	 上博七 武 4	 長沙戈 集成 10914	 秦集二 三・55・1	 長陵盉 集成 9452	 璽彙 2319
 璽考 288		 上博七 君乙 7	 包山 54	 里耶 8-71 正	 □年上郡守戈 集成 11363	 璽彙 2320
 璽彙 4628		 清華一 程寤 6	 包山 271	 里耶 8-988	 珍秦 341	 璽彙 2321
 錢典 269		 清華二 繫年 117	 郭店 老甲 8	 北大・道里	 珍秦 359	
 少府盉 集成 9452			 上博五 鮑 3		 陶録 6・56・1	

燕		齊				
	⿰立長		⿱長豆	⿰立長		
 璽彙 0022	 齊幣 280	 璽彙 0874	 兆域圖版 集成 10478	 中山王鼎 集成 2840	 邢臺圖 211・6	 四年春平 侯鈹 集成 11707
 璽彙 0878	 齊幣 276	 璽考 282	 集粹 248	 行氣玉銘	 貨系 1528	 璽彙 0716
 璽彙 0745	 齊幣 273	 璽考 282		 璽彙 0301	 長子口臣簠 集成 4625	 璽彙 0719
 璽彙 0697	 璽彙 3932	 璽彙 0224		 貨系 1535		 宜陽戈 考文 2002.2
 璽考 253	 璽彙 0301					 二年梁令 戟朿 古研 27
	 陶録 3・456・6					

4431 勿　4430 ⿰镸旨*　4429 ⿱尚長*

楚	秦	齊	晋	楚		
					⿺辶長	
 璽彙 0295	 里 J1⑨9 正	 璽彙 0193	 璽彙 2054	 清華一楚居 2	 燕王喜矛 集成 11529	 車大夫長畫戈 集成 11061
 郭店性自 2	 里耶 8-526 正		 程訓義 1-91	「尚」「長」雙聲符。	 璽彙 0003	
 上博八命 3	 北大・泰原				 璽彙 3362	
 清華一保訓 6	 北大・泰原					
 清華五命訓 13						

4432

昜

齊		晉		楚	秦	晉
 建陽戈 集成 10918  齊幣 149  貨系 2303  齊陶 0087  齊陶 0094	 三晉 40  貨系 966  貨系 2061  貨系 927	 好蚉壺 集成 9734  守陽戈 集成 10943  璽彙 1674  貨系 906  三晉 110	 上博七 凡甲 2  清華一 皇門 2	 鄂君啓舟節 集成 12113  正昜鼎 集成 1500  璽考 149 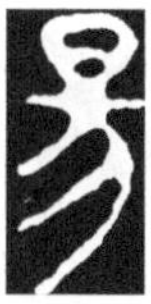 璽彙 3084  包山 61	 陶録 6・275・6  里耶 8-2444 正	 中山王鼎 集成 2840  哀成叔鼎 集成 2782  貨系 517  先秦編 74

4434　　4433

而　　冄

	楚	秦	秦		燕	
 上博八 王 5	 曾侯𦚢鐘 江漢考古 2014.4	 秦駰玉版	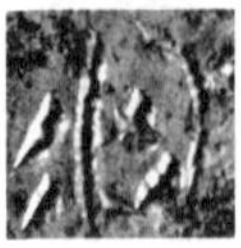 廿一年相 邦冉戈 商周 17426	 璽彙 1675	 右昜攻尹 弩牙 集成 11929	 齊陶 0095
 上博八 顔 12	 清華一 楚居 8	 秦駰玉版	 里耶 8-157 背	 璽彙 1677	 璽彙 0364	 齊陶 0096
 上博五 鮑 5	 包山 15	 雲夢 日乙 134	 里耶 8-534	 陶録 4・141・6	 璽彙 0188	 齊陶 0276
 上博六 孔 9	 包山 146	 北大・醫方			 璽彙 1669	
 郭店 唐虞 8	 上博八 鶹 2				 璽彙 0051	

4436　　4435

豕　　彨

楚	秦	秦	齊	晉		
		耐				
 包山 227	 雲夢 日甲 80 反	 珍秦 204	 子禾子釜 集成 10374	 中山王鼎 集成 2840	 上博四 内 7	 上博七 武 3
 包山 146	 雲夢 日乙 158	 雲夢 日乙 145	 陶録 3・512・5	 中山王方壺 集成 9735	 郭店 語二 53	 郭店 忠信 6
 包山 257	 里耶 8-4	 里耶 8-144 正			 清華四 筮法 5	 上博一 緇 22
 包山 168	 里耶 8-2491	 里耶 8-811			 清華五 三壽 28	 郭店 成之 10
 包山 211						 上博一 性 8

4437

豬

楚	秦	燕	齊	晉		
 天卜	 珍秦 168 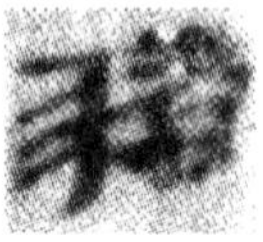 雲夢 答問 50  里耶 8-461 正  嶽麓叁 84	 璽彙 1224  璽彙 1679	 璽彙 0175  陶録 3・623・6	 璽考 333  貨系 137  圓形金飾	 清華三 説命上 6	 望山 2・45  上博三 周 23

	4441 豢	4440 豧	4439 豤			4438 豭
	楚	楚	秦		楚	秦
					⿰豕占	
 包山 203  新蔡甲三 275	 包山 206  包山 227  包山 248  望山 1・116  新蔡甲三 264	 曾乙 1  新蔡甲三 175	 雲夢秦律 8  里耶 8-145 正  里耶 8-1519 正  嶽麓一爲吏 71	 包山 219	 包山 207  新蔡甲三 281	 秦駰玉版

	4446 ⿰豕昔*	4445 豜*	4444 ⿰豕各*	4443 豨	4442 豲	
	楚	楚	秦	秦	秦	
						滕
 包山 204  新蔡甲三 97	 包山 244  包山 250  新蔡零 308  新蔡甲三 350 或讀「狙」。	 上博三周 44 讀「鮒」。	 里耶 8-1437 背  里耶 8-1437 背	 秦印	 于京 57  嶽麓一占夢 16	 新蔡零 308  新蔡乙四 076  新蔡乙二 16  新蔡乙三 65

4451 獃*		4450 貕*	4449 豻*	4448 豬*	4447 豢*	
齊	齊	晋	晋	楚	楚	
 陶録 2・82・4  後李 圖一 4  陶録 2・225・3	 璽彙 1588	 璽彙 1447	 璽彙 1793  璽彙 2862  璽彙 2498	 包山 257  包山 257 或讀「膳」。	 新蔡甲三 71  新蔡零 118	 包山 200

4456			4455	4454	4453	4452
⿰𧰨聿			豪	𧰨	⿰豕幾*	⿰豕氐*
秦	齊	楚	秦	楚	齊	齊
		毫				
 秦風 50	 陶録 3・22・6	 包山 273	 雲夢 日甲 76 反  雲夢 爲吏 27	 郭店 語二 24  郭店 語二 24 讀「肆」。	 璽彙 3651  璽彙 2599	 陶録 2・377・2  陶録 2・379・3  齊陶 0609

4459 豚	4458 彖			4457 彘		
秦	晉	齊	晉	秦		楚
					𢑱	
 秦風 76  雲夢 日甲 157 反  關沮 351  里耶 8-561	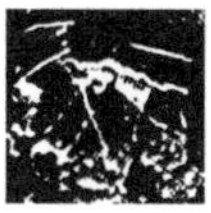 三年大將 弩機 文物 2006.4	 璽彙 5596	 十七年彘 令戈 集成 11382	 里耶 8-2491	 上博五 弟 16  清華一 皇門 1	 清華五 厚父 03  清華五 厚父 08

4461 豹				4460 豸		
晉		楚	秦	秦	晉	楚
	犳	⿰鼠勺				
 二十九年 相邦趙戟 集成 11391	 璽彙 5588	 包山 268	 珍秦 323	 雲夢 日甲 49 反	 珍戰 98	 郭店 語二 14
 璽彙 1015		 包山 277	 集粹 611		 港續 48	
 程訓義 9-1		 望山 1·7	 雲夢 日甲 71 反			
 程訓義 9-3			 嶽麓一 占夢 38			

4466 貈			4465 貘	4464 豺	4463 貔	4462 貙
秦	晉		楚	秦	秦	秦
	獏	獏				
 龍崗 34	 璽彙 1309  璽彙 2872  璽考 227	 曾乙 66	 望山 2・8  包山 271  曾乙 2	 雲夢日甲 77 反  龍崗 34	 秦風 63	 雲夢日甲 71 反

4469 貉			4468 貂	4467 豻		
晉	楚	秦	楚	燕	楚	秦
⿰鼠各	⿰鼠各		鼦		鼾	
 王二年鄭令戈 集成 11328	 包山 87  包山 227	 雲夢 答問 195  雲夢 日甲 77 反	 曾乙 5  曾乙 8  曾乙 10	 璽彙 3354 《說文》或體。	 包山 271  曾乙 4  曾乙 11	 雲夢 日甲 71 反

4474	4473	4472	4471	4470		
貇*	⿰豸今*	⿰豸犬*	⿰豸不*		貍	
秦	秦	秦	秦	楚	秦	齊
				⿰鼠里		
 珍秦 245  陝西 807	 雲夢 日甲 13 反  雲夢 日甲 13 反 「⿰豸宛」字誤字。	 里 J1⑨2 正	 陝西 882	 包山 165  曾乙 2	 雲夢 日乙 61  關沮 328	 陶彙 3・1056  陶彙 3・1057

4480 易		4479 𤉡	4478 ⿰豸胥*	4477 ⿰豸爰*	4476 貎*	4475 ⿰豸寽*
楚	秦		楚	楚	楚	楚
 郭店 語一 36  上博三 周 55  清華一 保訓 5  清華一 保訓 6  清華三 說命下 3	 陶録 6・406・1  雲夢 效律 44  雲夢 日乙 106 訛爲「易」。	 信陽 2・19  仰天湖 35  包山牘 1  包山 269	 上博三 周 45 或讀「扶」，或讀「疏」。	 上博九 陳 3	  上博五 三 18 讀「猊」。	 上博五 三 18 讀「狻」。

4481

象

	楚	秦	齊		晉	

 上博六天乙 2	 璽彙 5602	 雲夢爲吏 17	 陶録 2・286・2	 中山王壺集成 9735	 中山王鼎集成 2840	 信陽 1・1
 上博六天甲 2	 鄂君啓車節集成 12112	 里耶 8-1556 正	 陶録 2・603・2			 郭店老甲 25
 上博六天甲 2	 郭店老乙 12					 清華三琴舞 6
 清華四筮法 52	 郭店老丙 4					 清華五封許 05
 清華五三壽 28	 上博五鬼 6					 清華五三壽 20

4482

豫

			楚	秦	齊	晉
 上博八 成 8	 清華三 芮良夫 15	 包山 191	 包山 7	 陶彙 5・123	 陶録 3・455・4	 二十七年戈 文物 1993.8
 左塚漆梮	 包山 11	 包山 52		 里耶 8-444	 陶録 3・455・6	 璽彙 1455
 郭店 六德 33	 上博四 曹 19	 清華二 繫年 045			 陶録 3・455・5	 璽彙 3273
	 清華四 筮法 40					
	 上博五 姑 1					

		燕	齊	晉		
						⿱⿰谷象攵
		 十三年戈 集成 11339  璽彙 2822	 陳豫車戈 集成 11037  平舒戈 尋繹 63  淳于公戈 集成 11124  豫州戈 集成 11074  璽彙 2218	 璽彙 1492  璽彙 1894  集粹 77	 上博八 顏 11	 上博八 顏 12

4483

馬

		楚		秦
 包山 249	 上博九陳 5	 曾大司馬白國匠	 北大·從政	 珍秦 244
 郭店窮達 8	 包山牘 1	 鄂君啓舟節集成 12113	 北大·從政	 珍秦 279
 清華二繫年 130	 清華五封許 06	 上博三周 22	 北大·從軍	 傳 300
 清華三良臣 6	 璽彙 5538	 曾乙 62		 里 J1⑨1 背
	 包山 228	 新蔡甲三 316		

4485 駒　4484 騖

秦	秦	燕		齊		晉
 集粹 613  雲夢 日乙 42	 集粹 695	 庚都司馬鐓 集成 11909  璽彙 0050  璽彙 0052  璽彙 0293	 璽彙 0028  璽彙 0025  齊陶 0709  齊陶 0711  璽彙 0024  璽考 37	 平陽高馬 里戈 集成 11156  璽彙 0064  陶録 2・352・2  璽彙 0023  璽彙 0026	 璽彙 3828  璽考 242 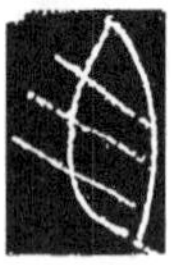 陶録 5・69・3  三晉 121  貨系 1701	 㚸蚉壺 集成 9734  三晉 120  先秦編 299  貨系 1709  王何戟 集成 11329

4487 驪　　4486 騏

	楚	秦	楚	秦	燕	楚
⿰馬⿱亓糸						
 新蔡甲三 79  新蔡乙三 21	 清華二 繫年 031	 關沮 327	 曾乙 177  曾乙 150	 珍秦 297	 璽彙 3866  陶録 4・32・2	  曾乙 179

4488 駽	4489 騩	4490 驪			4491 騢	4492 騅
燕	秦	秦	楚		楚	秦
		駠	駠		⿰馬古	
 璽彙 1237  璽彙 5490	 大騩權	 里耶 8-780 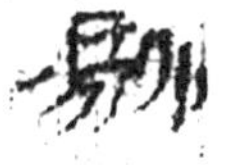 里耶 8-1146	 曾乙 169  曾乙 147	 新蔡甲三 167	 新蔡甲三 215	 雲夢 封診 21

	4498 駁	4497 馰	4496 騧	4495 驕	4494 駰	4493 駱
	楚	楚	秦	楚	秦	秦
⿰馬⿱㐅口						
 新蔡乙四 46	 曾乙 165  包山 93  新蔡乙四 45  包山 234  包山 247	 郭店 窮達 10	 十鐘 3·21 下	 曾乙 199	 秦駰玉版  秦駰玉版	 珍秦 247  珍秦 248

4504 騯	4503 駜	4502 驩	4501 驕	4500 驥		4499 ⿰馬敖
燕	楚	秦	秦	楚	楚	秦
				⿰馬幾	⿰馬囂	
 歷博燕 114	 郭店緇衣 42  郭店緇衣 42	 珍秦 299  集粹 795  嶽麓叁 199	 方氏  陶録 6・55・2  雲夢爲吏 25  里耶 8-657 背	 郭店窮達 10	  曾乙 166	 集粹 794  陝西 570

4507 駕 | 4506 騎 | 4505 驀

4507 駕					4506 騎	4505 驀
秦	燕	齊	晉	楚	秦	秦
			駉	駉		
 塔圖 140  雲夢答問 175  里耶 8-149	 騎傳馬節集成 12091  璽彙 2512	 璽彙 0307	 璽彙 0048  陶録 5・11・1	 包山 119	 在京圖一 12  里耶 8-461 正  里耶 8-532 背	 雲夢雜抄 9

	4510	4509	4508			
	駟	驂	駢			
燕	楚	秦	楚	秦		楚
					⿰車加	
 璽彙 1504	 曾乙 169  曾乙 190  上博九 靈 2	 續齊 10  雲夢 秦律 179  雲夢 日乙 194	 曾乙 169  曾乙 158  曾乙 170	 秦風 140	 清華二 繫年 58	 包山 38  包山 60

⿷匚支	⿰區支	4513 驅	4512 馮	⿱⺮⿰月意	⿱⺮意	4511 篤
齊		楚	秦		楚	秦
⿷匚支	⿰區支			⿱⺮⿰月意	⿱⺮意	
 璽彙 1466	 清華二繫年 057	 上博三周 10	 秦風 67	 上博一性 24	 上博一性 33	 雲夢雜抄 29
 陶彙 3・743	 清華二繫年 092		 秦風 138			 關沮 191
	《說文》古文。		 珍秦 244			
			 嶽麓叁 215			

4518 駐	4517 駭	4516 驚	4515 騁	4514 馳		
楚	秦	秦	秦	楚	秦	燕
				駝	駝	⿷匚支
 曾乙 163	 秦風 215	 珍秦 153  珍秦 159	 秦風 173	 包山 187  上博五競 9	 秦風 235	 璽彙 3226

4525	4524	4523	4522	4521	4520	4519
駃	騅	騰	駬	騶	駔	騷
秦	秦	秦	楚	秦	秦	秦
			駐			
 雲夢 雜抄 27	 珍展 56	 珍秦 97	 南越王墓 虎符 新收 1413	 陶録 6・417・2	 四十八年上 郡假守鼂戈 珍銅 88	 珍秦 85
		 雲夢 語書 4	 包山 12	 雲夢 爲吏 6	 珍秦 53	 珍秦 107
		 里 J1⑨7 背	 包山 157	 里耶 8-209 背	 陶録 6・10・2	 秦都圖 426
		 嶽麓一 質二 19	 包山 132 反		 里耶 8-76 正	 里耶 8-894
			 上博四 柬 16			 嶽麓一 爲吏 76

4532	4531	4530	4529	4528	4527	4526
騇*	騆*	駵*	駋*	驒	驢	騠
楚	楚	秦	秦	楚	秦	秦
				驔		
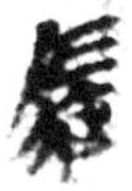 曾乙 176	 左塚漆梮	 陶録 3・580・1  陶録 3・580・2	 里耶 8-1450 正	  曾乙 185	 秦風 66	 雲夢 雜抄 27

4533	4534	4535	4536	4537	4538	4539
騒*	騎*	⿱䜌馬*	⿰馬夭*	駎*	⿰馬豕*	⿰馬寽*
秦	秦	秦	楚	楚	楚	楚
 十鐘 3・45上	 秦印	 十鐘 3・46下	 曾乙144	 曾乙176	 清華五 三壽12 讀「懋」。	 曾乙166  曾乙173

4546	4545	4544	4543	4542	4541	4540
驩*	騚*	騱*	駻*	駴*	騍*	騂*
楚	楚	楚	楚	楚	楚	楚
 郭店窮達 10 讀「騏」。	 曾乙 158  曾乙 169  曾乙 174 或讀「犕」。	 曾乙 169  曾乙 147	 曾乙 146 讀「騰」。	 曾乙 178  曾乙 165	 曾乙 142	 清華三赤鵠 5 讀「廷」。

				4549 廌	4548 ⿰馬厷*	4547 騕*
				楚	燕	齊
 清華五 封許 06	 清華四 筮法 61	 新蔡甲三 80	 郭店 語四 9  郭店 成之 9  上博一 緇 5  上博七 凡乙 19	 慎瘥簋  上博四 曹 14  上博四 曹 42  新蔡乙三 60  上博六 天乙 8	 璽彙 0846	 璽考 50

4551 灋　　　　　　　　　　　　4550 薦

	秦	齊		楚	秦	晉
			蘆			
 里耶 8-1200 背  里耶 8-1588 正  嶽麓叁 15  嶽麓一 爲吏 72	 商鞅方升 集成 10372  三年大將 弩機 文物 2006.4  秦駰玉版  陶録 6・367・1 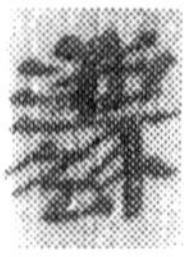 雲夢 效律 35	 陳侯因資敦 集成 4649	 新蔡甲三 256	 上博二 子 12	 陶録 6・448・4  嶽麓一 爲吏 13  雲夢 答問 151	 王二年鄭 令戈 集成 11328  璽彙 2743

					楚	
⿰盍廌	⿰去廌					法
 清華五命訓 12	 清華五命訓 15	 上博一緇 14	 上博八志 7	 上博六天乙 3	 包山 18	 北大・算甲
	 清華五命訓 15		 郭店老甲 23	 上博五鬼 1	 上博三亘 5	 北大・算甲
			 郭店老甲 31	 郭店緇衣 9	 上博九陳 11	 北大・算甲
			 郭店六德 44	 清華五封許 08	 上博六慎 1	
			 郭店六德 40	 上博七吴 9	 上博六天甲 4	

4552

鹿

		楚	秦	齊		晉
[illegible]					[illegible]	
 上博一 孔 23  新蔡零 352  清華二 繫年 042 「鹿」、「录」雙聲。	 上博五 鬼 6  清華一 楚居 7	 包山 246  包山 179  上博八 有 4  上博八 成 15  上博六 天乙 10	 于京 18  雲夢 日甲 75 反	 司馬楙編鎛 山東 104	 中山王方壺 集成 9735	 璽彙 0500  璽彙 2738  璽考 218  璽彙 1301

	4555 麋	4554 ⿸鹿吾			4553 麛	
楚	秦	齊	晉	楚	秦	齊
			⿸广咠	⿸广咠		
 璽彙 0360  清華二繫年 057	 珍秦 33  傅 1022  秦集一四・24・2	 ⿸鹿吾臀節 集成 12088	 二十七年頓丘戟 珍吴 110  璽彙 3373	 新蔡甲三 251	 雲夢秦律 4	 璽考 333  陶録 2・86・3  陶録 2・96・4  陶録 2・611・2

4558 麗				4557 麃	4556 麇	
	楚	秦	楚	秦	楚	齊
 清華五 湯丘 13 《說文》籀文。	 曾乙 193  清華一 尹誥 2  清華一 楚居 3  清華一 楚居 3	 珍秦 336 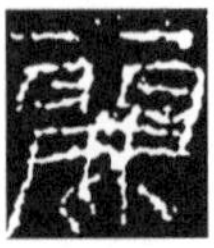 秦陶 1478  陶録 6·108·1  嶽麓一 質三 8  雲夢 日乙 199	 望山 2·13  天策	 雲夢 語書 12	 九 A10	 璽彙 3693  璽彙 3519  分域 691

4563 麤	4562 [illegible]*	4561 [illegible]*	4560 [illegible]*	4559 麀		
秦	楚	楚	楚	晉	齊	晉
 嶽麓一 爲吏 15	 曾乙 155  曾乙 151  曾乙 170	 上博三 周 6 今本作「褫」。	 清華二 繫年 122 讀「頸」。	 二十年丞 藺相如戟 文物 1998.5  十四苿帳橛 集成 10474  十四苿銅扉 集成 10442	 陳麗子戈 集成 11082	 宜陽戈 考文 2002.2

4564 㲋	4565 毚	4566 奐	4567 [illegible]*	4568 兔		
齊	秦	秦	晉	秦	楚	晉
 陶録 2・263・4	 雲夢 答問 12  關沮 369	 珍秦 100  秦風 108	 環圜錢	 雲夢 日甲 72 反  雲夢 日甲 72 反  里耶 8-660 正	 上博一 孔 25  清華三 琴舞 3  清華三 赤鵠 15	 璽彙 3072  璽彙 2094

4570 冤						4569 逸
楚	秦			晋		楚
		⿰亻兔	⿺辶㲋		⿰月象	⿰月兔
 左塚漆梮  上博二容38  上博一孔8  上博六平3 讀「宛」。	 珍秦339	 好蚉壺 集成9734	 璽彙2622	 璽考139  璽彙1616  璽彙0304  璽彙2620  璽彙2720	 上博三周58 今本作「曳」。	 上博五三4  清華一耆夜2  清華二繫年058  清華三琴舞7  清華五厚父06 讀「肆」。

4571 蒐*

4572 犬

晋	燕	秦	楚		晋	齊
 二十四年申陰令集成 11356	 歷博燕 112	 秦風 47	 望山 1・28	 新蔡乙一 028	 貨系 139	 陶録 2・95・1
 聳肩空首布內蒙 1998.1	 歷博燕 114	 珍秦 189	 包山 233		 貨系 109	 陶録 2・95・2
		 在京圖二 16	 清華二繫年 136			 陶録 3・610・3
		 雲夢秦律 7				
		 嶽麓一占夢 42				

4575 龙	4574 狻					4573 狗
楚	秦	燕	齊	晉	楚	秦
			狗			
 上博三周1  上博三周1  新蔡乙四103	 秦風61	 璽彙3496  陶考古1989.4	 陶録2·193·4	 璽彙1158	 郭店語四2  上博三彭8  清華二繫年112  包山176	 璽彙0639  官印0011  珍秦193  陝西568  雲夢日乙164

4576 狡

秦

傅 808

雲夢答問 189

晉

璽彙 0373

璽彙 0407

璽彙 1526

4577 猗

秦

秦風 187

晉

璽彙 0826

璽彙 1382

璽彙 2522

齊

璽彙 3467

4578 狊

秦

秦印

4579 玃

秦

珍展 87

4585 狀		4584 狾	4583 獎	4582 猩	4581 默	4580 獿
秦	燕	晋	秦	秦	秦	秦
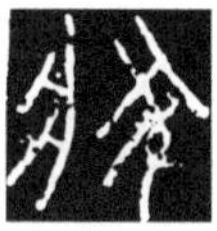 商鞅方升 集成 10372  珍秦 191  陶録 6・311・2  陶録 6・367・1  里耶 8-1564	 璽彙 2520  璽彙 2521	 璽彙 2518  璽彙 2519  璽彙 4048	 秦風 177  里耶 8-1520	 嶽麓叁 53  嶽麓叁 54  嶽麓叁 54	 里耶 8-657	 璽彙 5524  新見 109  珍秦 232  嶽麓叁 242

4590 狒	4589 犺		4588 猛	4587 犯	4586 狃	
楚	秦	晉	楚	秦	秦	楚
⿰市犬		盇	⿰酉犬			⿰月百
 新蔡零 245  上博九卜 2	 陝西 670  雲夢日甲 55  嶽麓叁 166	 璽彙 0918  璽彙 1579  吉大 48	 郭店老甲 33	 詛楚文亞駝  塔圖 142  里 J1⑯6 背  雲夢日乙 142  嶽麓叁 105	 璽彙 2526	 上博六天乙 6  郭店五行 36  郭店老甲 21  清華一楚居 3  清華四筮法 41

4595 獵	4594 獮	4593 獨		4592 戾		4591 犮
秦	秦	秦	楚	秦	楚	秦
 雲夢 雜抄 27	 湖南 76	 秦風 140	 上博四 内 10	 雲夢 爲吏 3	 曾乙 170	 北大・祓除
 里耶 8-461 正		 里耶 8-141 正	 上博二 從甲 10		 上博五 三 18	 北大・祓除
 嶽麓叁 51		 嶽麓叁 54	 清華三 芮良夫 24		 上博六 天甲 11	 北大・祓除
		 嶽麓叁 241	 清華三 芮良夫 27		 清華二 繫年 056	 北大・祓除
		 雲夢 爲吏 3				

4597 獲		4596 臭				
楚	秦	楚	秦	晉		楚
隻					⿰巤攴	⿰車巤
 酓忓鼎 集成 2794  九 A31  上博八 志 2	 陝西 585  秦風 191  陶録 6・463・4  雲夢 日乙 19  里耶 8-2161 正	 信陽 2・9  郭店 語一 47  郭店 語一 51	 雲夢 日甲 82  里耶 8-1363	 妤盗壺 集成 9734	 郭店 語三 12  郭店 六德 41  郭店 六德 40	 上博五 鮑 4  九 A31  包山 150  上博六 用 14

獻

		楚	秦	齊		晋
獻				隻	[illegible]	
 包山 147	 上博八 志 4	 包山 182	 上造但車軎 集成 12041	 陳璋方壺 集成 9703.3A	 哀成叔鼎 集成 2782	 上官豆 集成 4688
 新蔡甲三 342-2	 清華一 皇門 3	 清華一 楚居 13	 珍秦 230	 璽彙 0242		
 新蔡甲一 21	 包山 105	 清華二 繫年 031	 珍展 159	 陶録 2・263・1		
	 清華三 芮良夫 23	 上博二 容 5	 里耶 8-855	 璽考 311		
	 清華五 三壽 14	 上博七 吳 9	 北大・泰原	 陶録 2・425・3		

	齊		晉			
⿰鼎犬	獻					⿰鬳貝
 十四年陳侯午敦集成 4646	 齊陳曼簠集成 4596  璽彙 3088	 璽彙 2749	 璽考 344	 隨大司馬戈	 新蔡甲三 326-1 左下似「酉」。  包山 121	 新蔡零 214

4601 狂		4600 獟		4599 ⿰犭幵		
楚	秦	晉	秦	晉	秦	燕
性				犴		虞
 包山 22	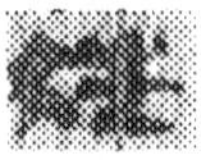 雲夢日甲 119	 璽彙 1095	 珍秦 222	 璽彙 1016	 十鐘 3·27 上	 九年將軍戈集成 11325B
 上博三中附簡				 璽彙 2043		 九年將軍戈集成 11326B
 上博九陳 6				 璽彙 2971		 璽彙 2746
 上博六競 9						
 清華一楚居 4						

4605 猶	4604 玃			4603 狄	4602 類	
秦	秦	齊	晉	秦	秦	晉
猷	玃					
 雲夢 語書 12	 雲夢 日甲 73 反	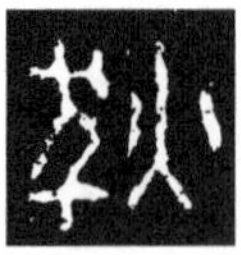 陶彙 3・759	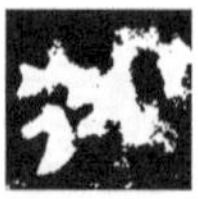 六年鄭令戈 集成 11336	 嶽麓一 爲吏 78	 秦風 94	 璽彙 0827
 北大・從政			 璽彙 0836		 里耶 8-1584	 璽彙 0829
 北大・從政			 類編 143		 北大・隱書	
 北大・從政					 嶽麓叁 152	

4606

狼

秦	燕	齊	晉			楚
 秦集二三 62·1	 璽彙 3351	 陳純釜集成 10371	 中山王鼎集成 2840	 郭店語三 1	 清華一楚居 12	 郭店老甲 23
 里耶 8-135 正	 璽彙 3659		 璽彙 1993		 清華二繫年 050	 郭店老丙 2
			 程訓義 1-134		 上博九成甲 3	 上博一緇 24
			 璽彙 1827		 清華五封許 03	 上博六孔 22
					 清華五啻門 05	 上博七吳 5

4610 犯*	4609 犴*	4608 狷	4607 狐			
秦	秦	晉	晉		楚	秦
		狚				
 里耶 8-75 正	 里耶 8-890	 璽彙 1645  璽彙 2362	 陽狐戈 集成 10916  璽彙 3986  璽彙 3987  珍戰 33  六年冢子 戟刺	 包山 95  包山 164  上博三 周 37	 曾乙 23  曾乙 36  曾乙 86  曾乙 26	 璽彙 0646  珍展 62  秦風 190  里耶 8-406  嶽麓一 占夢 16

4617 犰*	4616 鴂*	4615 獂*	4614 猤*	4613 猣*	4612 狿*	4611 狗*
楚	秦	秦	秦	秦	秦	秦
 左塚漆桐	 集粹 580	 秦風 149	 十鐘 3・52 上	 珍展 29	 秦風 69	 里耶 8-1656

4624	4623	4622	4621	4620	4619	4618
獞*	⿰犭高*	獏*	⿰犭孛*	狣*	⿱乍犬*	⿱犬口*
楚	楚	楚	楚	楚	楚	楚
 新蔡甲三316	 曾乙58  曾乙26  曾乙4	 曾乙66 晉  璽考227  璽彙1309  璽彙2872	 清華三芮良夫4	 上博五競8 讀「笑」，或讀「嘲」。	 郭店性自47  上博一性38 讀「作」。	 郭店六德24  郭店六德44 讀「詘」。

4625 ⿰犭柬*	4626 ⿱與犬*		4627 ⿰犭翟*	4628 獳*	4629 ⿱奚犬*	4630 ⿱雋犬*
楚	楚	晉	楚	楚	楚	楚
 曾乙 172	 包山 202  包山 202  上博二容 3 讀「舉」。	 中山王方壺集成 9735 讀「舉」。	 曾乙 143	 曾乙 61	 清華二繫年 119	 上博三周 44 讀「繘」。

4631	4632	4633	4634	4635	4636	4637
⿰犭支*	狗*	⿰犭戈*	⿰犭屯*	犽*	⿰犭先*	⿰犭西*
晉	晉	晉	晉	晉	晉	晉
				狘		
 二十一年 安邑戈 珍吴 96  程訓義 1-143	 是官鼎 中原文物 1999.3	 四年昌國鼎 集成 2482  璽彙 0799	 璽考 212  陶録 5・45・2  陶録 5・49・6  陶録 5・45・1	 三十五年鼎 集成 2611	 璽彙 1013	 璽彙 2048

4643	4642	4641	4640	4639		4638
狨*	㹹*	㹳*	狽*	㹶*		狢*
晋	晋	晋	晋	晋		晋
		㹳				
 二年平陶令戈 考文 2007.6  二年皇陽令戈 集成 11314	 中山王鼎 集成 2840 讀「刑」。	 中山王鼎 集成 2840 或隸作「𤞞」，讀「悟」。	 十一年閔令趙狽矛 集成 11561	 九年鄭令矛 集成 11551	 璽彙 2524	 六年冢子戟刺

		4648 ⿰犭昜*	4647 ⿰犭前*	4646 ⿰犭吴*	4645 ⿰犭妻*	4644 ⿰犭㝵*
燕	齊	晉	晉	晉	晉	晉
 璽彙 2510  璽彙 2517  璽彙 3452	 璽考 311	 璽彙 0531  璽彙 1816  璽彙 1014  璽彙 2450	 陶彙 9・11	 璽彙 0532	 程訓義 1-122	 二十八年戟 珍吴 117  集粹 134  陶録 5・25・2

4654	4653	4652	4651	4650		4649
獮*	䋸*	猨*	狟*	㺧*		㹺*
齊	齊	齊	齊	晋		晋
豥				㺜	狜	
 璽彙 0172	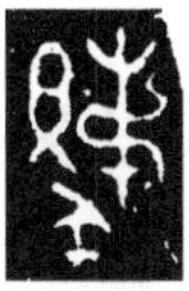 陶録 3・425・1  陶録 3・425・4  陶録 3・426・3	 陶録 2・327・1  陶録 2・328・3  後李 圖三 4  齊陶 0670	 陶録 3・639・2  陶録 3・186・4	 程訓義 1－48	 好蛮壺 集成 9734 讀「佐」。	 中山王鼎 集成 2840 讀「左」。

4655 猜*	4656 狀	4657 獄			4658 𤟤*	4659 鼠
燕	齊	秦	楚	晉	楚	秦
 璽彙 1675	 陶録 2・24・1	 集粹 500	 上博四 曹 34	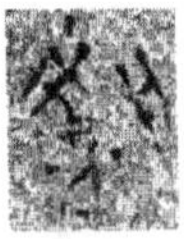 温縣 WT1K14：3730	 左塚漆梮	 雲夢 日乙 59
		 雲夢 爲吏 44	 包山 84 反	 温縣 WT1K14：3731		 雲夢 答問 152
		 里耶 8-135 正	 清華一 皇門 11	 温縣 WT1K14：3749		 關沮 371
		 關沮 189	 上博九 史 7	 温縣 WT1K14：615		 里耶 8-1242 正
		 嶽麓叁 154				 嶽麓叁 68

4663 鼪*	4662 ⿰鼠令		4661 鼷	4660 鼢		
楚	秦	楚	秦	秦		楚
					⿰鼠予	
 上博六 木1	 嶽麓叁 120	 包山 91	 雲夢 答問 152	 里耶 8-1057	 包山 85	 上博五 鬼6
 上博六 木3	 嶽麓叁 119		 雲夢 日甲 69 反		 包山 162	 上博五 鬼6
	 嶽麓叁 125					

	4669 能	4668 ⿰鼠高*	4667 鼺*	4666 ⿰鼠鬼*	4665 ⿰鼠刺*	4664 ⿰鼠胃*
楚	秦	楚	楚	燕	楚	楚
 清華一皇門 4	 里 J1⑨1 正	 曾乙 4	 天策	 郾矛 集成 11477	 曾乙 49	 包山 120
 清華一皇門 6	 里耶 8-656 正	又見「獢」。			 曾乙 41	 包山 42
 上博二容 44	 嶽麓叁 66				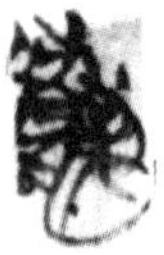 曾乙 30	
 郭店老甲 3	 北大·算甲				 曾乙 46	
 郭店五行 10	 北大·算甲					

4670 熊

	晉	秦	楚
 上博五 姑3	 中山王方壺 集成9735	 詛楚文 巫咸	 新蔡甲一7
 郭店 語一53	 哀成叔鼎 集成2782	 陝西779	 新蔡甲三35
 上博一 緇21		 北大・祓除	 新蔡零2
 郭店 唐虞19			 新蔡甲三 237-2
 郭店 五行9			

4671 火

	秦	楚
 羕陵公戈 集成11358	 雲夢 日乙94	 郭店 唐虞10
	 關沮317	 新蔡乙四 122
	 里耶8-454	 上博四 曹63
	 北大・祓除	 上博七 凡甲2
		 清華四 筮法18

4673　　4672

然　　燬

晋	楚	秦	楚	燕	齊	晋
 中山王鼎 集成 2840	 郭店 老乙 15  上博四 采 5  上博七 凡甲 27  清華三 赤鵠 4  清華四 筮法 29	 雲夢 秦律 138  雲夢 效律 55  里耶 8-883	  帛書丙	 貨系 3393	 陶録 3・396・3  陶録 3・396・4	 璽彙 3364

	4679 閔	4678 煦	4677 烰	4676 烝	4675 燒	4674 燔
	晉	楚	秦	楚	楚	秦
		㶷		癸		
 貨系 724	 十一年閔令趙狽矛 集成 11561	 九 B14	 雲夢 日甲 51 反	 包山 257	 包山 186	 新郪虎符 集成 12108
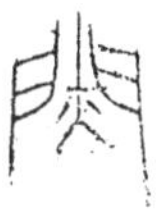 聚珍 246	 璽彙 2656					 雲夢 答問 53
 三晉 71	 三晉 58					 關沮 354
 貨系 2373	 貨系 725					 里耶 8-1620
	 三晉 71					 嶽麓一 占夢 6

火部

4680 炭	4681 灰			4682 炊	4683 熬	4684 煬
秦	楚	秦	齊	秦	楚	楚
	烣				䵅	
 關沮 317	 上博二容 44	 雲夢秦律 4  關沮 315	 陶録 3・505・2	 秦風 190  關沮 299	 包山 257  包山 257	 郭店六德 36

4689 燓	4688 㶳			4687 燭	4686 灼	4685 尉
秦	秦	齊	楚	秦	秦	秦
焚	𤇈					
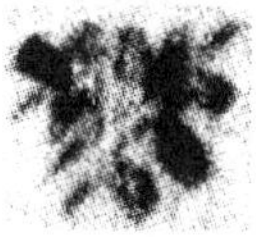 雲夢日甲42反	 雲夢日甲125	 陶録2・186・3  陶録2・186・4	 包山163  包山262	 關沮329	 里耶8-1221	 珍秦213  西安圖十八13  里J1⑨1正  里耶8-140正  里耶8-699背

4692 烖				4691 ⿱雥火	4690 爂	
楚	燕	晉	楚	秦	秦	楚
𤆎		焦		焦	票	焚
 上博三周21  上博三周56 《説文》古文。	 燕侯載器集成10583  璽彙3153	 新鄭圖403  新鄭圖403	 上博二魯4	 珍秦68  雲夢日甲55  關沮317  里耶5-19	 雲夢日甲64反  雲夢日甲80反	 鄂君啟車節集成12110  上博三周53  上博五鬼8  上博六用9  清華一楚居7

4695 光		4694 熅	4693 煙			
秦	楚	秦	晉		楚	
	炅		𤎩	𢿝	𡨚	材
 故宮 424  雲夢日乙 197  雲夢日甲 119	 曾乙 98	 關沮 374	 哀成叔鼎集成 2782 《説文》籀文。	 上博八蘭 5	 上博二子 11 讀「孕」。  上博三中附簡	 上博五三 2  上博五三 14

4696

熱

燕		楚	秦	晉		楚
𡨦	𣢈	寘				
 璽彙 0745	 上博四 柬 16	 清華四 筮法 48	 雲夢 日乙 20	 中山王鼎 集成 2840	 上博九 舉 2	 包山 220
 璽彙 1228		 帛書甲 讀「爇」。	 里耶 8-1620		 包山 277	 郭店 老甲 27
 璽彙 5564					 包山 276	 上博三 周 2
					 清華五 啻門 04	 九 A35
					 包山 268	 清華一 皇門 7

			4700	4699	4698	4697
			烕	燥	炅	熾
		楚	秦	秦	齊	楚
	⿷匚⿹戈炎					
 包山 10  上博五 季 14  清華一 楚居 3  清華一 楚居 3	 包山 3  包山 167  包山 91  包山 172  包山 162	 信陽 2・3  上博五 季 22  上博七 武 14  上博五 三 11  上博六 天甲 11	 雲夢 日甲 146 反	 里耶 8-1243	 璽彙 1978	 包山 139 《説文》古文。

4703 煛*	4702 熙		4701 熭			
秦	晋	晋	秦	齊		
					⿰⿷匚炎刀	⿰⿷匚炎刂
 里耶 5-33 正	 王三年鄭令戈 集成 11357   王六年鄭令戈 集成 11336	 司馬成公權 集成 10385  璽印	 集粹 736	 子禾子釜 集成 10374	 上博三 周 49	 包山 42  包山 60  包山 67

4704	4705	4706	4707	4708	4709	4710
炢*	𤆸*	焊*	貭*	𤐛*	𤎩*	爐*
楚	楚	楚	楚	楚	楚	楚
						虎

曾乙 11	上博五姑 9	上博一性 18	新蔡甲三 323	曾侯腴鐘 江漢考古 2014.4	新蔡甲二 14	璽彙 2208
	或讀「策」。				讀「鄂」。	

4716 ⿰火書*	4715 焆*	4714 ⿰火臭*	4713 煬*	4712 ⿰火見*	4711 ⿱白火*	
晋	晋	晋	晋	晋	晋	齊
						爈
 程訓義 1-152	 璽彙 2637	 璽彙 2092	 中山王方壺 集成 9735 讀「惕」。	 璽彙 3218	 璽彙 2995	 璽彙 3561  璽彙 3665

4722	4721	4720	4719	4718		4717
炎	⿰火斿*	畟*	⿰火男*	灾*		⿰火店*
秦	齊	齊	齊	齊		齊
 雲夢答問 179	 璽彙 3691	 陶録 2・750・1	 陶録 3・412・6	 陶録 3・490・3	 陶録 2・399・2	 陶録 2・396・2
			 陶録 3・413・6		 陶録 2・396・4	 陶録 2・397・2
			 陶録 3・412・1		 陶録 2・404・4	 陶録 2・398・1
					讀「陶」。	 陶録 2・397・4
						 陶録 2・398・3

4727	4726	4725		4724	4723	
黑	⿱炏立*	⿱炏毛*		燮	餤	
秦	楚	楚	晉	楚	晉	楚
				⿱炏又	熖	
 秦風 175  秦風 183  雲夢日乙 187  關沮 318  里耶 8-871	 上博八有 5	 包山 269 讀「旄」。	 三十四年頓丘令戈集成 11321  港續 38  璽彙 3286	 清華一耆夜 5  清華二繫年 089	 璽彙 1423  璽彙 2739  璽彙 3761	 上博七鄭甲 2  上博七鄭乙 2

4729 䵒	4728 黶					
秦	齊	燕	齊	晉		楚
	[illegible]					
 故宫 450	 陳黶戈 新收 1112	 陶録 4・16・1  陶録 4・20・1	 璽彙 3934	 璽彙 2842  璽彙 3967	 清華四 筮法 50	 曾乙 174

4735 黨	4734 黕	4733 黔		4732 點	4731 黝	4730 黠
秦	秦	秦	楚	秦	秦	秦
			黠			
 集粹 509  雲夢 封診 69	 秦風 177	 商鞅方升 集成 10372  陶彙 5・389  里 J1⑯6 正  里耶 8-1796	 印典 2145 頁	 珍秦 225	 珍秦 326  秦風 70  風過 138	 集粹 790

4740	4739		4738	4737	4736	
黵*	黟		黴	黥	黮	
楚	秦	楚	秦	秦	晉	晉
 清華三 良臣 1	 秦風 117	 曾乙 170 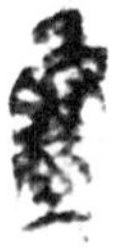 曾乙 174	 十鐘 3・47 下	 雲夢 答問 5  雲夢 答問 78  嶽麓叁 94	 六年冢子 戟刺	 上黨武庫戈 集成 11054

4745 窗			4744 恖	4743 ⿰黑朮*	4742 黛*	4741 黣*
秦	晉	楚	秦	齊	晉	晉
 里耶 8-1584	 璽彙 1108	 □□鼎 集成 2243	 雲夢 日甲 158 反	 陶録 2・176・1	 郘黛鐘 集成 226	 二十四年 晉□戈 東南文化 1991.2
		 清華三 琴舞 14		 陶録 2・176・3		
		 清華五 三壽 21		 陶録 2・177・3		
		 郭店 尊德 24		 齊陶 0906		
		 左塚漆梮				

			4748 赤		4747 炙	4746 熒
晋		楚	秦	晋	秦	秦
 璽彙 2624	 郭店 老甲 33	 信陽 2・11	 秦風 95	 璽彙 1516	 雲夢 日甲 21 反	 陶彙 6・57
 貨系 4044	 九 A5	 包山 168	 雲夢 日乙 176	 璽彙 5303	 關沮 317	
 貨系 4045	 清華二 繫年 117	 新蔡甲三 206	 關沮 190			
 先秦編 611	 清華三 赤鵠 1	 清華四 筮法 50	 里耶 8-18			
	 包山 272					

	4752 大	4751 赫		4750 赩	4749 赭	
楚	秦	秦	楚	秦	楚	燕
					⿰色者	
 曾乙鐘架  太后鼎 集成 2395  曾乙 146  清華一 程寤 2  上博一 緇 12	 珍秦 315  珍秦 362  秦 2000  里耶 8-529 背  北大・祓除	 嶽麓一 占夢 19	 包山 190	 里耶 8-1633	 包山 261  望山 2・11  信陽 2・15	 璽彙 3902

		齊		晉		
容	吝					
 貨系 3793	 齊幣 399  齊幣 186  陶録 2・127・3  齊陶 0926  齊陶 0918  齊陶 0358	 陳逆簋 新收 1781  陶録 3・396・1  璽彙 3427  璽考 32	 三晉 50  三年垣上 官鼎 文物 2005.8	 王二年戟 珍吴 169  安邑下官鍾 集成 9707  七年相邦鈹 集成 11712  八年新城 大令戈 集成 11345	 上博四 昭 6  上博七 凡甲 26  曾侯乙鐘	 包山 157  上博七 武 13  璽彙 0127 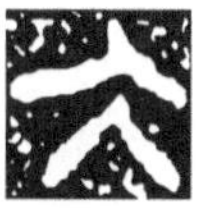 璽考 173  上博一 孔 21

4755 奄　　4754 夾　　4753 奎

秦	齊	楚	秦	晉	秦	燕
 雲夢 秦律 181  陶録 6・34・4  陶録 7・15・1	 陶録 3・391・3  陶録 3・391・6	 上博六 競 8  上博二 容 25  上博三 周 27  清華四 筮法 48	 雲夢 日甲 151	 兆域圖版 集成 10478	 集粹 743  雲夢 日乙 82  關沮 145	 大司馬鐓 集成 11910  燕王職作 戎戈 集成 11383  璽彙 0022  璽彙 4123

	4758 夷		4757 契		4756 夸	
	楚	秦	燕	秦	晉	秦
	[illegible]					
 清華一 楚居 5	 包山 28  包山 65  曾乙 131  包山 124  清華一 楚居 4	 官印 0031  傅 1441  里耶 8-160  里耶 8-753 背	 陶録 4・202・6	 雲夢 日甲 35 反	 三孔布 通論 144 頁	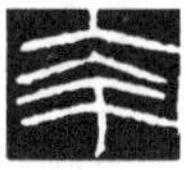 珍秦 183  陶録 6・14・1  里耶 8-1004  嶽麓一 爲吏 42

4762 亦		4761 夻*	4760 ⿰夫鼻*	4759 ⿰夫敫*		
楚	秦	晉	楚	楚	燕	晉
				⿰夫啚	⿱夫土	⿱夫土
 郭店老甲 14	 秦駰玉牘乙正	 集粹 57	 包山 58	 包山 88	 璽彙 3901	 温縣 WT1K14：572
 上博八命 2	 雲夢日乙 64					 温縣 WT4K6：212
 清華二繫年 036	 雲夢答問 169					
 上博一緇 10	 關沮 331					
 璽考 175	 里耶 8-67 正					

4765　　4764　　4763

吴　　奊　　夾

秦	秦	秦	齊	晉		
 珍秦 207  秦風 49  里耶 8-566	 鐵續  雲夢 日甲 8 反	 陶彙 6・55	 司馬楙編鎛 山東 104	 哀成叔鼎 集成 2782  璽彙 4328	 上博一 緇 6	 上博二 民 4  上博六 孔 12  新蔡甲三 316  清華四 筮法 17

4766

天

楚	秦	齊	晉			楚
 郭店唐虞11	 雲夢日甲59反	 璽彙1185	 中山王鼎集成2840	 上博二子1	 上博四昭9	 璽彙1183
 清華二繫年093	 雲夢日甲32反	 陶録3·549·1	 貨系0373		 上博七吳9	 包山174
 清華二繫年094			 十茉右使壺集成9674		 清華三良臣7	 新蔡甲二6
 清華五三壽22			 璽彙1169		 清華五命訓11	 上博七吳3背
 清華三良臣2			 陶録5·31·3		 郭店唐虞27	 包山122

喬

	晋			楚	秦	晋
		⿰喬生				
 中山王鼎 集成 2840  陶録 6・451・6	 邵黛鐘 集成 225  邵黛鐘 集成 226  璽彙 1222	 曾旨尹喬缶  曾大攻尹 喬鼎	 璽彙 0163  郭店 老甲 7  郭店 五行 37  上博六 競 10  清華一 楚居 6	 畬忎鼎 集成 2794  曾孫喬壺  郭店 唐虞 17  包山 49  包山 141	 北大・祓除	 璽彙 3774  璽彙 5621

4769 奔　　4768 幸

晉	楚	秦	楚	秦	燕	齊
			犭夭			
 中山王鼎 集成 2840	 清華二 繫年 032	 雲夢 答問 132	 上博四 昭 3	 王八年内史戈 新收 1904	 璽彙 1225	 璽彙 0246
	 清華二 繫年 093	 雲夢 爲吏 28	 上博五 姑 3	 雲夢 秦律 5	 璽彙 1226	
		 里耶 8-537	 上博五 姑 3	 里耶 8-624	 璽彙 1244	
			 清華三 芮良夫 9	 里耶 8-1570	 璽彙 1237	
				 嶽麓叁 198		

4772 絞				4771 交	4770 ⿱喬豫*	
楚	齊	晋	楚	秦	齊	齊
 上博八 顔 11	 交車戈 集成 10956	 璽彙 0669	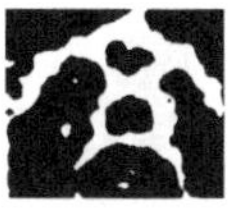 璽彙 0310	 珍秦 140	 淳于公戈 集成 11124	 璽彙 3693
 上博八 顔 12	 陶録 3・615・3		 清華二 繫年 043  郭店 性自 10  上博四 逸・交 3  九 A27	 雲夢 日乙 4  里耶 8-1434 正	 淳于公戈 集成 11125 或釋「喬豫」。	 分域 691

壺

燕	齊	晉			楚	秦
			瓠			
 重金壺 集成 9975	 陳喜壺 集成 9700A	 令狐君壺 集成 9720	 信陽 2·1	 曾大沈尹壺乙 商周 12226	 奇之隫壺	 秦風 149
	 子叒迊子壺 集成 9560	 盛季壺 集成 9575	 猚子嬰壺 集成 09558	 蔿子鐕壶	 瘟多壺	 關沮 348
	 公子土斧壺 集成 9709A	 東周左𠂤壺 集成 9640			 曾孫喬壺	 里耶 8-434
		 中山王方壺 集成 9735			 曾孫卲壺	 里耶 8-711 正
					 曾姬無卹壺 集成 9710	 里耶 8-767 正

		4777 睪		4776 㚔	4775 懿	4774 壹
	楚	秦	燕	晉	齊	秦
 包山 120	 曾侯乙鐘	 秦風 206	 燕王詈戈 集成 11305B	 中山王方壺 集成 9735	 禾簋 集成 3939	 商鞅方升 集成 10372
 包山 259	 郭店 六德 44	 北大・祓除	 燕王戎人矛 集成 11543	 璽彙 0393	 司馬楙編鎛 山東 104	 陶録 6・56
 上博七 君乙 8	 清華一 耆夜 1			 集粹 150		 陶録 6・343・1
 上博八 志 5	 清華一 皇門 3					 北大・九策
	 清華三 琴舞 4					 雲夢 日甲 59 反

4778

執

	楚	秦	齊		晉	
⿱埶女			臬	臬		臬
 清華一楚居 6	 曾乙 1	 秦風 45	 璽彙 0098	 中山王方壺集成 9735	 璽彙 1858	 無𦋊鼎集成 2098
 清華一楚居 6	 包山 81	 雲夢日乙 199			 陶録 7・19・4	 郭店語一 87
	 郭店緇衣 18	 里耶 8-1517 背				 上博一緇 21
	 清華二繫年 080	 北大・隱書				 清華五厚父 04
	 清華五啻門 13					 清華五封許 02

4781 報　　4780 盩　　4779 圉

晉	秦	秦	秦	晉		
					教	
 七年相邦鈹 集成 11712	 雲夢 秦律 184	 秦駰玉版	 詛楚文 湫淵	 兆域圖版 集成 10478	 包山 122	 包山 135
 三年鈹 集成 11661	 里 J1⑨7 正		 珍秦 307		 清華二 繫年 060	 上博九 靈 1
 六年代相鈹 文博 1987.2	 里 J1⑨7 背				 清華二 繫年 098	 上博九 靈 2
 十七年邢令戟 集成 11366	 里耶 8-731 背				 清華三 祝辭 2	
 相邦春平侯鈹 集成 11688	 嶽麓叁 40				 清華三 祝辭 1	

	4784 亢	4783 奢		4782 籒		
楚	秦	秦		秦		
			睪	鞫		敎
 清華四 筮法 19   帛書甲 或釋爲「奎」。	 雲夢 日乙 97  雲夢 日乙 129  關沮 189	 陝西 755  陶録 6・32・2  里耶 8-683 正 奓  詛楚文 湫淵 《説文》籒文。	 左塚漆梮	 嶽麓叁 187  嶽麓叁 184	 十七年春平 侯鈹 集成 11689  十七年春 平侯鈹 集成 11690 省形。	 十六年守 相鈹 遺珠 178  十七年春 平侯鈹 集成 11709  □年邦府戟 集成 11390

4786　　4785

暴　　𠦪

		楚	秦	秦	齊	晉
戲						
 新蔡甲三 64	 郭店 唐虞 12  上博二 從甲 18  清華三 芮良夫 11  左塚漆梮	 上博二 從甲 15  上博六 競 12  上博五 鬼 3  上博五 鬼 1  郭店 性自 64	 詛楚文 湫淵  雲夢 秦律 2	 雲夢 日甲 61 反	 陶録 3・379・5  陶録 3・383・1  陶録 3・381・6  陶録 3・379・2	 貨系 1341  貨系 1342  貨系 1337 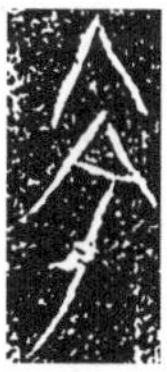 陶録 5・89・2  新鄭陶文

	4791 奚	4790 奡	4789 昦	4788 皋		4787 奏
楚	秦	楚	晉	秦	晉	秦
 上博一 孔 27  上博四 曹 57  上博二 民 6  上博七 凡乙 1  清華五 湯丘 16	 北大・日乙	 上博五 三 11	 二年平陶 令戈 考文 2007.6	 湖南 39  雲夢 日甲 13 反	 二十九年高 都令戈 集成 11302	 雲夢 語書 13  關沮 47  里耶 8-251  里耶 8-1695 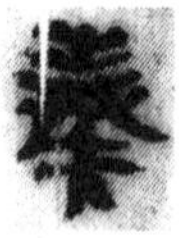 嶽麓叁 169

4793　　4792

夫　　耎

齊	晉			楚	秦	秦
 子禾子釜 集成 10374	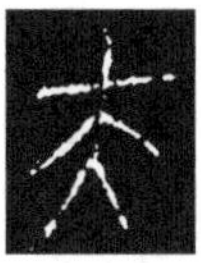 十一年庫嗇夫鼎 集成 2608	 上博八成 14	 清華一皇門 11	 君夫人鼎 集成 2106	 璽彙 3629	 雲夢封診 57
 陶録 2・643・4	 十二茉壺 集成 9685	 上博八有 6	 清華四筮法 1	 自鐸 通考 360	 珍秦 315	 嶽麓叁 241
	 右使車嗇夫鼎 集成 2707	 郭店語一 18	 清華五命訓 06	 曾乙 174	 陶録 6・32・3	
	 璽彙 0110	 上博六孔 3	 上博六競 4	 包山 142	 里耶 8-157 正	
	 璽彙 1068	 上博六孔 10	 上博六競 9	 郭店忠信 4	 里耶 8-1445 正	

				4795 立		4794 規
	齊	晉	楚	秦	楚	秦
 貨系 2656	 陳純釜 集成 10371	 中山王壺 集成 9735	 郭店 緇衣 12	 陶録 6・339・1	 上博六 用 14	 十鐘 3.42 下
 陶録 2・22・1	 子禾子釜 集成 10374	 王立事鈹 集成 11669	 包山 249	 雲夢 爲吏 7		 里耶 8-1437 背
 齊陶 0081	 璽彙 0289	 璽彙 4278	 郭店 緇衣 3	 雲夢 日乙 237		
 齊陶 0151	 璽考 67		 上博六 孔 21	 北大・白囊		
 齊陶 0224	 齊幣 160		 清華一 祭公 1	 北大・從政		

4799	4798	4797	4796			
竭	竘	竢	端			
秦	秦	楚	楚	秦	燕	
 陶録 6·26·4  里耶 8-1275	 里耶 8-1256	 上博二 容 24  上博六 慎 3  清華二 繫年 135  上博八 李 1	  曾乙 176  清華四 筮法 46	 珍秦 155  里 J1⑯ 16 正  里耶 8-894  嶽麓叁 166	 先秦編 558  貨系 3689	 齊陶 0149  陶録 2·3·3  齊陶 0290  齊陶 0313  齊陶 0315

4804	4803	4802	4801	4800		
⿰立奇*	⿰立吉*	⿰立月*	竨	竣		
秦	秦	晋	晋	齊	晋	晋
				⿰立叟		
 雲夢 日甲 13 反 讀「奇」。	 ⿰立吉度鼎 商周 712	 王立事鈹 集成 11669 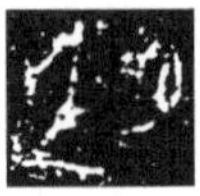 司馬成公權 集成 10385	 單竨託戈 集成 11267	 銅柱 録遺 6・132	 温縣 WT4K6：212  温縣 WT4K6：315	 温縣 WT1K1：3690  璽彙 3003

4809	4808	4807	4806		4805	
[illegible]*	⿺立雚*	⿺立時*	⿱之立*		⿺立㔾*	
楚	楚	楚	楚	晉	楚	晉
				⿺立山		
 曾乙 62	  鄧冢璞戟 通考 325	 清華三 説命中 7 讀「志」。	 上博二 容 7 讀「持」。	 好盗壺 集成 9734 讀「犯」。	 上博七 吴 9	 類編 77

4816	4815	4814	4813	4812	4811	4810
⿰立巨*	⿰立斤*	⿰立反*	⿰立攴*	⿱宀立*	⿱工立*	⿰立啇*
晋	晋	晋	晋	晋	晋	楚
 璽彙 3138  璽彙 1763	 三年鄭令矛 集成 11559	 璽考 254	 璽彙 3426	 元年鈹 集成 11660	 盛世 96	 清華五 湯丘 16  清華五 啻門 17 讀「制」。

	4817 竡*	4818 竎*	4819 竡*	4820 竬*	4821 竮*	4822 竩*
燕	晉	晉	晉	晉	晉	晉
 璽考 286	 十一年庫 嗇夫鼎 集成 2608	 璽考 208	 璽考 283  璽考 241	 璽彙 2085  璽彙 2642  湖南 25	 璽彙 2259  珍戰 126	 璽彙 1482

4829 竛*	4828 竨*	4827 竳*	4826 竫*	4825 竱*	4824 竢*	4823 竡*
晋	晋	晋	晋	晋	晋	晋
 元年埒令戈 集成 11360  三十三年業令戈 集成 11312  五年龏令思戈 集成 11348 讀「令」。	 璽彙 5655  璽彙 0932  珍戰 28	 四斗𠫑客方壺 集成 9649	  朝歌下官鐘 中日 630	 宜陽戈 文物 2000.10	 璽彙 1163	 六年冢子戟刺

4830	4831	4832	4833	4834	4835	4836
竡*	竰*	竬*	竴*	竳*	竵*	竷*
晉	晉	晉	晉	晉	晉	晉
 六年冢子戟刺	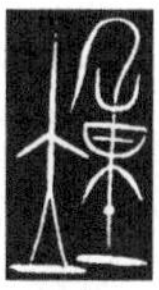 中山王鼎 集成 2840 讀「童」。	 程訓義 1-156	 中山王鼎 集成 2840 讀「廢」。	 十三苿壺 集成 9693  左使車嗇夫帳桿母 集成 12057	 温縣 T1K1：1845	 鴨雄 020

4837	4838	4839	4840			4841
⿰立睘*	⿰立需*	⿰立嶲*	⿰立巠*			⿰立司*
晋	晋	晋	齊		燕	齊
		遵				⿰金司
 璽考 251	 五年鄭令戈 集成 11385	 鴨雄 033	 陶録 3・384・1	 陶録 3・384・2	 陶録 4・203・1	 陳侯因資敦 集成 4649 讀「嗣」。

	4842	4843	4844	4845	4846	4847
	𨸇*	𨕤*	𨔎*	𨓿*	𨖕*	竝
	齊	齊	燕	燕	燕	秦
 璽彙 0037  璽彙 5540  璽考 37 讀「司」。	 陶録 2・200・4  陶録 2・200・3  陶録 2・201・3  齊陶 0816	 莒公孫潮子鐘 8 山東 76	 燕王職壺 新收 1483 讀「踐」。	 璽彙 0058  璽彙 0186  陶彙 4・151	 陶録 4・24・1	 雲夢雜抄 39  里耶 8-1070  北大・算甲  北大・算甲

4851	4850	4849		4848		
思	巤	囟		替		
秦	楚	楚	晉	楚	晉	楚
			竝	普		
 璽彙 4876	 九 A25	 郭店 太一 12	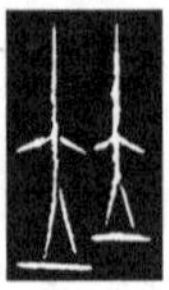 中山王鼎 集成 2840	 上博三 周 44	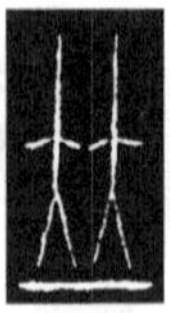 中山王方壺 集成 9735	 次並果戈 新收 1485
 珍秦 372	 郭店 性自 54	 上博四 曹 24				 郭店 唐虞 15
 珍秦 385		 上博七 鄭乙 2				 新蔡乙 32
 珍秦 386		 上博八 有 1				 清華一 程寤 3
 北大・從軍		 包山 246				 清華五 三壽 19
		又見卷九「甶」。				

4852

慮

晉		楚	秦	燕	晉	楚
忌	憤					
 中山王鼎 集成 2840	 郭店 緇衣 33	 郭店 語二 11	 雲夢 爲吏 43	 璽彙 3500	 五年龏令 思戈 集成 11348	 清華二 繫年 057
 璽彙 0975	 上博五 姑 7	 上博一 緇 17	 地理 29	 璽彙 3770	 璽彙 1895	 郭店 魯穆 1
	 上博七 武 7	 郭店 性自 48	 北大・從政	 璽彙 4101	 珍戰 66	 上博四 曹 54
	 上博八 有 3	 郭店 老甲 1				 上博九 舉 7
		 左塚漆桐				 清華五 湯丘 07

心

燕	齊	晉	楚	秦	燕	齊
					慮	⿰忄虎
 璽彙 1247	 司馬楙編鎛 山東 104	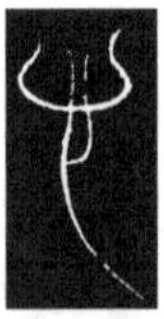 中山王方壺 集成 9735	 璽彙 5288	 珍秦 369	 璽彙 3447	 璽彙 0243
	 陶録 2・405・1	 璽彙 4499	 郭店 緇衣 8	 雲夢 日乙 104		
	 齊陶 0577		 郭店 五行 10	 里耶 8-2088		
	 齊陶 1390		 上博七 凡甲 26	 北大・從政		
			 清華一 祭公 9	 北大・醫方		

4854 息

秦	楚	⿱⿰自自心
 珍秦 30	 左塚漆梮	 郭店緇衣 23
 秦集二四 35・5	 上博五鮑 5	 郭店緇衣 23
 里耶 8-290	 清華一祭公 16	讀「疾」。
	 清華三琴舞 12	

4855 情

晉	燕	秦	楚
 中山王方壺 集成 9735	 陶録 4・57・1	 秦駰玉版	 郭店語一 31
 六年代相鈹 文博 1987.2			 郭店性自 29
 璽彙 0685			 上博七鄭乙 3
 集粹 43			 上博一孔 22
			 清華一耆夜 7

4857 意　　　　　　　　　　4856 志

楚	秦	齊	晉	楚	秦	
 清華一 程寤 7	 珍秦 340	 璽彙 4335	 中山王方壺 集成 9735	 璽彙 4519	 璽彙 4340	 上博一 孔 1
	 秦都圖 121	 璽彙 4889	 璽彙 0070	 郭店 性自 6	 青川陶釜	 上博一 緇 2
	 里耶 8-1525		 璽彙 4334	 上博七 武 6	 塔圖 141	 清華五 啻門 17
	 里耶 8-2084			 上博七 武 13	 里 J1⑨ 981 正	
	 雲夢 日乙 83			 清華五 啻門 10	 雲夢 日甲 3	

4859 應　　　　4858 惪

	楚	秦	齊	晋		楚
[illegible]						
 曾侯乙鐘	 包山 174	 珍秦 308	 陳侯因資敦 集成 4649	 令狐君壺 集成 9720	 上博三 周 5	 郭店 語三 54
 曾侯乙鐘		 雲夢 日甲 35 反		 好蚉壺 集成 9734	 清華一 皇門 13	 郭店 老乙 16
 曾侯乙鐘		 雲夢 答問 38		 中山王鼎 集成 2840	 上博八 子 2	 上博三 中 17
 包山 176		 里耶 8-8			 清華五 命訓 02	 上博一 性 23
 包山 201						

4860

慎

				楚	秦	
⿱十言	⿰⿱十言斤	訢	⿱訢心	⿱⿰⿱十言斤心		
 上博一 性 39	 包山 145  上博一 緇 9  郭店 老丙 12  郭店 成之 38  郭店 成之 40	 上博一 緇 17  上博五 弟 11  郭店 緇衣 30  左塚漆梮  上博六 用 12	 上博一 孔 28  郭店 五行 16	 上博四 曹 48  上博七 吴 1  清華一 尹至 4  清華三 琴舞 4	 珍秦 380  地理 24  里耶 8-1444 正  北大・算甲  北大・從政	 包山 204  新蔡甲三 114  上博九 卜 2

	晉					
訢	昚	怂	昚	謲	誋	[illegible]
 璽彙 2634  璽彙 2630	 十一年令少曲慎录戈 雪二 116 頁 《說文》古文。	 清華五 厚父 07  清華五 厚父 10	 郭店 語一 46 《說文》古文。	 包山 122 「慎」、「参」雙聲符。	 郭店 五行 17	 信陽 1·42

4862 ⿱敖心						4861 忠
秦	燕	晉			楚	秦
			⿱宀忠			
 雲夢 語書 9	 璽彙 3463	 中山王鼎 集成 2840  集粹 314  璽考 290	 璽彙 2557  郭店 六德 17  郭店 六德 35  郭店 尊德 30  上博八 顔 13	 郭店 緇衣 20  郭店 唐虞 24  上博六 天甲 13  清華五 命訓 15	 郭店 語三 63  郭店 忠信 3  璽彙 4502  郭店 魯穆 2  上博三 中 21	 珍秦 343  珍秦 343  雲夢 爲吏 46  里耶 8-1538

4864 念　　　　4863 快

		楚	秦	晉	楚	秦
悆						
 郭店 成之 2	 清華三 琴舞 13	 者梁鐘 集成 122	 秦風 242	 新鄭陶文	 包山 82	 珍秦 354
 清華二 繫年 017	 郭店 語二 13	 左塚漆梮	 嶽麓叁 75		 郭店 尊德 35	 尊古 315
	 清華五 三壽 08	 上博五 鬼 7	 北大·從軍		 郭店 語一 107	 里耶 8-158 背
	 清華五 厚父 08	 清華一 保訓 3			 上博一 性 6	 里耶 8-2101
		 清華一 祭公 8			 清華五 湯丘 02	 嶽麓叁 125

4866 懸				4865 憲		
楚	秦		晉	楚	秦	晉
		[illegible]				念
 上博三 彭2	 秦駰玉版	 璽彙1748	 六年陽城 令戈 華夏考古 1991.3	 新蔡甲三25	 十鐘 3・61上	 中山王鼎 集成2840
 上博三 中12			 璽考99	 清華一 皇門4	 雲夢 秦律193	 中山王鼎 集成2840
 郭店 六德49			 璽彙0390	 清華一 皇門13		
 清華三 芮良夫21			 璽彙4085			
 郭店 老丙13			 璽彙1749			

4868 惇　　　　4867 忻

楚	燕	齊	晉		楚	
				⿱宀⿱斤心		戁
 郭店 窮達 15	 璽彙 2321	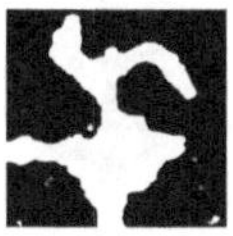 璽彙 1563	 璽彙 3275	 上博七 凡甲 12	 包山 91	 璽考 243
	 璽彙 2322		 璽彙 0382		 郭店 性自 32	 清華三 芮良夫 16
					 上博二 容 25	 清華一 祭公 19
					 上博八 命 7	 郭店 老甲 16
					 新蔡零 691	

4871 悊				4870 慧		4869 愿
晉	楚	晉		楚	秦	秦
悊			慧	慧		
 集粹 250  璽彙 4282  璽彙 4307  璽彙 4933  新鄭圖 403 讀「慎」。	 上博五三 11	 璽彙 0715  璽彙 0982  璽彙 1753	 璽彙 3618	 上博一性 38	 秦風 99  珍秦 49  珍秦 209	 璽彙 5660  里耶 8-1554

4874 恭　　4873 恢　　4872 恬

晋		楚	秦	秦		
	惷					忈
 璽彙 5389	 郭店 緇衣 8 「共」、「工」雙聲。	 左塚漆梮  帛書乙  璽彙 3658  上博九 陳 12  清華五 三壽 11	 上郡守戈  璽下 293	 里 J1⑨3 正  里 J1⑨9 正  里耶 8-2170	 璽彙 4959  璽彙 4969 讀「慎」。	 璽彙 4291  璽彙 4325 讀「慎」。

			4877 慈		4876 怡	4875 慜
晉			楚	齊	楚	晉
	⿱才心	⿱𢇁心	⿱丝心			
 中山王方壺 集成 9735	 清華五 三壽 18  郭店 太一 10 讀「字」。  上博五 鮑 8  清華一 金縢 4 讀「才」。  清華三 芮良夫 11	 上博四 内 4  上博八 顏 11	 郭店 老甲 31  上博三 中 7  清華五 湯丘 14	 陶録 2・105・1  齊陶 0911	 郭店 性自 45	 中山王方壺 集成 9735

			4880		4879	4878
			慶		慭	恩
	楚		秦		楚	楚
 曾乙 142  包山 179  璽彙 2257  郭店緇衣 13  新蔡甲三 65  上博三周 51	 包山 13  包山 131  郭店六德 11  上博一緇 8	 雲夢日乙 60  里耶 8-522 背  嶽麓叁 243	 卅八年上郡守戈新收 986  秦風 212  珍展 165  陶録 6・441・2  里 J1⑨10 背	 清華二繫年 045  清華三芮良夫 15  包山 16	 包山 15 反  上博九靈 1  包山 194  包山 172	 郭店五行 13  上博五姑 9

4883 恂	4882 㥶	4881 愻				
楚	楚	楚	齊		晉	
				𠩄		
 清華三 芮良夫 11	 上博三 周 45	 郭店 緇衣 26	 璽彙 0236	 五年龏令 思戈 集成 11348	 六年鄭令戈 集成 11397	 上博九 舉 3
 清華三 赤鵠 12		 清華一 祭公 8	 璽彙 1146		 璽彙 0978	
			 盛世 89		 璽彙 1685	
			 陶録 2・243・2		 璽彙 0979	
			 陶録 3・138・6			

4885 懷				4884 惟		
燕	楚	秦	齊	楚	齊	晉
褱	褱 褢		㥶			
 璽彙 2712	 曾孫懷匿	 秦集二 三 28・1	 陳侯因資敦 集成 4649	 上博五 鬼 7	 陶録 3・340・2	 陶録 7・3・2
	 上博六 用 6	 雲夢 封診 84		 上博六 用 6	 陶録 3・340・3	
	 上博五 季 22			 清華三 説命上 3	 陶録 3・340・6	
	 郭店 尊德 33			 清華五 湯丘 09		

4887 懼　4886 想

楚	秦	楚		晋	齊	
4886 想	4887 懼	⿱瞿心	愳		⿱⿱䀠于心	⿱⿱日于心
 酖祓想簋 新收534  楊家灣32	 雲夢 爲吏7	 九B13  上博五 三4  上博七 武5  清華二 繫年106  上博九 陳10	 上博二 從乙3  玉印26  清華一 楚居5  清華五 三壽11	 中山王鼎 集成2840	 陶録 2·218·4 「䀠」「于」雙聲。	 陶録 2·153·3

	4891	4890		4889	4888	
	恣	憮		恃	怙	
	楚	楚	晉	楚	齊	燕
		㷁				𢘅
 郭店 成之 20  上博二 魯 3  郭店 尊德 26  郭店 五行 13  上博四 曹 17  郭店 唐虞 6	 郭店 緇衣 25  郭店 唐虞 8  上博二 容 1  上博三 中 23  清華一 程寤 9	 上博六 用 2	 珍戰 141	 曾侯𨟭鐘 江漢考古 2014.4  信陽 1・2  郭店 語一 38	 陶録 2・417・4  陶録 2・669・1  齊陶 1001	 璽彙 2813  璽彙 3413

4893 恣	4892 ⿰忄胥					
齊	楚	燕	齊	晋		
意	⿰忄疋		⿱⿷匚疋心			⿱⿷匚疋心
 陶録 2・106・1  陶録 2・106・3  陶録 2・134・3	 上博五 三 4	 燕侯載簋 集成 10583	 陶録 3・329・4  陶録 3・329・5  陶録 3・648・3 《説文》古文。	 中山王方壺 集成 9735  好盗壺 集成 9734  珍戰 202  璽彙 4655  珍戰 201	 包山 207	 郭店 語二 8  郭店 語三 40  上博六 用 11  包山 236  包山 239 《説文》古文。

4896 ⿰忄隶		4895 慕			4894 懋	
晉	齊	楚	晉		楚	燕
				蒉	悉	
 璽考 210  璽彙 3374	 陳侯因資敦 集成 4649	 清華三 琴舞 14  清華五 三壽 26	 陶録 3・344・4	 清華一 祭公 9  清華三 琴舞 6	 郭店 性自 47  清華一 皇門 10  清華一 皇門 12  清華一 祭公 12	 璽彙 2325

4898 惂		4897 愳				
	楚	齊		晉		楚
⿱臽心		⿱䀠心	忘		⿱亡心	
 上博一 性 19	 郭店 性自 34	 陶録 2・616・3  陶録 2・618・2  陶録 2・617・3  齊陶 0527	 十七年春 平侯鈹 集成 11714	 宅陽令戟刺 珍吴 250  港續 75	 郭店 語二 42	 郭店 成之 39  上博三 周 53  上博三 中 7

			4901 懽		4900 忏	4899 怕
晋			楚	晋	楚	楚
	⿱觀心	⿱今⿱隹心	⿱雚心			
 二十九年高都令戈 集成 11302	 包山 259  清華五 三壽 21	 郭店 性自 52  郭店 尊德 16  上博二 從乙 1  上博四 相 3  上博四 曹 60	 上博三 中 22  清華五 命訓 04  清華五 命訓 04	 陶彙 9・24	 酓悍鼎 集成 2794  酓悍盤 集成 10158	 上博四 昭 9

4904		4903			4902	
㥛		急			惄	
晋	楚	楚	秦		齊	齊
⿱⿰亟攵心	⿱亟心			忈		
 温縣 T1K1：1845	 上博三 亙 12	 上博五 弟 5  上博七 鄭甲 2  上博七 鄭乙 2	 雲夢 爲吏 8  里 J1⑯6 正  里耶 8-753 背  里耶 8-756  北大・算甲	 齊陶 0179  齊陶 0174  齊陶 0175  齊陶 0176  齊陶 0178	 陶録 2・61・1  陶録 2・61・3	 陳逆簋 集成 4630  陳逆簋 新收 1781

4907 悒	4906 恁	4905 ⿰忄巠				
晉	楚	齊	楚	燕		
						⿱戓心
 璽彙 0694	 璽彙 2561	 陶録 2・83・1	 郭店 尊德 34	 歷博 燕 119	 温縣 T1K1：2279	 温縣 WT4K6：212
 璽彙 0695		 陶録 2・665・3				
 璽彙 3030		 齊陶 0776				

4909 愉　　4908 悆

燕	晉		楚	齊	晉	楚
		愈				悆
 璽彙 3403	 二十八年戟 珍吴 117  三十年戟 珍吴 127	 郭店 老乙 11  上博四 柬 2	 郭店 窮達 13  上博四 曹 2  上博六 競 11  上博七 凡甲 5  上博六 競 4	 陶録 3・119・1  陶録 3・119・4  歷博 53・7  陶録 3・123・5	 邢臺圖 212・7 **[illegible]**  新鄭圖 452 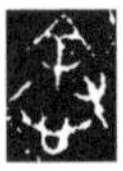 新鄭圖 452	 包山 5

4913 悍		4912 惷	4911 㥒	4910 愚		
齊	秦	秦	楚	晋	楚	秦
 陶録 2·15·5	 珍秦 71	 秦駰玉版	 上博一 性 37	 中山王鼎	 上博三 中 26	 雲夢 爲吏 32
 陶録 2·117·3	 秦都圖 342					
 陶録 2·117·4	 秦都圖 342					
 陶録 2·219·3	 里耶 8-78 正					
 齊陶 0860	 雲夢 日乙 100					

4916 怠　　4915 怪　　4914 態

			楚	秦	楚	
	紿	忿				惻
 包山 141  上博三中 26  上博五三 2	 郭店老甲 17  包山 180  清華一尹至 4  清華五厚父 04	 郭店語一 67	 上博七武 3  上博七武 4	 雲夢日甲 82 反	 清華三芮良夫 19  清華五三壽 16	 子惻子戈集成 10958

	燕	齊		晋		
紂	忈	紂	[illegible]	忈	[illegible]	[illegible]
 璽考 310	 璽彙 0867	 滕之不㤹劍 集成 11608A  滕之不㤹劍 集成 11608B	 中山王方壺 集成 9735	 璽彙 0384  璽彙 0977	 上博七 凡甲 3  上博七 凡乙 3  上博七 凡甲 25	 上博七 武 14  上博七 武 14

4917		4918	4919		4920	4921
憜		怫	忿		忽	忘
秦	楚	楚	晉	燕	晉	秦
	隠	䰻				
 集粹 833	 上博三 中 18	 上博三 周 24  上博三 周 25	 州亼戈 集成 11298	 璽彙 1289	 中山王鼎 集成 2840	 雲夢 爲吏 5  雲夢 日甲 63 反  里耶 8-1065  北大・算甲  北大・從政

4924 悝	4923 憧		4922 惕			
秦	楚	燕	楚	齊	晉	楚
	⿱童心	⿱湯心				
 秦風 95	 上博三中 4	 璽彙 3518	 上博七武 8	 十年陳侯午敦集成 4648	 屭羌鐘集成 161	 自鐸通考 360
 嶽麓叁 55	 清華三芮良夫 12		 清華三芮良夫 7	 十四年陳侯午敦集成 4647	 好蚉壺集成 9734	 清華一耆夜 11
				 十四年陳侯午敦集成 4646	 中山王方壺集成 9735	 上博六用 9
						 上博七凡乙 19
						 清華一保訓 9

			4928 ⿰彳心	4927 惏	4926 悖	4925 悅
晋			楚	楚	楚	燕
慭	⿺辶悉	偬	⿰鬼思		⿱季心	
 二十四年晋□戈 東南文化1991.2  七年安陰令戈  集粹161 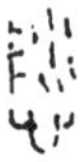 港續57	 新蔡甲三233  新蔡零164	 包山85	 客豊鼎 集成1085	 清華三 芮良夫4	 上博一 性15  上博三 周48	 三晋130  璽彙0014  璽彙0052  璽彙0693  璽彙3919  陶録4·163·3

4929

惑

齊	晋			楚	秦	
		賊	[宀+惑]			
 璽考 301  陶録 2·741·1	 中山王鼎 集成 2840	 郭店 緇衣 6  郭店 緇衣 5  上博五 弟 16	 上博二 容 20	 璽彙 3710  郭店 魯穆 4  郭店 緇衣 4  清華五 湯丘 12  包山 57	 秦駰玉版  雲夢 日甲 32 反	 二十八年上洛左庫戈 九店墓 231 頁  璽彙 1381  璽彙 1829

4931 忌　　4930 惛

晉		楚	秦		楚	
	忌			[illegible]		感
 璽彙 0974  璽彙 2596	 郭店 尊德 1 「己」、「丌」雙聲。	 郭店 太一 7  郭店 語一 26  上博六 用 15	 秦風 52  陝西 875  雲夢 日乙 142  嶽麓叁 243	 上博二 從乙 3	 郭店 性自 64  上博六 競 6  左塚漆梮	 陶録 3・343・1  陶録 3・343・5

4934 ⿱黎心			4933 悁		4932 忩	
楚		楚	秦	楚	秦	齊
⿱刅心	⿱宀⿱𦣻心	⿱𦣻心				
 郭店 語二 4	 上博一 孔 3	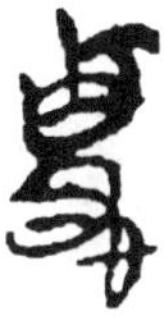 上博二 從甲 5	 集粹 657	 包山 172	 陶録 6・5・4	 節可忌豆 新收 1074
 上博一 孔 17	 上博一 孔 18	 包山 138 反	 陶録 6・147・1	 郭店 尊德 1	 陶録 6・5・3	 璽彙 1146
		 上博四 曹 17		 上博七 武 9	 雲夢 爲吏 11	 璽彙 5587
		 上博一 孔 19				
		 清華一 尹誥 2				

4937 怒				4936 怨		4935 恚
秦	齊		楚	秦	楚	秦
	⿱免心	⿱⿰免免心	⿱免心			
 關沮 248  關沮 222  雲夢爲吏 11	 右⿱免心矛集成 11487  璽彙 0586  璽彙 1462  璽彙 3112  璽彙 3664	 左塚漆梮	 上博六天乙 9  上博六天甲 10	 雲夢爲吏 25  雲夢爲吏 13	 沈囗玉圭  新蔡甲三 184-2  九店 A78	 陶彙 5·1

	4939 惡	4938 慍				
楚	秦	楚	晉			楚
		恩		蘁	[illegible]	[illegible]
 璽彙 2068  郭店 語二 25  上博一 緇 4  天卜  天卜	 雲夢 日乙 194  關沮 253  里耶 8-1363  北大・泰原	 郭店 性自 35  郭店 語二 7  上博六 競 5  郭店 五行 13  郭店 五行 32	 好蚉壺 集成 9734	 上博五 三 13	 郭店 老甲 34  上博七 鄭乙 3  上博九 靈 4	 郭店 語一 46  郭店 語二 26  上博五 競 6  清華三 赤鵠 5

4944	4943		4942	4941	4940	
憒	怏		悔	忍	憎	
楚	晉	楚	秦	齊	楚	
𢡟					𢡱	晉
 郭店 性自 46	 兆域圖版 集成 10478	 上博六 用 12	 璽彙 5705  嶽麓叁 75  嶽麓一 爲吏 36  雲夢 爲吏 10	 陶録 3・454・3  陶録 3・264・1  陶録 3・266・1  陶録 3・266・6	 上博五 三 2	 上博三 周 32

字號	字頭	系別	隸定	字形
4945	閟	楚		 上博一孔 26
4946	愴	楚		 望山 1・11  包山 144  包山 143  新蔡甲一 3
4947	怛	齊	悍	 齊陶 0002  齊陶 0023  齊陶 0011  齊陶 0006  齊陶 0019
4948	憯	楚	𢡱	 清華一尹至 5
4949	悲	秦		 雲夢日甲 67 反
		楚		 郭店老丙 10  郭店性自 29  上博二民 11

4952 慼		4951 惜	4950 惻			
齊	楚	秦			楚	晉
			⿱⿰鼎刂心		⿱則心	
 陶録 3・389・4	 清華一 祭公 8	 里耶 8-61 背	 左塚漆梮	 上博七 鄭乙 4	 競孫不服壺 通考 313	 璽彙 5451
 陶録 3・390・2	 清華五 湯丘 02		 清華一 皇門 9	 郭店 老甲 1	 競孫旟也鬲 商周 3036	
			 清華三 芮良夫 10	 郭店 老甲 31	 包山 207	
			 上博六 用 3		 包山 220	
					 郭店 語二 27	

4955 恙					4954 忧	4953 感
晋	楚	秦			楚	秦
			[illegible]	[illegible]		
 集粹 302	 上博五三 11  清華一尹至 3  清華一皇門 8  清華五三壽 13  清華五三壽 27	 雲夢日乙 249  里耶 8-2088	 新蔡甲三 61  新蔡甲三 10	 璽彙 2154	 信陽 1・39  郭店六德 16  上博六用 4  上博八志 6	 秦風 180  里耶 8-217  嶽麓叁 71

4960 懴		4959 忡	4958 惙	4957 怲		4956 惴
秦	齊	楚	楚	楚		秦
		悠		㤩	㥐	
 秦駰玉版	 十鐘 1·21下	 郭店 五行12  上博三 周12	 郭店 五行10  新蔡甲三31	 包山146  清華三 説命中7  上博七 鄭乙2  上博七 鄭乙3	 清華五 三壽18	 秦駰玉版  十鐘 3·41上

4962 患　　　　4961 㥑

秦	晉		楚	秦		楚
					蔵	
 嶽麓一 爲吏 31	 好盗壺 集成 9734  中山王鼎 集成 2840	 清華一 皇門 12  郭店 唐虞 16  上博七 吴 6  郭店 老乙 4	 上博二 從乙 3  上博四 内 6  上博三 周 41  上博五 競 9  清華一 耆夜 7	 雲夢 日甲 81 反	 郭店 性自 30	 新蔡零 204  郭店 性自 34  上博一 孔 4  清華一 程寤 5  清華一 金縢 2

4966		4965		4964	4963	
恐		悼		惲	悉	
楚	秦	楚	晉	楚	齊	楚
				曌		
 清華一 保訓 2  上博八 命 1  新蔡甲三 15  上博七 武 5  上博四 曹 5	 雲夢 答問 51  里耶 6-28  嶽麓叁 75	 清華二 繫年 033  清華二 繫年 114  清華二 繫年 137 殫  清華二 繫年 119	 中山王鼎 集成 2840	 上博四 曹 34	 陶録 3・390・3	 郭店 性自 42  郭店 老乙 7  左塚漆梮

4968 惎　　　　4967 惕

	楚	晋		楚	秦	晋
			⿰亻⿱昜心	惖	悐	
 璽彙 5289  郭店 語二 27  上博六 孔 13  清華一 程寤 8  清華五 湯丘 03	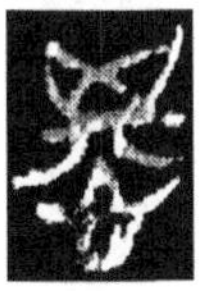 左塚漆梮	 趙孟庎壺 集成 9679	 上博五 鮑 6	 郭店 老甲 14  郭店 老甲 16  上博二 從甲 18  包山 163  包山 157	 雲夢 爲吏 37	 中山王鼎 集成 2840

4971 作	4970 恧		4969 恥			
楚	楚		楚	燕	齊	
		⿱耳心		⿱期心		⿱期心
 曾侯乙缶 讀「作」。  上博六 用 7	 郭店 語二 17	 郭店 語二 4  上博一 孔 8	 郭店 緇衣 28  上博五 三 13  上博八 王 2  上博六 天乙 7	 璽彙 3662	 陶録 2・238・2  陶録 2・145・2  陶録 2・146・3  陶録 2・238・4	 上博六 平 3

4974 懲				4973 忍	4972 憐	
楚	晉		楚	秦	楚	
		㣼			器	[忄虘]
 璽彙 2984	 中山王方壺 集成 9735	 左塚漆梮	 郭店 語二 51	 雲夢 爲吏 36	 郭店 性自 59	 上博五 三 2
 清華一 祭公 1	 考古 04.6 陶		 上博三 亙 1	 里耶 8-1732	 上博四 曹 5	 清華一 祭公 16
			 清華一 程寤 7		 上博四 内 6	讀「作」。

4978 宻*	4977 忡*		4976 忕*			4975 懌
秦	秦	晉	秦	齊		楚
			态			
 雲夢 日乙 2 與「寍」異文。	 秦駰玉版	 璽彙 2890  璽彙 2424	 陶彙 5・460	 陶録 3・168・6  陶録 3・169・6  陶録 3・170・3	 璽彙 5359  包山 168  郭店 緇衣 41  郭店 成之 36	 新蔡甲三 61  新蔡乙四 110

4983 ⿰高⿱攴心*		4982 憍*	4981 ⿱高心*	4980 ⿱亯心*	4979 ⿷匚⿱王心*	
秦	楚	秦	秦	秦	秦	燕
 秦風 72	 包山 143   曾乙 156	 珍展 41	 雲夢日甲 36 反 讀「敲」。	 里耶 5-9 正	 秦風 211	 纕安君鈚集成 9606

4984 ⿱乚心*	4985 忩*	4986 ⿱巳心*	4987 忑*		4988 ⿱反心*	4989 ⿰忄厺*
楚	楚	楚	楚	晉	楚	楚
 郭店 唐虞 7 或讀「隱」。	 清華三 芮良夫 12	 上博二 子 1 讀「肥」，或讀「絕」。	 里耶 5-5 正  畬忑鼎 集成 2794  璽彙 5567	 璽考 216  璽考 211  璽彙 2308	 郭店 窮達 15 讀「反」。	 上博四 曹 56  清華三 良臣 2

4994 恋*		4993 ⿱丘心*	4992 ⿰忄只*	4991 怭*	4990 忈*	
楚	齊	楚	楚	楚	楚	
						宻
 清華五湯丘13	 陶録2·221·2	 包山93	 清華五三壽15	 清華三琴舞1	 清華二繫年127	 包山141
讀「赦」。	 陶録2·96·1	 仰天湖1	讀「規」。	 清華三琴舞2	 清華二繫年135	 包山168
	 齊陶0843			讀「毖」。	讀「定」。	

5001	5000	4999	4998	4997	4996	4995
惇*	⿱伏心*	⿱宅心*	⿰忄㐬*	恪*	⿰忄年*	⿰忄多*
楚	楚	楚	楚	楚	楚	楚
	⿱仸心			⿱各心		
 清華二 繫年 052 讀「閔」。  新蔡甲一 16  新蔡甲三 189 讀「悶」。	 包山 95  包山 185	 郭店 緇衣 21  郭店 太一 11 讀「託」。	 上博三 亙 10 或讀「無」、「妄」。	 清華三 芮良夫 6  清華五 封許 07	 上博一 孔 8 或讀「佞」。	 之利殘器

5002 悹*			5003 ⿱求心*	5004 悅*	5005 悴*	5006 ⿱吳心*
楚		晉	楚	楚	楚	楚
	⿰亻悹					
 郭店 語二 43	 新蔡乙三 33	 十六年邢 丘令鼎	 包山 90	 上博一 性 26	 曾侯𦚧鐘 江漢考古 2014.4	 清華一 尹至 2
 清華一 耆夜 3		 璽彙 3278	 郭店 語一 99	 上博一 性 36	 曾侯𦚧鐘 江漢考古 2014.4	 清華三 説命下 4
讀「宴」。		 璽彙 2590	 新蔡乙四 98		讀「厥」。	讀「虞」。
			 清華一 耆夜 7			
			讀「赳」。			

5007	5008	5009	5010		5011	5012
怴*	⿱⿰阝乇心*	⿱革心*	⿱孫心*		⿱⿰彳斤心*	⿱佗心*
楚	楚	楚	楚		楚	楚
				⿰亻⿱孫心		
 左塚漆梮 讀「越」。	 郭店 緇衣 31  郭店 緇衣 31 讀「危」。	 清華四 別卦 6 讀「革」。	 上博一 緇 13  上博三 中 13 讀「遜」。	 清華五 命訓 01 讀「訓」。	 上博一 性 37 讀「忻」。  上博五 弟 12	 上博三 中 13 讀「施」。

5013	5014	5015	5016	5017	5018	5019
⿱侌心*	⿱卲心*	惃*	惝*	⿰忄戔*	悆*	⿱於心*
楚	楚	楚	楚	楚	楚	楚
 璽彙 1319	 鄂君啓舟節 集成 12113  璽彙 2555  包山 226  清華一 楚居 16  包山 267 讀「悼」。	 包山 47  包山 191  左塚漆梮  郭店 尊德 16	 曾侯𦢦鐘 江漢考古 2014.4  包山 199	 九 A15 讀「踐」。	 清華一 耆夜 8 讀「歆」。	 璽彙 3220

5023 愖*	5022 愋*		5021 愲*	5020 [宀乚心]*		
楚	楚		楚	晉	楚	晉
		髓				
 清華五三壽 17	 包山 182	 包山 228	 包山 249	 集粹 80	 上博六用 8	 上皋落戈考古 2005.6
讀「湛」。	 郭店尊德 34	 包山 230	 包山牘 1			 璽彙 3794
	 包山 110	 包山 239				 邢臺圖 211・3
	 上博二從甲 5	 包山 247				
	讀「緩」。	 包山 226				
		讀「滑」。				

5024	5025	5026	5027	5028	5029	5030
⿱禹心*	⿰亻⿱次心*	⿰亻息*	⿱咅心*	⿱固心*	⿱唐心*	⿱宀⿱奐心*
楚	楚	楚	楚	楚	楚	楚
 包山 198	 上博七 凡甲 26 讀「盜」。	 清華三 芮良夫 25	 郭店 語二 11  郭店 語二 11  上博一 孔 26 讀「倍」。	 上博六 平 2 讀「固」。	 清華一 祭公 18 讀「唐」。	 清華四 別卦 8 讀「渙」。

5031	5032	5033	5034	5035	5036	5037
⿱刑心*	⿱⿰車卩心*	⿱宀⿱卩心*	⿱聿心*	⿱刺心*	⿰車念*	⿱鼎心*
楚	楚	楚	楚	楚	楚	楚
 郭店語一 12 讀「形」。	 上博二從甲 16 讀「範」。	 上博一性 4 讀「節」。	 上博三中 20 讀「盡」。	 左塚漆梮	 包山 90	 上博六用 7 讀「貞」。

	5043 愢*	5042 憖*	5041 慃*	5040 慥*	5039 褭*	5038 悆*
	楚	楚	楚	楚	楚	楚
 包山 229  包山 233  包山 231  望山 1・24	 包山 217  包山 227  天卜  包山 201	 上博九 成甲 5 或讀「誅」。	 清華四 別卦 2 讀「蒙」。	 郭店 語一 46 讀「莊」。	 郭店 窮達 10 讀「衰」。	 上博六 用 2
	恖					
	 天卜 讀「悚」。					

5047 [具心]*	5046 [息]*	5045 [旂心]*			5044 [彊心]*	
楚	楚	齊	楚	齊		楚
					[弓旦]	
 清華四 筮法 55	 包山 147	 璽彙 2197	 曾叔旂鼎	 璽彙 3598	 包山 278 反	 郭店 語二 34
讀「懼」。		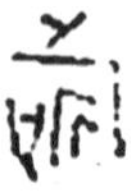 歷博・齊 4	 上博二 子 12	 璽彙 3667		 郭店 語二 34
		 陶録 3・433・4	 清華二 繫年 131	 璽彙 0657		讀「强」。
		 陶録 3・433・2	讀「欣」。			
		 陶録 3・434・4				

5048	5049	5050	5051	5052	5053	5054
⿱隨心*	⿰亻⿱癸心*	⿰氵⿱妻心*	憏*	慬*	⿱㝲心*	⿸厂⿱易心*
楚	楚	楚	楚	楚	楚	楚
 清華四 別卦 6 讀「隨」。	 清華四 別卦 7 讀「睽」。	 清華四 別卦 7 讀「濟」。	 郭店 語一 84  郭店 語一 85 讀「察」。	 郭店 緇衣 6 讀「謹」。  郭店 窮達 3  郭店 窮達 2 讀「巾」。	 郭店 成之 4 讀「浸」。	 上博三 周 4 讀「惕」。

5061	5060	5059	5058	5057	5056	5055
𢡺*	慪*	惁*	慼*	憓*	㥦*	慦*
楚	楚	楚	楚	楚	楚	楚
 郭店 語三 15 讀「佚」,或「逸」。	 包山 87	 清華三 赤鵠 12 讀「棼」。	 清華四 別卦 6 讀「咸」。	 清華一 尹誥 1 或讀「絕」。	 上博六 用 1  清華三 芮良夫 8	 上博五 鮑 3 讀「潔」。

5068	5067	5066	5065	5064	5063	5062
⿱爾心*	⿱甄心*	⿱新心*	⿱害心*	⿱猷心*	⿱聑心*	⿱萬心*
楚	楚	楚	楚	楚	楚	楚
 上博四 曹 2 讀「彌」。	 清華三 芮良夫 20 讀「甄」。	 包山 191  上博七 吴 4  上博二 昔 3 讀「親」。	 郭店 尊德 23  郭店 尊德 38  郭店 尊德 38 讀「害」。	 上博一 性 26 讀「猷」。	 上博六 用 4 讀「攝」。	 上博一 性 4 或讀「慢」。  上博四 柬 16  上博六 競 6 讀「萬」。

5069 懥*	5070 𢤱*	5071 𢡗*		5072 𢣷*	5073 𢢛*	
楚	楚	楚	齊	楚	楚	
	𢤱					
 上博三 周 4 讀「窒」。	 曾侯𦢊鐘 江漢考古 2014.4 讀「莊」。  上博七 鄭乙 4	 上博一 性 15 讀「齊」。	 璽彙 3183  吉大 45	 郭店 性自 33 讀「吟」。	 包山 119 反	 包山 52

5074 ⿱龍心*		5075 ⿱害心*	5076 ⿱𤇾心*	5077 ⿱晉心*	5078 ⿱霝心*	
楚		楚	楚	楚	楚	齊
	⿱龔心					
 郭店 老乙 6  郭店 老乙 5 讀「寵」。  上博七 鄭乙 2	 上博七 鄭甲 2 讀「恭」。	 上博五 鮑 6 讀「害」。	 曾侯𦝅鐘 江漢考古 2014.4 讀「營」。	 清華四 別卦 7 讀「晉」。	 郭店 語一 34  郭店 語一 35 讀「靈」。	 璽彙 2330

	5084	5083	5082	5081	5080	5079
	⿱乇心*	忏*	⿱夕心*	⿱蕬心*	⿱競心*	懸*
	晋	晋	晋	楚	楚	楚
⿱丞心						
 温縣 T1K1：2182	 温縣 WT1K1：3687  温縣 WT1K1：2667 讀「繩」。	 璽彙 2461	 二十三年襄城令矛 集成 11565	 包山 106	 包山 95  包山 95	 璽彙 5307

5089 悕*	5088 惑*	5087 恖*	5086 𢘾*	5085 𢘅*		
晉	晉	晉	晉	晉		
					詘	屈
 中山王鼎 集成 2840 讀「肆」。  璽彙 1426 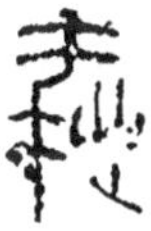 程訓義 1-147	 十一年令少曲慎录戈 雪二 116	 璽彙 2677	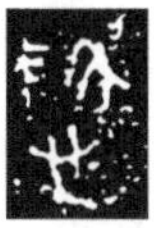 七年盧氏令戈 商周 17205	 鑒印 22	 温縣 T1K1：3797  温縣 T1K1：3863	 温縣 T1K1：3216  温縣 WT1K1：3417

5095	5094	5093	5092	5091		5090
⿰言忽*	⿱羨心*	⿸厂思*	⿱亠息*	⿱⿰米刃心*		⿰忄衣*
晉	晉	晉	晉	晉	齊	晉
 古研 1 沁陽 2	 陕陰令戈 中國文字 研究第一輯  二十年鄭 令戈 集成 11372	 璽彙 0981	 温縣 T1K1：4499	 三年槊令戈 集成 11338	 璽彙 2673	 璽彙 0689  璽彙 1404  璽彙 2668  璽考 333

5101	5100	5099	5098	5097		5096
⿱絲心*	⿱⿰言易心*	⿱𥫗⿱自心*	⿱宀⿱豕心*	⿰忄業*		⿱寅心*
晋	晋	晋	晋	晋	燕	晋
 璽彙 0971  璽彙 1386  璽彙 2595	 璽彙 3811	 璽彙 2677	 中山王鼎 集成 2840  中山王方壺 集成 9735 讀「懅」。	 中山王鼎 集成 2840 讀「業」。	 歷博 燕 117	 好蚉壺 集成 9734 讀「寅」。

5107 悥*	5106 忳*	5105 忐*	5104 戀*	5103 [鳥/心]*	5102 [亶/心]*	
齊	齊	齊	晉	晉	晉	燕
			慈			
 陶録 3・115・4	 璽彙 3576	 陶録 2・17・1	 璽彙 0386	 珍戰 129	 璽彙 2678	 澂秋 15
 陶録 3・116・4	 陶録 2・738・4	 陶彙 3・787	 璽彙 2676	 璽彙 3835		
 陶録 3・117・4	 歷博 55・24	 齊陶 0192				
 陶録 3・118・3						

	5108 ⿰彳忑*	5109 ⿱夳心*	5110 ⿱此心*	5111 ⿱失心*	5112 ⿰氵忝*	5113 ⿱⿰犭攵心*
燕	齊	齊	齊	齊	齊	齊
 陶録 4・29・4	 陶録 2・391・3  陶録 2・558・2  齊陶 0169  陶録 2・558・1	 璽彙 3634  璽彙 0589	 陶録 3・639・5	 陶録 3・477・3	 陶録 2・560・4	 陶録 2・241・3

5120	5119	5118	5117	5116	5115	5114
⿱故心*	⿱朿心*	⿰忄斿*	悽*	⿰忄朋*	⿱制心*	⿱⿰丰戈心*
齊	齊	齊	齊	齊	齊	齊
 璽彙 1949	 陶録 3·356·2	 璽彙 0578	 璽彙 3538	 陶録 3·56·5	 陶録 2·174·3	 陶録 2·13·1
 陶録 2·69·1	 陶録 3·356·3		 陶録 2·314·3	偲	 陶録 2·175·2	
 陶録 2·309·1			 陶録 2·314·4	 陶録 3·56·4	 陶録 2·175·4	
 陶録 2·197·2					 陶録 3·138·4	
 齊陶 1416						

5127 慜*	5126 獯*	5125 慹*	5124 窸*	5123 㦬*	5122 悅*	5121 惁*
齊	齊	齊	齊	齊	齊	齊
 陶録 2・256・2	 獯節 集成 12089	 陶録 3・17・1  陶録 3・17・4  陶録 3・17・5	 陶録 3・529・4	 璽考 308	 陶録 3・293・5	 璽彙 0654  十鐘 1 22 上

5134	5133	5132	5131	5130	5129	5128
譩*	𡫸*	蕙*	𢡀*	懇*	憢*	𢙾*
齊	齊	齊	齊	齊	齊	齊
 陶録 2・543・2	 陶録 2・187・1  陶録 2・188・4  陶録 2・188・1  齊陶 0845	 璽彙 2196	 璽彙 3508 讀「地」。	 璽彙 3917	 陶録 2・60・2  陶録 2・60・3  齊陶 0790	 陶録 2・390・3  陶録 2・390・4

5140	5139	5138		5137	5136	5135
[illegible]	悍*	[illegible]*		[illegible]*	[illegible]*	[illegible]*
秦		燕		燕	燕	燕
				[illegible]		
 十鐘 3·46上  北郊秦印	 悍矢形器  悍距末 新收 1882  悍距末 集成 11915	 璽彙 2746	 燕王詈矛 集成 11497A  燕王職劍 集成 11634	 燕王詈戈 集成 11305A  燕王詈戈 集成 11350.1  燕王喜矛 集成 11529  璽彙 2216	 歷博·燕 12	 璽彙 0326